JN068088

基本情報技術者
Java言語対策
第2版

Programming Language-Java

☞…本書の構成

　Javaはオブジェクト指向のプログラミング言語です。CPUの種類やOSの種類を問わずさまざまな環境で動作するマルチプラットフォーム対応という性質から，Webアプリケーションやスマートフォン用のアプリの開発に使われています。

　本書は，プログラミング言語としてJavaを初めて学ぶという学習者の方を対象としていますので，学習の入り口にあたる基本事項の説明から始めて，重要な考え方となるオブジェクト指向の基礎についても紹介しています。また，基本情報処理技術者試験の午後試験で出題されるJavaの問題を解くために必要な考え方や知識を理解していただくため，例題の解説と演習問題も含めた構成にしています。

　全体を通じて15章の章立てになっていますが，大きく分けると，次のようになります。

文法基礎	1章〜6章	命令文やコメントの書き方，条件判断，繰返しといった，基礎的な文法を紹介しています。
クラス，インタフェース	7章〜10章	オブジェクト指向を実現するために用意されたクラスやインタフェースに関して紹介しています。
試験によく出る技術要素	11章〜14章	基本情報技術者試験の問題を解く上で，必ず押さえておきたい，例外処理，スレッド，ジェネリクスについて紹介しています。
午後試験問題の演習	15章	過去の情報処理技術者試験で出題された問題を使って，合格点を取るためのポイントを例題で解説し，演習問題を収録しています。

＜プログラミング言語の初学者へ＞

　これまで，プログラミング言語に触れたことがない方は，本書を素直に先頭から読み進めてください。第1章〜第6章の内容は，Javaだけでなく，C言語やC++，C#，Perl，PHPでもほぼ同じ文法になるので，習得してしまえば，今後さまざまな場面で役立ちます。

　プログラミング言語の文法は，プログラムの動作手順を構築するものであり，非常に重要です。
　プログラムの動作手順の考え方は，Javaに限らずほかのプログラム言語でも必要になります。プログラムを作成するときに基本となる部分です。

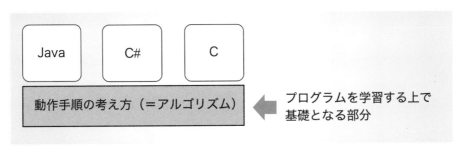

＜C 言語や C++，C#，Perl，PHP を習得している方へ＞

Java は，C 言語や C++，C#，Perl などと基本文法が同じです。特に文の改行位置や，セミコロンを使った文末の指定，if 文や while 文などは，ほぼ同じ文法です。したがって，これらの言語の習得者であれば，第 1 章〜第 6 章は確認程度に読み進めていただいてかまいません。

＜Python，シェルスクリプトを習得している方へ＞

また，Python，シェルスクリプトなど基本文法が異なる別のプログラミング言語の習得者は，第 1 章〜第 6 章で紹介している Java の文法を，自身が習得しているプログラミング言語と比較しながら読み進めてください。いったん複数のプログラミング言語を覚えると，ほかのプログラミング言語の習得というのは，すでに覚えている言語の文法との照らし合せ作業になってくると分かるでしょう。ただし，非オブジェクト指向の言語しか知らない場合には，第 7 章をしっかり読んでください。

＜実践でも役立ててください＞

本書は基本情報技術者試験への対策書として，特に試験で問われる技術要素を重点的に紹介していますが，実際の開発業務においても，本書で取り上げている技術要素は頻繁に使われますので，試験対策書としてだけでなく，開発現場でもお役立てください。

特にスレッドや，ジェネリクスは慣れるまで，なかなか細かい文法を覚えきれない部分がありますので，本書を手元に置いていただくと安心できると思います。

＜章末問題と演習問題＞

各章の最後には，その章で学習した内容を確認するための章末問題が付いています。各章の学習が終わったら解いてみてください。正答率が低い章がある場合，その章が苦手であると考えられますので，解説文や，解説に掲載されたアドバイス文に沿って復習をしてください。

第 15 章には，実際に過去の基本情報技術者試験に出題された Java の問題を 6 問掲載しています。本書の内容が習得できていれば，必ず解ける問題です。6 問の演習問題を解いていくことで，自然と問題形式に慣れていきますので，自身の解答ペースをつかんでください。

＜プログラムの学習は積み重ね＞

　プログラムを学習していく途中で，なかなか理解できず頭を抱えてしまうこともあるかと思います。そんなときは投げ出さず，理解できない箇所を何度も読み返してください。必ず突破口が見つかるはずです。その突破口の先には「試験合格」が待っています。また，プログラムの学習は一夜漬けが効きません。日々の積み重ねが大事になります。

　本試験1週間前になってあせって学習しても，なかなか習得することが難しいのです。計画を立てて学習してください。

　作成したJavaプログラムは，実際にコンピュータで動作させて実行結果を確認してください。プログラムが間違っているときは，何度でも修正し，正しい結果が出るまで諦めないで学習してください。

　また，プログラムの学習で間違えてしまった内容を大切にしてください。簡単に理解できるものは簡単に忘れてしまいます。理解するのが困難なものほど，なかなか忘れられず身に付きます。

　プログラムの学習は，「暗記する！」のではなく「納得する！」ことが大事です。

目次

Java Programming

第 **1** 章 Java プログラム入門

　この章では，これから Java の学習を始めるにあたって，まず，Java プログラムを作成するための前提知識について説明します。

　初めてプログラムを学習する方にとっては，なかなか聞き慣れない専門的な用語も出てきて苦労するかもしれませんが，Java プログラムの「初めの一歩」として，一つずつ理解していってください。

オブジェクト指向型言語
プラットフォーム

（1）　Java の特徴

　ここ数年，Java はさまざまな方面で急激に注目を集めています。Java の歴史はほかの言語と比べ非常に浅く 1995 年にコンピュータベンダである Sun Microsystems 社（現 Oracle 社）で生み出されました。それまでのプログラム言語の弱点であった，CPU や OS に対する互換性をもたせた点を最大の特徴として登場し，広く利用されるようになりました。

　Java の文法的な特徴としては「オブジェクト指向型言語」である点が挙げられます。また，Java の実行形態に関する特徴としては，「マルチプラットフォーム」という点が挙げられます。次に，それぞれの点について説明します。

（2）　オブジェクト指向型言語

　Java の特徴の一つに「オブジェクト指向」があります。オブジェクト指向の考え方では，ある種類の「モノ」を「オブジェクト」としてとらえます。

　例えば人を「オブジェクト」として考えてみます。「人」には，氏名という識別のためのデータや，生年月日，住所といった属性を表すデータがあります。その一方で，「人」は，「食べる」，「歩く」，「寝る」などの動作を行います。このようにオブジェクト単位で，そのオブジェクトがもつデータや，動作を定義していく設計手法をオブジェクト指向の設計といい，それに即したプログラム言語をオブジェクト指向型言語といいます。Java は代表的なオブジェクト指向型言語です。

（3）　マルチプラットフォーム

　Java のもう一つの特徴として，プログラムを「プラットフォーム」に依存せずに実行できる点が挙げられます。

　ここでいう「プラットフォーム」とは，Java プログラムを動作させるコンピュータのハードウェア・ソフトウェア環境をまとめた表現方法です。

　例えば Unix や Linux で作成した C プログラムを，Windows 上で動作させる場合は，プログラムを Windows 用に作り直す必要があります。

　一方，Java で作成したプログラムは，「プラットフォーム」に依存しないので，Unix や Linux で作成したプログラムをそのまま Windows 上で使用することが可能です。また，この逆も可能なので，例えば，開発は手元にある WindowsPC 上で行い，完成後は Unix や Linux のサーバ上で稼働させるということが可能です。

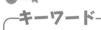

Unix
ベル研究所で開発された小型コンピュータ用のオペレーティングシステム

Linux
フィンランドの大学院生であった Linus Torvalds 氏が開発した Unix 互換のオペレーティングシステム

Windows
Microsoft 社で開発されたパソコン用のオペレーティングシステム

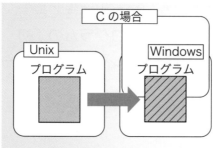

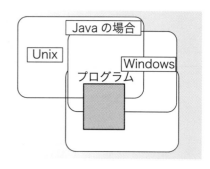

Java 仮想マシン
JVM
JRE
JDK
コンパイル
クラスファイル

（4） Java プログラム動作環境

　Java のプログラムの実行には Java 仮想マシン（JVM：Java Virtual Machine）と呼ばれるプログラムが必要です。これは Java のバイトコード（Java プログラムをコンパイルすることによって生成されるコード）を読み込んで解釈・実行するインタプリタです。

　また，JVM およびプログラムの実行に必要なクラスライブラリなどがまとめられたソフトウェア群のことを JRE（Java Runtime Environment）と呼びます。

　Java プログラムを作成するためには，JDK（Java Development Kit）と呼ばれるソフトウェアが必要です。

　JDK にはコンパイラ，インタプリタ，ライブラリなど，Java プログラムの作成に必要なソフトウェアが含まれています。

　現在 JDK は，ライセンス形態の違いもあり，主に次の 2 種類が主流になっています。

① 米 Oracle 社が提供する JDK

　　https://www.oracle.com/technetwork/jp/java/javase/downloads/index.html
　　　　　　　　　　　　　　　　　　　　　　　　　　（2020 年 6 月 10 日現在）

　　こちらは，米 Oracle 社が個人用途や開発用途など，限られた用途で利用可能なライセンス形態をとる JDK です。商用あるいは組織（企業や団体）で利用する場合には，米 Oracle 社との間で有償サポート契約が必要になります。

② Open JDK

　　https://openjdk.java.net/
　　最新版のバージョン 13 は https://jdk.java.net/13/ からダウンロード可能です。
　　　　　　　　　　　　　　　　　　　　　　　　　　（2020 年 6 月 10 日現在）

　　こちらは，同じく米 Oracle 社がフリーソフトウェアライセンス形式の 1 形態である，GPL（GNU Public License）として提供している JDK です。
　　＊Windows，Linux などプラットフォームごとにダウンロードすべきファイルが異なりますのでご注意ください。

　JDK をコンピュータにインストールすると JRE も合わせてインストールされます。また，JRE だけインストールすることも可能です。

（5） IDE の活用

　なお，(4)で見てきた Java プログラム動作環境の構築方法は，基本的なものになります。開発の現場では IDE（総合開発環境）を使うことが多いため，その代表例である Eclipse というオープンソースソフトウェアの IDE の環境構築手順を巻末に補足資料としてまとめました。

（6） Java プログラムの作成から実行まで

　Java プログラムを作成するときは Windows アプリケーションソフトのメモ帳などのテキストエディタを使用します。作成したプログラムには拡張子として ".java" を付けて保存します。これが，ソースプログラムになります。

　作成したプログラムを実行するためには「コンパイル」作業が必要です。

　コンパイルではプログラムの文法エラーのチェックが行われ，エラーがないとき拡張子として".class"が付いたクラスファイルが生成されます。

　プログラムを実行するときは，JVM が，このクラスファイルを読み込んで実行します。

アドバイス

コマンドとはコンピュータに対して与える命令のことです。
各OSにはコマンドラインと呼ばれる，コマンドを入力するためのプログラムがあり，Windows ではコマンドプロンプトというプログラム名になっています。

【プログラム名　Test の作成から実行までの手順】

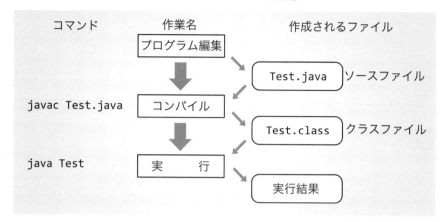

(7)　Java の利用形態

　Java は現在，さまざまな場面で利用されています。最も標準的な「Java アプリケーション」，Web ブラウザ上で動的なコンテンツを実現する「Java アプレット」や，Web サーバの側で動作する「サーブレット」や「JSP」などです。ほかにも「Android アプリ」などに代表されるようなスマートフォンで動くものや，家電製品などでの利用も盛んになっています。

🔑 **キーワード**

コマンドライン

コマンドを入力するためのプログラム

①　Java アプリケーション

　デスクトップ環境で動作し，OS にインストールされた JVM によって実行されるプログラムです。

　試験で出題される Java プログラムは，GUI などを使用せずコマンドラインから実行するような最も基本的な Java アプリケーションが対象になっています。

Java と JavaScript の関係

　Java と似た名前のプログラミング言語に JavaScript があります。Web ページ上で様々な機能を持たせるために利用されていることをご存知の方も多いでしょう。Java が米 Sun Microsystems 社（現 米 Oracle 社）が開発したプログラミング言語である一方，JavaScript は Web ブラウザの黎明期を担った米 NetScape 社が開発したプログラミング言語です。両社が業務提携していたこともあり，Java という名称や文法として類似点がいくつもあります。

　しかし，Java はコンパイル型のプログラミング言語ですが，JavaScript はインタプリタ型の言語です。また，変数の型を JavaScript では意識しないなど，大きな違いもあります。このように，文法はほぼ同じですが，動作環境が全く異なる言語だということを認識しておいてください。

Java アプレット
サーブレット
JSP

タグ
データの意味や区切
れ目を示すための識
別子

HTML
Hyper-Text Markup
Language の略。
Web ページを記述す
るための言語

XML
eXetensive Markup
Language の略。ユー
ザー独自のタグを定
義できるデータ記述
のための言語

ページ要求
Web サーバは Web
ブラウザから Web ペー
ジを構成する
HTML ファイルや画
像ファイルなどを要
求されると，基本的に
はファイル単位で内
容を返します。このと
きの Web ブラウザか
らの要求をページ要
求といいます。

【Java アプリケーション】

② Java アプレット

　主にインターネット／イントラネット環境において，クライアント側の Web ブラウザで動作します。Java アプレットはクライアントからの要求によってサーバからダウンロードされ，Web ブラウザに搭載された JVM 上で動作します。

③ サーブレット

　インターネット環境で Web サーバ側で動作します。クライアントからの要求を受けると HTML や XML などのデータを動的に生成してクライアントに返します。

④ JSP（Java Server Pages）

　JSP 専用のタグを使用して HTML ファイルに埋め込む形で Java プログラムを記述します。HTML ファイルに埋め込まれた Java プログラムは，Web ブラウザからのページ要求を Web サーバが受信したタイミングでコンパイルされ，サーブレットに変換されます。通常のサーブレットと比べて，HTML の動的に変化しない部分に関しては変更が容易になるというメリットをもっています。

　これらはさまざまな場面で活用される Java プログラムの形態ですが，文法や class ファイルの作成方法などはどれも同じです。動作環境はそれぞれ異なりますが，Java プログラム自体は必要とされるクラスライブラリが異なるといった程度の違いしかありません。

　このように，Java プログラムにはいろいろな実行形態があります。これが Java の特徴でもあります。

（1）　プログラムとアルゴリズム

　プログラムとは，コンピュータをどのように動作させるかを表した「手順書」のようなものです。プログラムに記述した手順どおりにコンピュータは動作します。

　世の中には C や Python など，たくさんのプログラム言語が存在します。その中の一つに Java があります。

　プログラム言語によってその記述方法や規則が異なりますが，どのプログラム言語でも必要となるのが「アルゴリズム」です。アルゴリズムとは，コンピュータを動作させる手順，つまり考え方のことをいいます。

　例えば，自動販売機でジュースを買うための動作を考えます。

・買いたいジュースのボタンを押す。
・ジュースを取り出す。
・お金を入れる。

　では，このジュースを買うための三つの動作を次の手順で行ったとします。

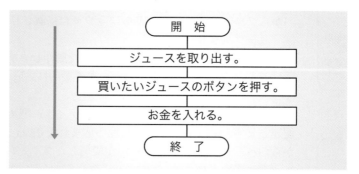

　これではジュースを買うことはできません。ジュースを買う手順が間違っていることになります。つまり考え方が間違っています。

　正しくジュースを買うためには次のような手順になります。

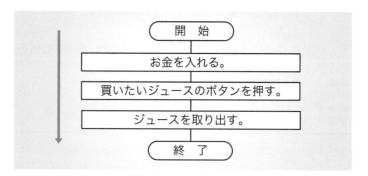

　これで，うまくジュースを買うことができました。この手順（ある動作をするための考え方）のことを「アルゴリズム」といいます。

アルゴリズムには「順次」，「選択」，「繰返し」の三つの基本動作があり，この三つの動作を組み合わせて処理を考えます。

プログラマはアルゴリズムに基づいて，その言語規則に従ったプログラムを記述します。

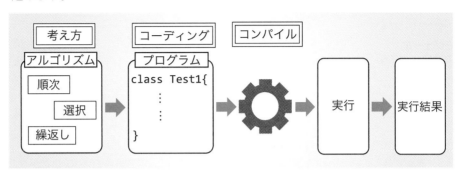

考え方が間違っていると，正しく実行結果を求めることができません。アルゴリズムはプログラムを作成する上で非常に重要なものです。

(2) 命令と文

Javaにはコンピュータを動作させるためのたくさんの命令があります。コンピュータは，プログラムに記述されているひとつひとつの命令を処理してプログラムを実行します。このひとつひとつの命令を「処理文」，または「文」といいます。

コンピュータに動作させるための処理文（命令）を理解できていないと，正しくプログラムを実行させることはできません。

これからJavaで使用できるたくさんの命令を説明しますので，ひとつひとつ理解していきましょう。

1.3 Java プログラムの形式

（1） Java プログラムの形式

はじめに Java プログラムの形式から説明します。

Java は**クラス**というものが集まってプログラムを形成します。

ここで簡単にクラスについて説明します。

クラスとはそれ自身で一つの機能をもったプログラムです。複数のクラス（モジュール）を組み合わせて特定の処理を行うプログラムを作成します。

なお基本情報技術者試験では，一つのクラスを一つのプログラムとして表現するため，問題文中に「プログラム 1 ～ プログラム 3」などと記述されています。

キーワード

モジュール
プログラムの部品

Question
Java プログラムは，どこから実行が開始されるのですか？

Answer

Java プログラムは原則として一つのクラスが一つのファイルになります。このファイルとなったクラスを指定して Java プログラムを実行すると，そのクラス内にある main メソッドというメソッドが実行されます。この点は決まりごとですが，P.18 で実際の例が登場します。

コンピュータには，CPU，ハードディスク，メモリなどのたくさんの部品があります。これらの部品が組み合わさって 1 台のコンピュータを構成しています。これらの各部品は，それぞれ機能をもっており，コンピュータに必ず必要なものです。

Java プログラムもひとつひとつのクラスが集まって一つのプログラムを構成します。それぞれのクラスは機能をもっていて，ある処理を行うために必要なクラスを集めて一つのプログラムを形成します。

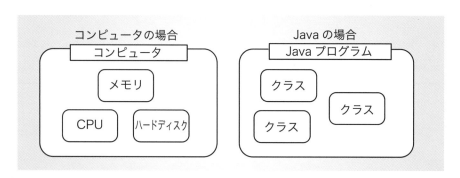

ここでは「Java プログラムは必ずクラスを記述する」という概要レベルで把握して頂ければ十分です。クラスについての詳しい説明は，第 7 章で説明します。

（2） クラスの定義

　プログラムでクラスを定義するときは，次のように「class」の右側にクラス名を書き，クラスの定義の開始と終了を示す**ブロック**（{ }で囲われた部分）を記述します。

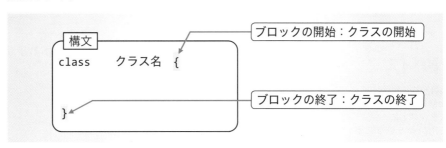

　Java では，このクラスの中に**変数**や**メソッド**を定義します。

　ここで簡単に変数とメソッドについて説明します。
　変数とはプログラムが実行中にデータを記憶する入れ物です。そのクラスが行う動作，つまり実際の処理を記述した部分がメソッドです。

　例えば，三角形の面積を求めることを考えてください。
　三角形の面積を求めるときは「底辺×高さ÷2」で求めることができます。底辺の値が 5，高さの値が 4 のときは「5×4÷2」で面積は 10 となります。
　この計算の処理をコンピュータで実行させるとき，底辺の値 5 や高さの値 4 をコンピュータで記憶していなければなりません。

　このときの底辺の値と高さの値を記憶する入れ物が変数となり，計算処理を行うのがメソッドとなります。

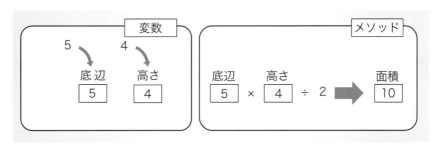

　もう一度，別の三角形の面積を求めるときはメソッドの内容を変更しなくても，変数の値を変更するだけで，面積を求めることができます。この変数については第 2 章で，メソッドについては第 7 章で詳しく説明します。

　では，話をクラスの定義に戻します。
　クラスの定義で記述するクラス名はプログラムを作成する人が自由に決めてかまいません。ただし，クラス名は，先頭の文字を大文字にするのが一般的です。クラス名以外のメソッド名や変数名は基本的に先頭の文字を小文字で始めます。

また，Java では大文字と小文字は区別されるので注意してください。つまり，「Test1」と「test1」ではまったく別のものとなります。

Test1 ◄── 区別されます ──► test1

クラス名を Test101 としたクラスの定義を次に示します。

【クラスの定義】

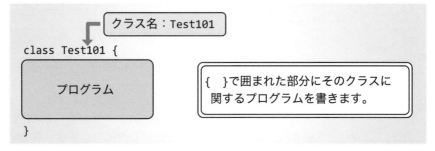

クラス名：Test101

```
class Test101 {

        プログラム

}
```

{ } で囲まれた部分にそのクラスに関するプログラムを書きます。

では，実際に Test101 クラスを定義したプログラムを次に示します。

■Test101　基本的なプログラム

```
1  // 初めてのJavaプログラム
2  /* 画面に表示します。*/
3  class Test101 {                          ← クラス
4    public static void main(String[] args) {  ← メソッド
5      System.out.println("Java プログラム");
6    }
7  }
```

＊プログラムの行番号は，説明上の番号です。

実行結果▶　Java プログラム

　このプログラムは Test101 クラス（3 行目〜7 行目）の定義の中に，"main" というメソッド（4 行目〜6 行目）を定義しています。これを main メソッドといいます。

　Java プログラムは，この main メソッドから実行が開始されます。

コメント

では，プログラムの説明をします。

【プログラムの説明】
　1行目： コメント（//から右側がコメントとなる）
　2行目： コメント（/*〜*/で囲まれた部分がコメントとなる）
　3行目： Test101クラス定義の始まり（{ Test101クラス　ブロックの始まり）
　4行目： mainメソッド定義の始まり（{ mainメソッド　ブロックの始まり）
　5行目： 画面に「Javaプログラム」と表示する文
　6行目： mainメソッド定義の終わり（} mainメソッド　ブロックの終わり）
　7行目： Test101クラス定義の終わり（} Test101クラス　ブロックの終わり）

　クラスの定義やメソッドの定義で記述したブロックの開始に対して必ず，ブロックの終了が必要です。

　3行目でTest101クラスの定義が始まり，7行目でTest101クラスの定義が終わっています。Javaプログラムは必ず一つ以上のクラスの定義が必要です。定義したクラスの中には，実際の処理を記述するメソッドを定義します。
　4行目でmainメソッドの定義が始まり，6行目でmainメソッドの定義が終わっています。
　定義したメソッドの中には，実際にコンピュータに動作させる処理を記述します。プログラムでは5行目で実際の処理を記述しています。

　Javaプログラムでは必ずmainメソッドから処理が開始されるので，5行目の処理が最初に実行されることになります。

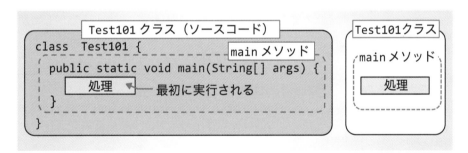

　プログラムには，ほかに"public"や"static"などの記述がありますが，これらについては後の章で説明します。ここでは気にしないで先に進んでください。

Point

プログラムはmainメソッドから始まる。

改行位置とインデント（字下げ）

フォーマット
フリーフォーマット
インデント

プログラムを記述するときの注意点について説明します。

COBOL などプログラムによっては，決まったフォーマットで記述しないとエラーになるものもありますが，Java は基本的にフリーフォーマットで記述できます。

「フォーマット」とは，プログラムを記述するときに，あらかじめ決められたカラム（桁）に，記述しなければならないことをいいます。

一方，「フリーフォーマット」とは，プログラムを記述するときにカラムを気にしないで記述できることです。

次のようにプログラムを 1 行の中につないで書いたり，すべて左詰めで書いても正しく動作します。

```
class Test101{public static void main(String[] args){System.out.println
                                            ("Java プログラム");}}
```

```
class Test101{
public static void main(String[] args){
System.out.println("Java プログラム");
}
}
```

アドバイス

コメントを入れたり，改行位置，インデントに気を配ることは，直接 Java プログラムには関係ありませんが，プログラムを作る上で大切なことです。
こうした気配りがないプログラムは後で見直しをする際に読みにくく，保守性（読みやすさ）が低いため，良いプログラムといえません。

ただし，見て分かるとおり非常にプログラムが読みづらくなります。プログラムは，誰が読んでも読みやすい記述を心掛けて書いた方が良いので，ブロックごとにインデント（字下げ）を付けて，きちんと整理して記述しましょう。

【インデント（字下げ）】

```
class Test101 {
    public static void main(String[] args) {
        System.out.println("Java プログラム");
    }
}
```

実際の開発業務では，このインデントとしてタブ文字を用いることが一般的です。そしてこのタブ文字は多くの場合，半角スペース 4 文字分として表示されるので，上の図のように表示されます。

ただし，基本情報技術者の試験問題は 1 行の幅を有効利用するため，インデントを半角スペース 3 文字で表現しています。また，本書でも書籍の 1 行の幅を有効利用するため，インデントを半角スペース 2 文字で表しています。

1.5 文の終了（；セミコロン）

セミコロン

プログラム中で記述する処理文の終わりには，必ず；（セミコロン）が必要です。

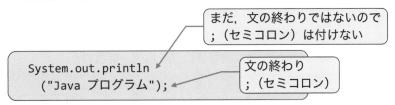

```
public static void main(String[] args) {
  System.out.println("Java プログラム");
}
```
文の終わり
セミコロン（;）

次のように一つの文を2行に分けて記述した場合は，2行目の最後にセミコロンが必要です。

まだ，文の終わりではないので
；（セミコロン）は付けない

```
System.out.println
  ("Java プログラム");
```
文の終わり
；（セミコロン）

Point

　ここまで見てきたように，Javaでは文の終了位置をセミコロンで示すため，改行やインデント，コメントを自由に入れることができます。このような自由度の高いプログラム言語では，書き手によって，見た目のまったく違うコードができてしまいます。
　企業や団体などで，プログラムコードを作成する場合，保守性の観点から，一定の規則に沿って改行位置や，インデントを入れることが一般的です。多くのプログラムの作成を業務とする企業，団体では，このためにコーディング規約というものをもっています。

P.18 の Test101 の 1 行目と 2 行目を見てください（下にも抜粋しています）。

「//」，「/*〜*/」と書かれています。これをコメントといいます。コメントとは，プログラム中に記述できる説明文のことをいいます。コメント部分はプログラムとしてみなされません。プログラムの動作には何の関係もありませんが，プログラムを分かりやすくするためにとても重要な要素です。

Java プログラムのコメントの指定は，次のとおりです。

> //　　　　：以降右側の行がコメントとなる。
> /* 〜 */：/*　　　*/で囲まれた（〜）部分がコメントとなる。

■Test101　基本的なプログラム（一部抜粋）

```
1  // 初めての Java プログラム
2  /* 画面に表示します。*/
3  class Test101 {
```

コメント

1.7 リテラル（定数）

リテラル
文字リテラル
文字列リテラル
数値リテラル
論理リテラル
nullリテラル

Javaでは，数字の123や，文字の'A'，また文字列の"abc"といった特定の数値や文字（文字列）をリテラル（定数）として扱います。リテラルとは，プログラムの実行中に値が変わらない定数値を表すものです。

Javaには次のようなリテラルがあります。

リテラル	例
文字リテラル	'A', '2', 'a'
文字列リテラル	"abc", "123"
数値リテラル	123, 12.3
論理リテラル	true, false
nullリテラル	null

（1）　文字リテラルと文字列リテラル

Javaでは文字と文字列を区別しています。

' 'で囲んだ1文字を文字とし，" "で囲んだ0文字以上の並びを文字列としています。

ここで登場する'をシングルクォート，"をダブルクォートと呼びます。

> 文字 ····· 'a'　　' 'で囲んだ1文字
> 文字列 ··· "abc"　" "で囲んだ0文字以上の文字の並び

Question
"a"は文字でしょうか？　それとも文字列でしょうか？

> aという1文字ですが，" "で囲まれていますので，これは文字列として扱われます。" "で囲んだ文字は1文字でもすべて文字列として扱われます。""は空の文字列を意味します。

文字と文字列では，扱うデータ型が異なります。文字はchar型の値となり，文字列はString型の値となります。このデータ型については，この後の第2章で詳しく説明しますので，ここでは，' 'で囲んだ1文字は「文字」，" "で囲んだ0文字以上の並びは「文字列」として理解してください。

（2） 文字リテラルと文字コード

　Java は 16 ビット Unicode を採用しています。したがって，すべての文字が 16 ビット（2 バイト）で構成されています。日本語などの全角文字も，アルファベットや数字などとまったく同じように扱うことができます。

【Unicode（抜粋）】

Unicode	説　明
0x0030 ～ 0x0039	半角数字 0 ～ 9
0x0041 ～ 0x005A	半角大文字 A ～ Z
0x0061 ～ 0x007A	半角小文字 a ～ z
0x3040 ～ 0x9FFF	ひらがな，カタカナ，CJK 漢字 など
0xFF10 ～ 0xFF19	全角数字

　＊CJK 漢字……中国（China），日本（Japan），韓国（Korea）で使用する漢字の集まりのこと

　' 'で囲まれた文字は Java 内部では対応する文字コードに変換されます。したがって，文字コードの大小によって文字同士の大小を比較することができます。

例）　'0' <= ch && ch <= '9' → ch は'0'～'9'のいずれか

（3） エスケープシーケンス

　Java では 1 文字では表せない特殊な文字も存在します。文字の最初に付けた 2 文字で一つの文字を表すものがあります。このような文字をエスケープシーケンス，またはエスケープ文字といいます。なお，日本語以外のコンピュータ環境では，¥が ＼（バックスラッシュ）になる場合があります。基本情報技術者の試験問題でも¥ではなく ＼ を使用しています。

　次に Java で扱えるエスケープシーケンスを示します。

エスケープシーケンス	意　味
\b	バックスペース
\t	水平タブ
\n	改行
\f	改ページ
\r	復帰
\'	'
\"	"
\\	＼
\ooo	8 進数 ooo の文字コードをもつ文字
\uhhhh	16 進数 hhhh の文字コードをもつ文字

　では，エスケープシーケンスを使ったプログラムを次に示します。
　実行結果を確認してください。

■Test102　エスケープシーケンスを使用したプログラム

```
1 class Test102 {
2   public static void main(String[] args) {
3     System.out.println("ここで\n改行します");      Test102.java
4   }                          改行
5 }
```

実行結果▶　ここで
　　　　　　改行します　　　　改行されます

【プログラムの説明】

3行目の System.out.println の行では「ここで」と「改行します」の間にエスケープシーケンスの「\n」を記述しています。「\n」は改行の意味をもっているので，「\n」以降の文字が改行されて表示されたのが分かります。

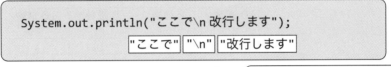

System.out.println("ここで\n 改行します");
　　　　　　　　　　"ここで"　"\n"　"改行します"

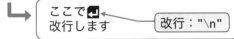

ここで↵
改行します　　　　　改行 : "\n"

Question

図の中で「\n」が「'\n'」ではなく「"\n"」とダブルクォートで囲まれていますが間違いではないのですか？

Answer

　ここでは改行文字1文字からなる文字列を表現していますので，間違いではありません。

（4）　数値リテラル

数値リテラルは，大きく2種類あります。

　　　整数リテラル ‥‥‥‥‥ 1, 58, 100
　　　浮動小数点数リテラル ‥‥ 12.3, 0.5

数値リテラルは' 'や" "で囲まれていないことに注意してください（"12"は文字列リテラルとなります）。

また，次のように先頭に0を付けて8進数で表記したり，先頭に0xを付けて16進数で表記したりすることも可能です。

```
8進数表記 ‥‥ 先頭に0を付ける。　　010, 012
16進数表記 ‥‥ 先頭に0xを付ける。　0x10, 0x4A
```

そして，この数値リテラルを文字列に「+」演算子でつなげると，10進数として表示されます。

■**Test103　数値リテラルを使用したプログラム**

```
1  class Test103 {
2    public static void main(String[] args) {
3      System.out.println("10進数:" + 10);
4      System.out.println(" 8進数:" + 010);
5      System.out.println("16進数:" + 0x10);
6    }
7  }
```

Test103.java

実行結果▶

```
10進数:10
 8進数:8     ←  8進数：10 の 10 進表現
16進数:16    ← 16進数：10 の 10 進表現
```

次に 10 進数，2 進数，8 進数，16 進数の対応を示します。

10 進数	2 進数	8 進数	16 進数
0	0_2	0_8	0_{16}
1	1_2	1_8	1_{16}
2	10_2	2_8	2_{16}
3	11_2	3_8	3_{16}
4	100_2	4_8	4_{16}
5	101_2	5_8	5_{16}
6	110_2	6_8	6_{16}
7	111_2	7_8	7_{16}
8	1000_2	10_8	8_{16}
9	1001_2	11_8	9_{16}
10	1010_2	12_8	A_{16}
11	1011_2	13_8	B_{16}
12	1100_2	14_8	C_{16}
13	1101_2	15_8	D_{16}
14	1110_2	16_8	E_{16}
15	1111_2	17_8	F_{16}
16	10000_2	20_8	10_{16}

（5）　論理リテラル

　真偽値を表す論理リテラルは true と false の 2 種類あります。true は真を表し，false は偽を表します。論理リテラル値は第 2 章で説明する boolean 型変数に格納したり，if 文などの条件式に記述したりできます。

（6）　null リテラル

　null は参照型変数がどのオブジェクトも参照していない状態を意味します。

1.8 予約語（キーワード）

プログラムを作成する上でクラス名やメソッド名，変数名など，作成者が自由に付けて良い名前がいくつかありますが，あらかじめ Java で予約されている名前を使用することはできません。この Java で予約されている名前を予約語（キーワード）といいます。

Java プログラムで予約されている予約語は次のとおりです。

```
abstract    boolean     break       byte        case
catch       char        class       const       continue
default     do          double      else        extends
false       final       finally     float       for
goto        if          implements  import      instanceof
int         interface   long        native      new
package     private     protected   public      return
short       static      super       switch      synchronized
this        throw       throws      transient   true
try         void        volatile    while
```

プログラムを作成する上で，これらの予約語をクラス名やメソッド名，および変数名などには使用できません。

たくさんの予約語が出てきましたが，この予約語を，今ここで覚える（暗記する）必要はありません。本書を最後まで読むことで，ほとんどの予約語は出てきます。そのときどきで，意味を理解してください。

実行の流れ

　プログラムを実行したときの処理の流れについて説明します。

　Java プログラムは必ず main メソッドから実行が開始されます。P.18 のプログラム（Test101）では main メソッドの中の文は一つだけなので，どこから実行されるかすぐ分かったと思います。

　では，次のように main メソッドの中に二つ以上の文があったときの実行はどうなるでしょう？

■Test104　複数の処理文をもつプログラム

```
1 class Test104 {
2   public static void main(String[] args) {          Test104.java
3     System.out.println("Java プログラム");
4     System.out.println("作成者　アイテック太郎");
5   }
6 }
```

実行結果▶
```
Java プログラム
作成者　アイテック太郎
```

　Java プログラムは原則として，main メソッドから実行されます。基本的にプログラムは上から下の順に実行されるので，はじめに 3 行目にある System.out クラスの println メソッドが実行され，その次に 4 行目の println メソッドが実行されます。System.out は画面への出力を行うため，標準的に用意されているクラスです。

```
System.out.println("Java プログラム");
System.out.println("作成者　アイテック太郎");
```

　プログラムに記述した処理文は上から順に 1 文ずつ実行し，main メソッドの最後の処理文を実行すると終了します。

　ただし，Java アプレットやサーブレット，JSP は Web ブラウザや Web サーバから呼び出される特殊なプログラムであるため，main メソッドから実行されるという原則には従いません（この点に関する詳細は情報処理技術者試験の範囲ではないため本書では説明しません）。

Point

プログラムは基本的に上から下に実行！

　mainメソッドの中に書いている処理について説明します。

　P.18のプログラム（Test101）の5行目に記述している System.out. println
("Javaプログラム");は画面に文字列を表示する処理を行います。

　コンピュータで行う動作をプログラムに記述したひとつひとつの処理文で指示
します。この処理文のことを単に文ともいいます。

　処理文には画面に表示する文や，計算する文などたくさんの文（命令）があり
ます。前述したプログラム（Test101）では，画面に表示する println 文を使用
しています。

　println 文は次のように記述します。

```
System.out.println("Java プログラム");
```

　この println 文は下線部分（＿＿＿）の文字列を画面に表示します。

　この println 文を実行すると次のような実行結果が画面に表示されます。

```
System.out.println("Java プログラム");
```

実行結果▶

```
Java プログラム
```

前述したとおり，println 文は下線部分(＿＿＿)の文字列を画面に表示します。

```
System.out.println("Java プログラム");
```

文の中に「．（ピリオド）」がありますが，「System.out.println(……);」
で一つの文として扱われます。

「．」を書き忘れるだけでもエラーになります。

空白（コンパイルエラーになる）

```
System out.println("Java プログラム");
```

ではここで，いろいろな表示方法を説明します。

（1） 二つの文字列を結合して表示する

println 文では二つの文字列を結合して表示することができます。次のように
加算記号の「＋」記号を使用して二つの文字列を結合して表示させることもでき
ます。

```
System.out.println("Java"+" プログラム");
```

"Java"＋" プログラム"

⬇

"Java プログラム"

二つの文字列を
＋記号で結合する。

実行結果▶　Java プログラム

これは，"Java"という文字列と" プログラム"という文字列を「+」記号で結合
させて"Java プログラム"と表示しています。

(2) 改行しないで表示する （print文）

println文に似ている print文について説明します。

print文は println文と同じように画面に表示する文です。println文は画面に表示した後，改行されます。一方 print文は画面に表示した後，改行されません。

次のプログラムを見てください。

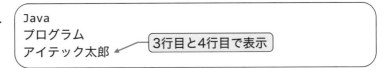

```
1 System.out.println("Java");
2 System.out.println("プログラム");
3 System.out.print("アイテック");
4 System.out.println("太郎");
```

print文 （改行なし）

実行結果▶

```
Java
プログラム
アイテック太郎
```

3行目と4行目で表示

【プログラムの説明】

println文は値を画面に表示した後に改行されるので，次の表示は改行されてから，次の行に表示されます。

それに対して print文は println文と同じく画面に値を表示しますが，表示した後に改行しないので，次の表示は右側に続けて表示されます。

プログラムの3行目の"アイテック"と4行目の"太郎"が1行で表示されているのが分かります。

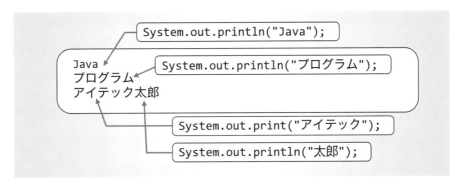

ポイントは頭に入っていますか？
理解できているか Check してみましょう。

check

- ☑ マルチプラットフォーム
- ☑ クラス
- ☑ ブロック
- ☑ コメント
- ☑ インデント
- ☑ 文
- ☑ リテラル
- ☑ メソッド
- ☑ エスケープシーケンス
- ☑ 予約語（キーワード）

問1 — 1 次のプログラムの実行結果を解答群から選びなさい。

```java
// Java プログラム問題
class Test1_1 {
  public static void main(String[] args) {
    System.out.print("Java の");
    System.out.println("問題");
    System.out.println("です。");
  }
}
```

解答群

ア **実行結果▶** Javaの問題です。

イ **実行結果▶**
```
Javaの
問題です。
```

ウ **実行結果▶**
```
Javaの問題
です。
```

エ **実行結果▶**
```
Javaの
問題で
す。
```

答え _____

問1 — 2 次のprintln文は文字列"問題"を出力しているものです。正しい記述には○，誤っている記述には×を付けなさい。

(a) `System.out.println("問題")` (a) ☐

(b) `System.out.println  ("問題");` (b) ☐

(c) `System out println("問題");` (c) ☐

(d) `System.out.println(問題);` (d) ☐

問1 － 3　次のプログラムには誤りがあります。誤っている箇所を答えなさい。

```
// Javaプログラム問題
class Test1_2
  public static void main(String[] args) {
    System.out.println("エラーがあるプログラムです");
  }
```

答え

問1 － 4　次のリテラルと対応するリテラルの種類を解答群から選びなさい。

(a)　12　　　　　　　　　　　　　　　　　　　　　(a)

(b)　"abc"　　　　　　　　　　　　　　　　　　　(b)

(c)　'a'　　　　　　　　　　　　　　　　　　　　(c)

(d)　"b"　　　　　　　　　　　　　　　　　　　　(d)

(e)　"12"　　　　　　　　　　　　　　　　　　　(e)

(f)　3.0　　　　　　　　　　　　　　　　　　　　(f)

解答群
　ア　整数リテラル　　　　イ　浮動小数点数リテラル
　ウ　文字リテラル　　　　エ　文字列リテラル

問1 － 5　次の語の意味，または関連する語を解答群から選びなさい。

(a)　コメント　　　　　　　　　　　　　　　　(a)

(b)　リテラル　　　　　　　　　　　　　　　　(b)

(c)　JVM　　　　　　　　　　　　　　　　　　(c)

(d)　\n　　　　　　　　　　　　　　　　　　　(d)

解答群

　　ア　Java仮想マシン　　　　イ　改行文字
　　ウ　コンパイル　　　　　　　エ　注釈文
　　オ　定数　　　　　　　　　　カ　文

Java Programming

第2章 変数

　この章では，プログラムで扱うデータを格納で
きる「変数」について説明します。プログラムを
作成する上で，この「変数」の理解はJavaに限
らず，どの言語でも必要になりますが，Javaで
はクラスも変数です。

　また，ここでは基本的な代入処理についても説
明します。

変数
変数の宣言
データ型
代入演算子

　プログラムを作成する上で大事なことに変数の扱いがあります。これは，Javaに限らず，どのプログラム（言語）でもいえることです。変数とは，プログラム実行中に値（データ）を記憶するために用意された入れ物のようなものです。変数に記憶された値をプログラムの中で計算したり，表示したりします。

　例えば，

　　変数 a に値を入れて，その値を表示する

というプログラムを考えてみます。プログラムは次のようになります。

■Test201　変数を利用したプログラム

```
1 class Test201 {
2   public static void main(String[] args) {
3     int a;
4     a = 5;                          変数 a の内容表示
5     System.out.println(a);
6   }
7 }
```

Test201.java

【プログラムの説明】

3行目：int a;

　変数の宣言です。これによって，プログラムで a という名前の変数を扱うことができます（Java では使用するすべての変数を宣言しなければなりません）。

　a という名前の入れ物ができたと思ってください。この入れ物のことを変数と呼びます。

　この文は宣言しているだけなので，変数の中身は特に指定していません（左側の int は変数のデータ型になります。データ型については，この後で説明します）。

4行目：a = 5;

　変数 a に数値 5 を入れます。このことを「代入」といいます。代入を行うには，「=」（代入演算子）を使います。代入は「=」を中心として右から左への代入になりますので，この方向は覚えておきましょう。

　この代入によって，変数 a の内容は 5 になります（変数 a に数値 5 を格納します）。

5行目：System.out.println(a);

　println 文は画面に値を表示する文です。この文によって変数 a の値（記憶し
ている内容）が画面に表示されます。

```
    a      System.out.println(a);
   ┌───┐ ◄ ─ ─ ─ ─ ─ ─ ─ ─ ┐
   │ 5 │
   └───┘
```

実行結果▶　　　5

　以上が，変数を使った簡単なプログラムになります。
　変数を宣言することで，宣言した数だけの入れ物（変数）が用意されると覚え
てください。

Point

変数は値を格納する入れ物！

┌─ 順次処理について ──────────────────────

　このプログラムでは，変数 a に値を代入して，表示しています。

```
   ┌──────────┐
   │ a ← 5    │ …… a = 5;
   ├──────────┤
   │ a を表示 │ …… System.out.println(a);
   └──────────┘
```

　このように単純に上から下に実行する処理のことを「順次処理」といいます。プ
ログラムを作成するときに基本となる処理（構造）の一つです。
第3章で説明する演算も順次処理になります。
　このほかには第4章で説明する「条件判断」，第5章で説明する「繰返し（ルー
プ）」などがあります。
　これらの三つの処理（構造）を組み合わせて，プログラムで行う処理を記述しま
す。

　これまでの説明で「変数は値を格納するもの」と説明しました。

　プログラムで変数を宣言するとコンピュータ内部の主記憶装置（メモリ）に領域が確保され，この領域に変数の値が格納されます。また，データやプログラムはすべてこの主記憶装置（メモリ）に格納して実行されます。主記憶装置のどの場所に領域を確保するかは，OS（オペレーティングシステム）が決定します。

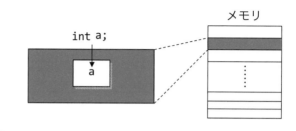

2.2 変数の宣言（識別子とデータ型）

識別子
データ型
整数型
int

プログラムで使用する変数は必ず宣言することは理解できたでしょうか？

ここでは変数の宣言について説明します。変数を宣言するときは，あらかじめ次のことを決めておきます。

1. 変数に付ける名前（識別子）
2. 変数のデータ型

はじめに一つ目の「変数に付ける名前（識別子）」について説明します。

プログラムで使用する変数に付ける名前はプログラムを作成する人が自由に付けてよいのですが，次のような決りがあります。

> ① 識別子は英字・数字・アンダースコア・$を使用できます。
>   ただし，数字の文字から始めることはできません。
> ② 大文字・小文字は区別されます。
> ③ Javaで予約されているキーワードは使用できません（第1章参照）。
> ④ 長さの制約はありません。

アドバイス

プログラムの読みやすさを考え，変数の名前を分かりやすくすることも重要です。

次に二つ目の「変数のデータ型」について説明します。

プログラム Test201 では，次のように変数を宣言していました。

構文

データ型　　変数名[, 変数名・・・];

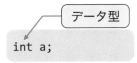

データ型

int a;

この文は名前が a という整数型の変数を宣言しています。

変数 a の左側にある「int」のことを変数の「データ型」，または「型」といいます。この場合は変数 a に符号付き 32 ビットで表せる整数の値だけを扱うことができます。文字や実数値を扱うことはできません。これは，宣言するときのデータ型に関係しています。

Java では，文字や実数値を代入するためのデータ型は int とは別に用意されています。

基本データ型
プリミティブ型
char
boolean
byte
short
int
long
float
double

では，Java で扱えるデータ型について説明します。次の表に示した八つの型を Java の基本データ型（プリミティブ型）といい，扱う値によって区別します。

表　Java の基本データ型

データ型	説　明	種類
char	16 ビット Unicode 文字データ	文字
boolean	真偽値（true・false）	論理
byte	8 ビット符号付き整数 （−128〜127）	整数
short	16 ビット符号付き整数 （−32,768〜32,767）	
int	32 ビット符号付き整数 （およそ−21 億〜およそ 21 億）	
long	64 ビット符号付き整数（範囲省略）	
float	32 ビット符号付き実数（範囲省略）	実数*
double	64 ビット符号付き実数（範囲省略）	

＊実数とは，整数および小数のことです。

変数の宣言は，それ自体で一つの文になるので最後にセミコロンが必要です。

```
例）変数の宣言
  int a;       ←  整数型変数 a の宣言
  short b;     ←  整数型変数 b の宣言
  char c;      ←  文字型変数 c の宣言（1 文字だけ格納できます）
  double d;    ←  実数型変数 d の宣言
  boolean e;   ←  論理型変数 e の宣言
```

また，データ型が同じ変数を複数宣言するときは次のようにコンマ区切りで並べることが可能です。

```
int f;       ←  整数型変数 f の宣言
int g;       ←  整数型変数 g の宣言
```

```
int f, g;    ←  整数型変数 f と g の宣言
```

データ型を指定して変数を宣言！

Question
基本データ型以外にも，データ型があるのでしょうか？

　良いところに気が付きましたね。Javaの一般的なプログラムは，たくさんのクラスが組み合わさってできています。ここではクラス自体が正にデータ型なのです。クラスを原子に例えると，基本データ型は素粒子といったところでしょうか。

　ただし，クラスと基本データ型の一番大きな違いは，基本データ型が値を入れる領域にすぎないのに対し，クラスはオブジェクトですので，値を入れる領域以外に，動作定義（メソッド）ももっています。

String
参照
参照値

（1） Java プログラムの文字列の扱い

　基本データ型の char 型は文字を扱うことができますが，文字のつながりである文字列を扱うことはできません。また，Java では文字列を扱う基本データ型はありません。Java プログラムで文字列を扱うには String を使用します。

　String はクラスであり，基本データ型ではありませんが，なくてはならないデータ型の一つです。クラスについては第 7 章で詳しく説明します。

　なお，String クラスとして宣言した変数を String 型の変数ともいいます。

> String 型の変数 str

例)
```
String str;
```

（2） 定義基本データ型と String 型の違い

　基本データ型と String 型の違いを説明します。基本データ型の int や double は変数の領域にデータが格納されます。

```
int a;
a = 5;
```

```
   a
┌─────┐
│  5  │
└─────┘
```

　これに対して String 型の変数は，その変数にデータが直接格納されるのではなく，データを参照するための値（場所，アドレス）が格納されることになります。

　例えば，次の処理が行われると変数 str には文字列"ABCD"の参照値が入ります。

```
String str;
str = "ABCD";
```

```
  str
┌─────┐        ┌────────┐
│  ●──┼──────→ │ "ABCD" │
└─────┘        └────────┘
```

> 文字列"ABCD"は主記憶装置のどこかに格納されます。これをたどるためのものが参照値です。

**Point**

文字列は参照！

データ型のサイズについて

int 型の変数 a と short 型の変数 b を宣言します。

```
int a;        ← 整数型変数 a の宣言
short b;       ← 整数型変数 b の宣言
```

これによって，変数 a は整数型の変数となり，整数値を格納することができます。また，変数 b も整数型の変数となり，整数値を格納できます。

「同じ整数型で何が違うの？」と思う人もいるかと思います。

int 型と short 型の違いを簡単にいうと，扱える整数値の範囲です。前述した基本データ型の表を見ると，int 型は「32 ビット（4 バイト）整数型」と説明しており，short 型は「16 ビット（2 バイト）整数型」と説明しています。

これを型のサイズといいます。サイズの値が大きいほど，表すことのできる値の範囲は大きくなります。例えば，short 型は 16 ビットなので扱える値の範囲は「−32,768〜32,767」になります。これに対して，int 型は 32 ビットなので扱える値の範囲は「−2,147,483,648〜2,147,483,647」になります。

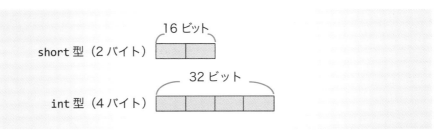

少し詳しく説明すると，メモリの節約などを考え，int と short を使い分けてプログラムを作成するのが最も良いのですが，基本的に整数型を扱う変数は int 型で宣言して問題ありません。もし，プログラム中に short 型が出てきたときは「小さい値を扱う整数型の変数だな」と思ってください。また，long 型の変数のときは，「大きい値を扱う変数だな」と思ってください。

データ型で異なるサイズ！

変数の宣言について

　プログラムで使用する変数は,宣言しないと使用できないことを見てきました。

　さて,変数の名前についての規則をいくつか述べましたが,もう一つ重要な決りがあります。

　それは,

> （ブロック内で）同じ名前の変数を宣言することはできない

ということです。

　「ブロック内で」というのが気になりますが,当面このテキストでは main(　) メソッドだけでプログラムを説明するので,ここでは気にしないでください。

　ここでいう「ブロック内で」というのは main(　)メソッドのブロック{　}内のことをいいます。

　これまでの説明では,変数は main メソッドの{　}の中だけで宣言しています。同じブロックの中で,同じ名前の変数を複数定義することはできません。ここでは,変数の名前が重複してはいけないと覚えてください。

　次のような宣言はエラーになります。

```
int num;              名前が重複するのでエラー
int num;
```

　また,データ型を変えても同じ名前は重複して宣言できません。

```
int num;              名前が重複するのでエラー
double num;
```

Point

　　同じ名前の変数は宣言できない！

初期化

変数の初期化について

変数の宣言では，「=」を使うことで，その変数の初期値を指定できます。

プログラム Test201 では，変数 a の宣言をした後，変数に値を代入していました。Java ではこの宣言文と代入文を一つの文で記述することもできます。

変数の宣言時に初期値を代入することを，「変数の初期化」といいます。

キーワード

初期値
変数に最初から入っている値

```
int a;
a = 5;
System.out.println(a);
```

同じ意味

変数の宣言時に
初期値を代入

```
int a = 5;
System.out.println(a);
```

Point

宣言と代入を一緒に記述！

Question
変数を初期化しない場合，どんな値になるのですか？

Answer

整数型や実数型の変数の場合は，0（小数だと 0.0）になります。真偽値を表す boolean 型では偽（false）になります。クラスがデータ型である場合には，null リテラルになります。文字を表す char 型は中身が 16 進表記で 0000，つまり 0 になりますが，これは終端文字を表す値であり，空っぽという扱いになります。

（1）　値の代入についての注意

変数の宣言を行うときは，その変数が扱う値に対応したデータ型で宣言します。例えば，次のような記述はコンパイルエラーになります。

```
int num;
num = 3.14;
```
> 実数を int 型の変数に代入することはできません。

これは，int 型（整数型）の変数 a に，3.14（実数）を代入しようとしていますが，int 型の変数には整数の値しか格納できないのでエラーになります。小数点の付いた値を扱うときは，double 型の変数で扱います。

（2）　変数の値を変える

この章の最初で，変数とは値を記憶する容れ物と説明しました。この容れ物は先に入れたものを取り出さずに，次のものを入れることができます。つまり，いったん記憶した値をプログラム実行中に変更することが可能です。

■Test202　変数の値を変えるプログラム

```
1 class Test202 {
2   public static void main(String[] args) {          Test202.java
3     int num;
4     num = 5;              変数 num に 5 を代入          5 が表示
5     System.out.println("変数numの値は" + num + "です。");
6     num = 8;              変数 num に 8 を代入          8 が表示
7     System.out.println("変数numの値は" + num + "です。");
8   }
9 }
```

実行結果▶
> 変数 num の値は 5 です。
> 変数 num の値は 8 です。

【プログラムの説明】

4 行目で変数 num に 5 を代入して 5 行目で表示しています。次に 6 行目で変数 num に 8 を代入しています。これは，変数 num に記憶されている値に 8 の値が上書きされることになるので，変数 num は新たに 8 を記憶することになります。前の値の 5 は消えてしまいます。

一つの変数に，同時に二つ以上の値を記憶させることはできません。

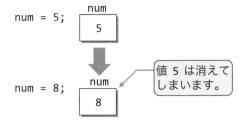

プログラムの 5 行目と 7 行目では，文字列と変数 num の値を「+」で結合して表示しています。

【文字列と数値を組み合わせて表示する】

```
System.out.println("変数 a の値は" + num + "です。")
                   "変数 a の値は" +  5  + "です。"

                        "変数 a の値は 5 です。"
```

（3）　ほかの変数からの代入

「=」で変数に定数（リテラル）を代入することができました。代入は定数を変数に入れるだけでなく，変数の値を別の変数に代入することもできます。

■Test203　ほかの変数から代入するプログラム

```
1 class Test203 {
2   public static void main(String[] args) {        Test203.java
3     int num1, num2;
4     num1 = 5;  ← 5 を変数 num1 に代入            5 が表示
5     System.out.println("変数num1の値は" + num1 + "です。");
6     num2 = num1;  ← num1 の値を num2 に代入
7     System.out.println("変数num2の値は" + num2 + "です。");
8   }                                                5 が表示
9 }
```

実行結果▶

変数 num1 の値は 5 です。
変数 num2 の値は 5 です。

【プログラムの説明】

6行目で num1 の値を num2 に代入しています。前述でも説明しましたが，代入は「=」を挟んで右から左への代入になります。

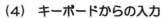

num2 = num1;

num1 の値が num2 にコピーされたと思ってください。コピーなので，num2 には num1 とまったく同じ値が記憶されます。また，num1 の値はそのまま記憶されます。

この代入はともに int 型同士の変数の代入です。同じデータ型の場合はそのまま代入ができますが，double 型の値を int 型に代入するなどの処理はエラーとなります。ただし，キャスト演算子を使用することで double 型の値を int 型にキャスト（型変換）して代入することができます。

キャスト演算子は，この後の第3章で説明します。

アドバイス
キーボードからの入力の仕組みは，第12章で詳しく説明します。

（4）　キーボードからの入力

キーボードから任意の値を変数に入力（代入）させて，その値を表示するプログラムを説明します。

キーボードから値を入力することで，固定の値だけで処理するのではなく，プログラムの柔軟性が向上します。

キーボードから入力するプログラムは次のようになります。

■Test204　キーボードから入力した値を変数に代入するプログラム

```
1  import java.io.*;
                                                    Test204.java
2  class Test204 {
3    public static void main(String[] args) throws IOException {
4      String str;
5      System.out.println("値を入力してください。");
6      BufferedReader br =                    入力用のオブジェクト作成
         new BufferedReader(new InputStreamReader(System.in));
7      str = br.readLine();     キーボードから入力
8      System.out.println("入力したデータは" + str + "です。");
9    }
10 }
```

実行結果▶

値を入力してください。
abcde ⏎   7行目の文で入力
入力したデータは abcde です。

＊ ⏎ は Enter キーが押されて改行文字が入力されたことを表しています。

parseInt

【プログラムの説明】

ここで注意するのは，7行目の

```
str = br.readLine();
```

です。

この文でキーボードからの入力を行います。キーボードから"abcde"と入力しEnterキーを押すと，入力した値（"abcde"）が変数 str に代入されます。基本的にキーボードから入力する値は文字列なので，String 型の変数 str で受け取ります。

キーボードから入力した値が文字列の場合は，そのまま String 型の変数に代入できますが，入力した値を数値として整数型の変数に代入したいときは次のような記述になります。

```
str = br.readLine();            // キーボードから入力
int num = Integer.parseInt(str);   // 文字列を整数型に変換
```

これは，キーボードから入力した文字列を，Java で用意されている Integer クラスの parseInt メソッドを使用して数値に変換しています。その値を int 型の変数 num に代入していることになります。

入力した文字列に数字以外の文字が含まれたときは，この parseInt メソッドでエラーが発生します。Java では，このエラーの対処方法を例外処理として処理することもできます。例外処理については第11章で説明します。

ここでは，キーボードから入力した値を数値に変換する処理を覚えてください。

キーボードから整数型に値を入力する処理は次のようにも記述できます。

```
int num = Integer.parseInt(br.readLine());
```

この文は parseInt メソッドの( )内に記述している readLine メソッドが先に実行され，入力した値を parseInt メソッドで数値に変換しています。処理自体は変わりません。

クラスやメソッドについては，第7章で詳しく説明しますので，その章を読んだ後に，もう一度この説明を読み返してください。

ポイントは頭に入っていますか？
理解できているか Check してみましょう。

check

- ☑ 変数
- ☑ 基本データ型
- ☑ String
- ☑ 変数の初期化
- ☑ キャスト

問2 - 1 空欄に入る正しい答えを解答群から選びなさい。ただし，コメントの内容は正しいものとするほか，複数の選択肢が当てはまる場合，サイズが最も小さい型を選びなさい。

| a | data1; | // 整数型変数data1の定義 | **(a)** | |
| | | （ただし100,000以上の値あり） | | |

| b | data2; | // 実数型変数data2の定義 | **(b)** | |

| c | data3; | // 文字型変数data3の定義 | **(c)** | |

| d | data4; | // 論理型変数data4の定義 | **(d)** | |

| e | data5 = 3.1; | // data5 ← 3.1 | **(e)** | |

| f | data6 = false; | // data6 ← false | **(f)** | |

| g | data7 = -50000; | // data7 ← -50000 | **(g)** | |

| h | data8 = '1'; | // data8 ← '1' | **(h)** | |

解答群

ア boolean　　イ byte　　ウ char
エ double　　オ int　　カ short

問2－2　次のプログラムには誤りがあります。誤りの内容を答えなさい。

```java
// Java プログラム問題
class Test2_1 {
  public static void main(String[] args) {
    int x = 10;
    int x = 20;
    System.out.print("x:" + x);
  }
}
```

答え

問2－3　次のプログラムを実行したときの変数x，yの値を答えなさい。

```java
// Javaプログラム問題
class Test2_2 {
  public static void main(String[]  args) {
    int x = 10;
    int y = 20;
    int w;
    w = x;
    x = y;
    y = w;
    System.out.print("x:" + x);
    System.out.print("y:" + y);
  }
}
```

x   y

Java Programming

第3章 式と演算子

この章では,「式と演算子」について説明します。
「演算子」はプログラムを作成するうえで最も
基礎になるものなので,いろいろな「演算子」の
使い方を理解しましょう。

　まず，はじめに Java で式が使われる場面について説明します。式が使われるのは大きく分けて，代入や演算の場面と，比較の場面になります。それぞれのサンプルと説明を見ていきましょう。

【代入や演算】

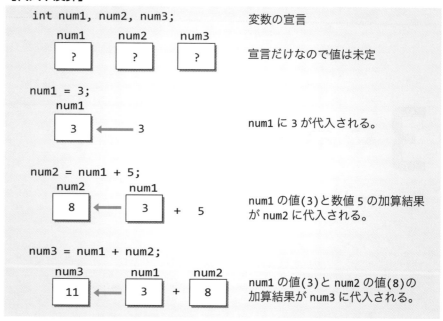

　代入は前記のように，変数に値を格納することを指します。代入される値としては「3」という定数値だったり，「num1 + 3」，「num1 + num2」という演算の結果であったりします。

【比較】

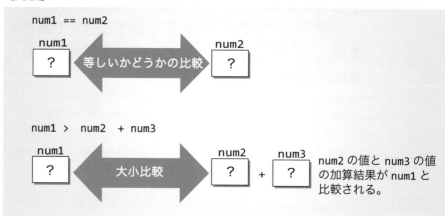

比較は，式の結果によって条件判断（第4章）や繰返し（ループ）（第5章）の継続判定などを行うために利用されるものです。

　比較結果は式が成り立つかどうか，言い換えると真（true）か偽（false）かになるため，boolean型の変数のように使えます。したがって，次のように比較式の結果をboolean型の変数に代入することもできます。

```
boolean result = num1 > num2 + num3;
```

　この文が実行されると，num1の値がnum2の値とnum3の値の和よりも大きい場合には真（true）が，それ以外の場合には偽（false）がresultに代入されます。

　第3章ではこのうち，代入と演算の場面で使われる演算子を説明します。比較の場面で使われる演算子については第4章で説明します。

算術演算子について説明します。算術演算子とは，加算，減算，乗算，除算といった四則演算を行える演算子です。そのほかに剰余を求める演算子もあります。

表　算術演算子

演算子	意味	使用例
+	加算	a = b + c;
-	減算	a = b - c;
*	乗算	a = b * c
/	除算	a = b / c
%	剰余	a = b % c

加算，減算，乗算，除算については数式として使用しているので理解できると思います。算術演算子をプログラムで記述するとき，乗算は「×」ではなく「*」になり，除算は「÷」ではなく「/」になるので注意してください。

剰余を求める

除算の余りを求める剰余（%演算子）について説明します。例えば，変数aに11，変数bに4が格納されているとして，「c = a % b」の式を実行すると，式の評価は3となり，変数cに3が代入されます。

これは，11を4で割った余りが3という式の値になります。

```
c = a % b;          c ← a / b の余り
```

%演算子は割った余りを求めるものと覚えてください。

■Test301　剰余を求めるプログラム

```
1 class Test301 {
2   public static void main(String[] args) {        Test301.java
3     int a, b, c;
4     a = 11;
5     b = 4;
6     c = a % b;          a を b で割った余り(剰余)
7     System.out.println("a/bの余り:" + c);
8   }
9 }
```

実行結果▶　a/b の余り:3

【プログラムの説明】
3行目：変数a, b, cの宣言
4行目：11をaに代入
5行目：4をbに代入
6行目：aをbで割った余り（剰余）をcに代入（算術演算子の計算）

インクリメント演算子
デクリメント演算子

アドバイス

試験問題や実際の開発現場では，変数 a の値を加算するとき，「a = a + 1;」の代わりに「a++;」と記述することが一般的です。

　インクリメント演算子，デクリメント演算子について説明します。
　まず，インクリメント演算子とは，「++」を使用して変数に 1 を加算する演算子です。
　例えば，

```
a++;
```

という文は変数 a に 1 を加算します。つまり，「a = a + 1;」と同じ処理を行います。
　一方，デクリメント演算子とは，「--」を使用して変数から 1 を減算する演算子です。
　例えば，

```
a--;
```

という文は変数 a から 1 を減算します。つまり，「a = a - 1;」と同じ処理を行います。
　また，次のように「++」，「--」を変数の左側に記述することができます。

```
++a;
```

　変数の左側に記述することを前置き型，変数の右側に記述することを後置き型といいます。

```
++a;     前置き型インクリメント
a++;     後置き型インクリメント
--a;     前置き型デクリメント
a--;     後置き型デクリメント
```

前置き型と後置き型の違い

　この前置き型，後置き型のインクリメント／デクリメント演算子の違いについて説明します。
　インクリメント／デクリメント演算子を単独で使用する場合は，前置き型，後置き型とも同じ意味になります。
　しかし，インクリメント／デクリメント演算子を代入や比較などのほかの処理と組み合わせて使用したときに違いが出てきます。インクリメント演算子をほかの処理と組み合わせて使用したとき，前置き型はインクリメントされて処理を行い，後置き型は処理した後にインクリメントされます。

```
前置き型インクリメント    インクリメント → 処理（代入，比較など）

後置き型インクリメント    処理（代入，比較など） → インクリメント
```

例えば，次のような場合，それぞれの実行結果を確認してください。

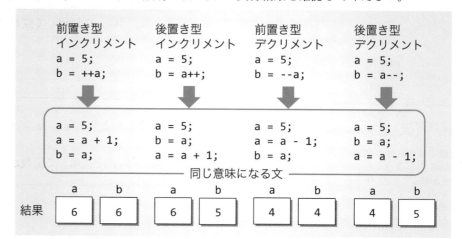

前置き型，後置き型のインクリメントを実行したとき，インクリメントされる変数 a の値は，前置き型と後置き型に関係なく同じ結果になります。

一方，変数 a の値が代入される変数 b の値は，前置き型ではインクリメントされた後の変数 a の値が代入されるので変数 b には 6 が入り，後置き型ではインクリメントされる前の変数 a の値が代入されるので変数 b には 5 が入ります。

結果として変数 b の値が違うのが分かります。

- 前置き型インクリメントは，
  変数 a をインクリメント　→　変数 a を変数 b に代入
- 後置き型インクリメントは，
  変数 a を変数 b に代入　→　変数 a をインクリメント

デクリメントも同様になります。

■Test302　前置き型と後置き型インクリメントを使用したプログラム

```
1  class Test302 {
2    public static void main(String[] args) {
3      int a, b;
4      a = 5;
5      b = ++a;          ← 前置き型
6      System.out.println("前置き型:");
7      System.out.println(" a:" + a + " b:" + b);
8      a = 5;
9      b = a++;          ← 後置き型
10     System.out.println("後置き型:");
11     System.out.println(" a:" + a + " b:" + b);
12   }
13 }
```

Test302.java

実行結果▶

前置き型:
　　a:6　　b:6
後置き型:
　　a:6　　b:5

【プログラムの説明】
3行目：変数 a, b の宣言
4行目：5 を a に代入
5行目：a(5)に 1 を加算した値を a, および b に代入
8行目：5 を a に代入
9行目：a(5)を b に代入，a(5)に 1 を加算した値を a に代入

　ビット演算子について説明します。ビット演算子とは，文字や整数値のビットを操作する演算子です。Java では次の2種類のビット演算子を使用します。

> ・ビット論理演算子
> ・ビットシフト演算子

　これらのビット演算子は byte, short, int, long, char の値だけに使用できます。

（1）ビット論理演算子

　ビット論理演算子はビット単位で論理演算を行います。

　次の4種類のビット論理演算子があります。

表　ビット論理演算子

ビット論理演算子	意味	使用例
&	論理積（AND）	b = a & 0xF;
|	論理和（OR）	b = a | 0x30;
^	排他的論理和（XOR）	b = a ^ 0xF;
~	ビットの反転	b = ~a;

① 論理積（AND）

　二つのビット列の各ビットで，両方のビットが1のときだけ1になり，それ以外は0になります。

```
ビット列1 0101              0011 0101
ビット列2 0011            & 0000 1111
  &       0001              0000 0101
```

② 論理和（OR）

　二つのビットで，両方，または片方のビットが1のとき1になり，両方のビットが0のときだけ0になります。

```
ビット列1 0101              0000 0101
ビット列2 0011            | 0011 0000
  |       0111              0011 0101
```

③ 排他的論理和（XOR）

　二つのビットが同じビットのとき0に，異なるビットのときは1になります。

```
ビット列1 0101              0000 0101
ビット列2 0011            ^ 1111 1111
  ^       0110              1111 1010
```

④ ビットの反転

　ビットを反転させます。

```
ビット列1 0101              0011 0101
                         ~
  ~       1010              1100 1010
```

（2） ビットシフト演算子

　ビットシフト演算子は，値を 2 進数で表したときの桁を，左または右にずらします。このビットをずらすことを「シフト」といいます。

　シフトの性質について説明します。値を左に 1 ビットシフトさせるごとに値は 2 倍，4 倍，8 倍…となります。

値（101_2）の場合	ビット	結果
0 ビットシフト	101_2	5（1 倍）
1 ビットシフト	1010_2	10（2 倍）
2 ビットシフト	10100_2	20（4 倍）
3 ビットシフト	101000_2	40（8 倍）

　また，値を右に 1 ビットシフトさせるごとに値は，1／2 倍，1／4 倍，1／8 倍…となります。

値（10000_2）の場合	ビット	結果
0 ビットシフト	10000_2	16（1 倍）
1 ビットシフト	1000_2	8（1／2 倍）
2 ビットシフト	100_2	4（1／4 倍）
3 ビットシフト	10_2	2（1／8 倍）

　Java では次の 3 種類のビットシフト演算子があります。

表　ビットシフト演算子

ビットシフト演算子	意味	使用例
<<	左シフト演算子	a = a << 2
>>	符号付き右シフト演算子	a = a >> 2
>>>	符号なし右シフト演算子	a = a >>> 3

キーワード
シフト
桁をずらす処理のこと

① 左シフト演算子（<<）

　はじめに左シフト演算子（<<）を説明します。左シフト演算子は，2 進数で表したときの値を指定した数だけ左にシフトし，空いたビット位置には 0 が入ります。

　例えば，値 4 を左に 2 ビットシフトさせると，値は 16 になります。空きビット位置（下線部）に 0 が入ることを確認してください。

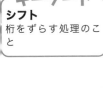

アドバイス
2 進数の 0001（10 進数の 1）を左に 1 ビットシフトすると 0010（10 進数の 2），左に 2 ビットシフトすると，0100（10 進数の 4）になります。

```
              0000 0100₂      2 ビット左シフト
4 << 2                        空きビット（下線部）には 0 が入る。
              0001 0000₂
```
（※）8 ビットで値を表しています。

② 符号付き右シフト演算子（>>）

　次に符号付き右シフト演算子（>>）を説明します。符号付き右シフト演算子は，2進数で表した値の符号ビットを除いたビットを指定した数だけ右にシフトし，空いたビット位置には符号ビットと同じビットが入ります。

　例えば，値32を2ビット符号付き右シフトさせると，値は8になります。空きビットには符号ビットと同じ0が入ります。

```
             0010 0000₂
32 >> 2                   2ビット符号付き右シフト
                          空きビットには符号ビットと同じビットが入る。
             0000 1000₂
```
（※）8ビットで値を表しています。

　次の例は，値−128を2ビット符号付き右シフトさせると，値は−32になります。空きビットには符号ビットと同じ1が入ります。

```
             1000 0000₂
-128 >> 2                 2ビット符号付き右シフト
                          空きビットには符号ビットと同じビットが入る。
             1110 0000₂
```
（※）8ビットで値を表しています。

③ 符号なし右シフト演算子（>>>）

　最後に同じ右シフトを行う符号なし右シフト演算子（>>>）について説明します。

　>>演算子と同様に，ビットを右に指定した数だけシフトします。ただし，>>>演算子は符号ビットも含めてシフトします。また，左側の空きビットには必ず0が入ります。

　この部分が>>演算子と違うところです。

　例えば，値−128を2ビット符号なし右シフトさせると，値は32になります。符号ビットも含めた全ビットがシフトされ，空きビットには0が入ります。

```
              1000 0000₂
-128 >>> 2                 2ビット符号なし右シフト
                           空きビットには0が入る。
              0010 0000₂
```
（※）8ビットで値を表しています。

>>演算子と，>>>演算子の違いを次にまとめます。

	対象となるビット	空きビットに入るビット
>>演算子	符号ビットを除いたビット	符号ビットと同じビット
>>>演算子	符号ビットを含めた全ビット	ビット0

（※）ここでは考え方を分かりやすくするため，8ビットで説明していますが，
Javaでは char, byte, short 型の数値は int 型に変換されてからシフト
演算が行われるため（int, long はそのまま），実際にはシフト演算は必ず
32ビット以上で行われます。

Question

ビット演算子を使った演算（ビット演算）はどのような場面で使わ
れるのですか。

Answer

　算術演算と違って，ビット演算は実際のプログラムコードに触れ
ないと，使われる場面が想定しづらいですね。ビット演算が活躍す
る場面として1バイトの中の特定のビットが意味をもつ場合に，そ
のビットの値を格納，参照する際にはビット演算が欠かせません。
例えば，ある1バイト（8ビット）のうち，先頭から2ビットずつ
次のような意味をもつデータがあるとします。

変数 pixel (byte 型) の内容の意味

赤の明るさ	緑の明るさ	青の明るさ	透明度

　これは画像データの1ピクセル分のデータを模式化したもので
す。この1バイトのデータから，赤の明るさ，緑の明るさ，青の明
るさ，透明度をそれぞれ byte 型変数 red, green, blue, alpha
に分解して取り出すにはどうすればよいでしょうか。

```
red = (pixel & 0xC0) >> 6;   // 0xC0 は 2 進数で 11000000
green = (pixel & 0x30) >> 4; // 0x30 は 2 進数で 00110000
blue = (pixel & 0x0C) >> 2;  // 0x0C は 2 進数で 00001100
alpha = (pixel & 0x03);      // 0x03 は 2 進数で 00000011
```

　このように取得したいビット位置の値を1にした定数値と論理
積 (&) 演算し，その後，桁合せのためにビットの位置を右にシフ
トすることによって，それぞれの値をそれぞれの変数に分解して取
り出すことができます。
　例えば，変数 pixel の値が2進数で 01101101 のとき，各 byte
型変数に取り出される値は，次のようになります。

```
  red: 01101101 & 11000000 を右に6ビットシフト→ 01  (10進数の1)
green: 01101101 & 00110000 を右に4ビットシフト→ 10  (10進数の2)
 blue: 01101101 & 00001100 を右に2ビットシフト→ 11  (10進数の3)
alpha: 01101101 & 00000011 → 01  (10進数の1)
```

複合代入演算子
+=
-=
*=
/=
%=
<<=
>>=
>>>=
&=
|=
^=

複合代入演算子について説明します。複合代入演算子とは，代入演算子とほかの演算子を組み合わせて記述できる演算子です。まず，代入演算子について説明します。代入演算子とは値を代入する演算子のことをいいます。

これまでのプログラムでも，

```
a = 3;
```

という値の代入を行う文がありましたが，これは，「=」（代入演算子）を使って 3 を変数 a に代入しています。

この「=」（代入演算子）とほかの演算記号を組み合わせて使用することができます。

表　複合代入演算子

演算子	意味	使用例	同じ意味になる式
+=	加算代入	a += 3;	a = a + 3;
-=	減算代入	a -= 3;	a = a - 3;
*=	乗算代入	a *= 3;	a = a * 3;
/=	除算代入	a /= 3;	a = a / 3;
%=	剰余代入	a %= 3;	a = a % 3;
<<=	左シフト代入	a <<= 3;	a = a << 3;
>>=	符号付き右シフト代入	a >>= 3;	a = a >> 3;
>>>=	符号なし右シフト代入	a >>>= 3;	a = a >>> 3;
&=	論理積代入	a &= 3;	a = a & 3;
|=	論理和代入	a |= 3;	a = a | 3;
^=	排他的論理和代入	a ^= 3;	A = a ^ 3;

アドバイス

「a = a + 1」を「a++」と記述するのと同様に，試験問題や実際の開発現場では，変数 a の値に変数 b の値を加算するとき，「a = a + b;」の代わりに「a += b;」と記述することが一般的です。

表中に「+=演算子」の使用例として，「a += 3;」という記述があります。これは「a = a + 3;」と同じ意味をもち，変数 a に 3 を加算した結果を変数 a に代入します。

```
a += 3;
```

```
a = a + 3;
```

ここで注意するのが，「=」記号と「+」記号の順番です。

次の「a=+3;」では意味が全然違いますので注意してください。

```
a =+ 3;
```
「+=」と「=+」の違い！

これは，「a = +3;」という意味になり，正の値 3 を変数 a に代入します。

```
a =+ 3;
```

```
a = 3;
```

また，この複合代入演算子の減算代入や除算代入を使用するときは注意が必要です。

例えば，「a = 3 - a;」と「a -= 3;」では処理結果が異なります。変数 a に数値 10 が格納されている状態で，それぞれを実行してみます。一つ目の「a = 3 - a;」の実行結果として，変数 a には -7 が代入されます。

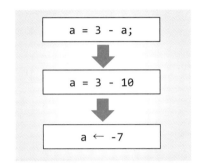

二つ目の「a -= 3;」は実行結果として，変数 a には 7 が代入されます。

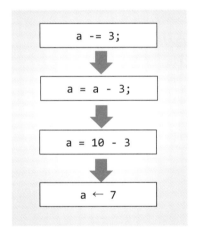

「a -= 3;」の処理は変数 a から値 3 を減算することになります。

除算も同様に注意が必要です。

■Test303　代入演算子を使用したプログラム

```
 1  class Test303 {
 2    public static void main(String[] args) {
 3      int a;
 4      a = 10;
 5      a = 3 - a;              a ← 3 - 10
 6      System.out.println("a = 3 - a:" + a);

 7      a = 10;
 8      a -= 3;                 a ← 10 - 3
 9      System.out.println(" a -= 3:" + a);
10    }
11  }
```

Test303.java

実行結果▶
```
a = 3 - a:-7
a -= 3:7
```

【プログラムの説明】
　3行目：変数 a の宣言
　4行目：10 を a に代入
　5行目：3 から a(10)を減算した値を a に代入
　7行目：10 を a に代入
　8行目：a(10)から 3 を減算した値を a に代入

3.6 キャスト演算子（型変換）

異なるデータ型での代入を行うキャスト演算子(型変換)について説明します。

（1） 拡大変換

　Javaには値を扱うための8種類の基本データ型があります。これらの基本データの代入の処理を考えます。同じデータ型同士であれば，問題なく代入を行うことができますが，異なるデータ型の代入処理は注意が必要です。

　例えば，double型の値をint型の変数に代入することはできませんが，int型の値をdouble型の変数に代入することはできます。

　基本データ型は，それぞれ数バイトの大きさをもっています。8バイトのdouble型の値を4バイトのint型には代入できませんが，4バイトのint型を8バイトのdouble型には代入できます。これを拡大変換といいます。

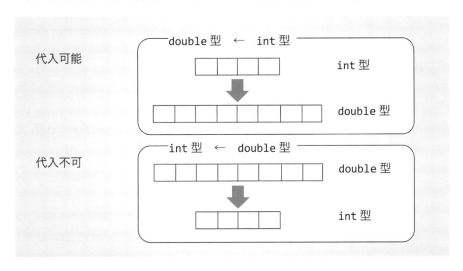

　代入演算子では型が異なる値の代入を行うと，右辺のオペランドの型が左辺のオペランドの型に型変換されます。ただし，左辺のオペランドの型が右辺のオペランドの型より大きい場合に限ります。

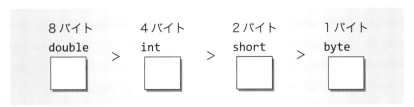

■Test304　拡大変換を行うプログラム

```
1  class Test304 {
2    public static void main(String[] args) {
3      int a = 12;
4      double b;
5      b = a;          ← 拡大変換
6      System.out.println("変数b:" + b);
7    }
8  }
```

Test304.java

実行結果▶　変数 b：12.0

【プログラムの説明】
　3 行目：int 型変数 a の宣言，12 を a に代入
　4 行目：double 型変数 b の宣言
　5 行目：a(12)を b に代入（拡大変換　double←int）

（2）　縮小変換

　代入において，左辺の型が右辺の型より大きいときは，そのまま拡大変換されることは理解できましたか。

　では，逆に左辺のオペランドの型が，右辺のオペランドの型より小さいときは，どうなるでしょうか。基本的にこのような代入はエラーになります。

　次のプログラムは double 型の値を int 型に代入しています。プログラムの 5 行目でエラーとなります。

■Test305　double 型から int 型へ代入するプログラム（エラーあり）

```
1  class Test305 {
2    public static void main(String[] args) {
3      int a;
4      double b = 12.3;
5      a = b;          ← 型変換エラー
6      System.out.println("変数a:" + a);
7    }
8  }
```

Test305.java

このエラーを解決するために Java では**キャスト演算子**（型変換）を使って代入を行います。プログラムの 5 行目を次のように変更することで，プログラムのエラーはなくなり，double 型変数 b の値を int 型に代入することができます。

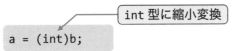

int 型に縮小変換

```
a = (int)b;
```

実行結果▶

変数 a：12

int は整数型なので小数部は切捨てとなる

これを縮小変換といいます。ただし，縮小変換では代入された左辺のデータ型で扱える値の範囲で代入されるので，0.3 は切り捨てられて代入されます。

double 型，または float 型などの浮動小数点数型を，int 型などの整数型に縮小変換すると小数部分が切捨てとなり，代入したデータ型で扱える範囲で値が代入されます。

Point

キャスト演算子を使って型変換！

次のプログラムを見てください。
これは，int 型の値 257 を byte 型に代入しています。

■**Test306　縮小変換を行うプログラム**

```
1  class Test306 {
2    public static void main(String[] args) {          Test306.java
3      int a = 257;
4      byte b;
5      b = (byte)a;        ← 縮小変換
6      System.out.println("変数b:" + b);
7    }
8  }
```

実行結果▶

変数 b：1

byte 型で扱える部分だけ代入される

【プログラムの説明】

8 ビットのサイズをもつ byte 型で扱える範囲は−128〜127 になります。変数 a に格納されている値 257 を代入すると，byte 型で扱える下位 8 ビット分が代入され，結果は 1 となります。

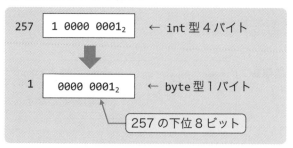

（3） 計算式による型変換

データ型の異なる値（変数）の代入の処理は理解できましたか？

次は，計算式による型変換について説明します。

次のプログラムは int 型の値 10 を 4 で割った商を double 型に代入します。double 型への代入なので 2.5 が代入されそうですが，実際には 2.0 が代入されます。

■Test307　計算式による型変換を行うプログラム

```
1 class Test307 {
2   public static void main(String[] args) {      Test307.java
3     int a = 10;
4     double b;
5     b = a / 4;
6     System.out.println("変数b:" + b);
7   }
8 }
```

実行結果▶　変数 b：2.0

【プログラムの説明】

これは計算式で使用している値（変数）が int 型なので，計算結果も int 型として小数部が切り捨てられた答えが代入されるためです。よって 2.5 ではなく 2.0 が double 型の変数 b に代入されます。

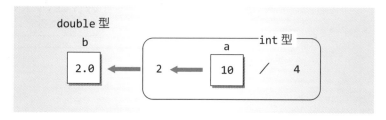

この問題を解決するために，計算式で使用する値（変数）を double 型に型変換させる必要があります。

プログラムの 5 行目を，次のように変更します。

```
b = (double)a / 4;
```

また，次のように修正しても同じ結果となります。

```
b = a / (double)4;
```

Java の計算式では，式中の最もサイズの大きい型に合わせて計算されるという決りがあります。

（4）　計算式の暗黙の決り

最後に計算式における暗黙の決りを説明します。

次のプログラムは単純に short 型同士の変数の計算を行い，答えを short 型の変数に代入しているものです。しかし，このプログラムをコンパイルすると 6 行目でエラーとなります。

■Test308　short 型同士で演算するプログラム

```
1 class Test308 {                          Test308.java
2   public static void main(String[] args) {
3     short a = 10;
4     short b = 20;
5     short c;
6     c = a + b;  ← エラー
7     System.out.println("変数c:" + c);
8   }
9 }
```

【プログラムの説明】

short 型は 2 バイトの整数型であり，同じ short 型同士の演算なので，「正しいのでは？」と，思われますが，問題は計算式の「c = a + b;」にあります。Java では，short 型の変数同士の計算式でも計算結果が自動的に int 型に変換されてしまうので，計算結果を short 型に型変換する必要があります。

この問題を解決するためにプログラムの 6 行目を，次のように変更します。

```
c = (short)(a + b);
```

これは「(a + b)」の計算結果を short 型に型変換（キャスト）して，変数 c に代入しています。

次の記述は，short 型に型変換しているように見えますが，実際には変数 a を short 型に変換しているだけなので，計算結果は int 型になってしまい，エラーとなります。

```
c = (short)a + b;
```

「(a + b)」の計算結果に対して short 型に型変換を行うことが必要です。

また，型変換を行うときに，変換させるデータ型を( )で囲むことを忘れないでください。

次の記述はエラーとなります。

```
c = short(a + b);
```

3.7 演算子の優先順位

最後に演算子の優先順位について説明します。Javaでもほかのプログラム言語同様，一つの命令文に複数の演算子を記述したとき，どの演算子から処理されるか，順位が決められています。

例えば，「3 + 4 * 5」の式の値は23になります。この式は，+演算子と*演算子では*演算子の方が優先順位が高いので，はじめに「4 * 5」が実行されて，その値に3が加算されるからです。

では，「(3 + 4) * 5」の式ではどうでしょう？ 式の値は35になります。

この場合は，( )の優先順位が最も高いので，はじめに「3 + 4」が実行され，その値に5を乗算します。

次に演算子の優先順位を示します。まだ，説明していない演算子もいくつかありますので，後で読み返してください。

＊太枠内は同じ順位　　表　演算子の優先順位

種類	記号	演算子
後置演算子	( )	引数
	[ ]	配列アクセス
	.	メンバアクセス
	++	後置インクリメント
	--	後置デクリメント
前置き型演算子	!	論理否定
	~	補数
	+	プラス（単項）
	-	マイナス（単項）
	++	前置き型インクリメント
	--	前置き型デクリメント
生成・キャスト演算子	new	オブジェクト生成
	(型名)	キャスト
乗除算演算子	*	乗算
	/	除算
	%	剰余
加減算演算子	+	加算
	-	減算
シフト演算子	<<	左シフト
	>>	符号付き右シフト
	>>>	符号なし右シフト
関係演算子	>	大きい
	>=	以上
	<	小さい
	<=	以下
	instanceof	型比較
	==	等しい
	!=	等しくない

高 ↑　　　　　　↓ 低

第3章 式と演算子

高 ↑	ビット論理演算子	&	ビット論理積
		^	ビット排他的論理和
		|	ビット論理和
	論理演算子（論理積）	&&	論理積
	論理演算子（論理和）	||	論理和
	条件演算子	? :	条件
	複合代入演算子	=	代入
		+=	加算代入
		-=	減算代入
		*=	乗算代入
		/=	除算代入
		%=	剰余代入
		^=	ビット排他的論理和代入
		&=	ビット論理積代入
		|=	ビット論理和代入
		<<=	左シフト代入
↓ 低		>>=	符号付き右シフト代入
		>>>=	符号なし右シフト代入

Question

これだけたくさんの演算子があると，優先順位が覚えられそうもありません。

Answer

　たしかに，算術演算子の中の乗除算と加減算の優先順位などは，算数と同じですので，覚えられますが，乗除算とシフト演算などの組合せがある場合の優先順位は，覚えづらく，間違いの原因にもなります。

　コードの保守性（読みやすさ）の確保という観点からも，コードを記述する際には，もともと b * c が優先される「a = b * c << 2」という計算式もあえて( )を付けて「a = (b * c) << 2」などと記述する方が良いといえます。

理解度チェック

ポイントは頭に入っていますか？
理解できているか Check してみましょう。

- [✓] 式
- [✓] 算術演算子
- [✓] インクリメント演算子
- [✓] デクリメント演算子
- [✓] ビット演算子
- [✓] 複合代入演算子
- [✓] キャスト演算子
- [✓] 演算子の優先順位

問3 - 1 次の演算式を実行したときの変数nの値を答えなさい。

(a)
```
int n = 10;
n = n + 4;
```
(a)

(b)
```
int n = 11;
n = n / 4;
```
(b)

(c)
```
int n = 11;
n = n % 4;
```
(c)

(d)
```
int n = 10;
n += 5;
```
(d)

(e)
```
int n = 10;
n =+ 5;
```
(e)

(f)
```
int n = 5;
n -= 8;
```
(f)

(g)
```
int n = 4;
n /= 11;
```
(g)

(h)
```
int n = 4;
n %= 11;
```
(h)

(i)
```
int n = 5;
n++;
```
(i)

(j)
```
int n = 5;
n--;
```
(j)

問3 − 2 　　　次の演算式を実行したときの変数n，iの値を答えなさい。

(a) `int n = 10;`
　　`int i = 1;`
　　`n += i++;`

(a) n ☐ 　　 i ☐

(b) `int n = 10;`
　　`int i = 1;`
　　`n += ++i;`

(b) n ☐ 　　 i ☐

(c) `int n = 10;`
　　`int i = 1;`
　　`n *= i++;`

(c) n ☐ 　　 i ☐

(d) `int n = 10;`
　　`int i = 1;`
　　`n *= ++i;`

(d) n ☐ 　　 i ☐

問3 − 3 　　　次の演算式を実行したときの変数nの値を10進数で答えなさい。

(a) `int n = 60;`
　　`n = n & 0xF;`

(a) ☐

(b) `int n = 5;`
　　`n = n | 0x14;`

(b) ☐

(c) `int n = 10;`
　　`n = n ^ 0xFFFFFFFF;`

(c) ☐

問3 − 4 　　　次のプログラムを実行したときの変数nの値を答えなさい。

(a) `int n = 10;`
　　`n <<= 2;`

(a) ☐

(b) `int n = 10;`
　　`n >>= 2;`

(b) ☐

第4章 条件判断

　この章では，処理を選択するための「条件判断」について説明します。処理を単純に実行するだけでなく，条件によって処理を選択する方法を理解しましょう。

　この章あたりからプログラムが少し難しく感じるかもしれませんが，プログラム作成能力を高めるために非常に大切なことですので順を追って説明していきます。

　これまでの説明でプログラムは上から下に順に実行されることが理解できたと思います。プログラムを作成するとき，ある条件によって処理を分岐させる場合もあります。このように，条件によって処理を分岐させることを条件判断といいます。

　例えば，流れ図1では処理1と処理2を順に実行します。それに対して流れ図2では条件によって処理1と処理2どちらか一方を実行します。

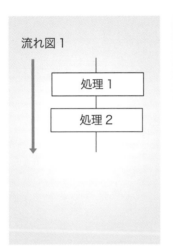

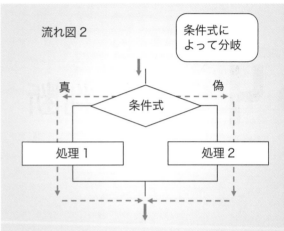

　流れ図2では条件式が評価され，その結果が真（true）のとき左側の処理1が実行され，偽（false）のときは右側の処理2が実行されます。つまり，条件式の値が真偽値（boolean 型）で評価され，その値が真（true）のときの処理と偽（false）のときの処理で分岐されます。

真　　true
偽　　false

Javaではこの条件判断を行う文としてif文が用意されています。if文の構文は次のようになります。

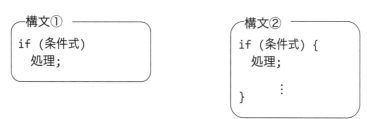

```
─ 構文① ──────
if (条件式)
  処理;
```

```
─ 構文② ──────
if (条件式) {
  処理;
       ⋮
}
```

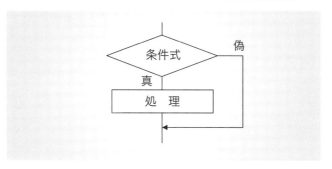

アドバイス

>=や<=などは二つの文字で一つの演算子として定義されているので, =>や=<のように順序を入れ替えたり, > =や< =のように間に空白文字を入れてしまうとコンパイルエラーになります。

　条件式はboolean型の真偽値に評価される任意の式が入ります。この式の評価が真（true）のときは処理が実行され, 偽（false）のときは処理を行いません。
　if文の条件式には一般に関係演算子が使用され, 二つの値で評価されます。
　条件式では, 二つの値について, 大きい（>）, 以上（>=）, 小さい（<）, 以下（<=）, 等しい（==）, 等しくない（!=）などの関係を比較することができます。これらの比較を行うときに使用する記号（>, >=, <, <=, ==, !=）のことを関係演算子といいます。
　「変数aの値が0と等しい」という条件式には, ==演算子を使用して「a == 0」と記述します。

　次に関係演算子を示します。

表　関係演算子

関係演算子	意味	使用例	
>	大きい	a > b	aはbより大きい
>=	以上	a >= b	aはb以上
<	小さい	a < b	aはbより小さい
<=	以下	a <= b	aはb以下
==	等しい	a == b	aとbは等しい
!=	等しくない	a != b	aとbは等しくない

　この関係演算子を使用して, 二つの値の関係を評価することができます。つまり条件式の評価を真偽値で求めif文で処理を分岐させます。

アドバイス

if 文の( )の中には，boolean 型の変数，定数，式が入ります。

アドバイス

代入は「=」，比較は「==」と使い分けます。

（1） 真偽値について

では，if 文で評価する真偽値について説明します。値 5 は値 3 より大きい値なので条件式「5 > 3」は真（true）となり，条件式「5 < 3」は偽（false）となります。

次のプログラムは変数 a の値が 0 と等しいとき，文字列"等しい"を表示するものです。

```
if (a == 0)
  System.out.println("等しい");
```

前述したとおり，ある値と等しいかを判定するときは==演算子を使用して「a == 0」と記述します。ここで注意しなくてはいけないのが，「=」と「==」の間違いです。等しいかを判定するので，つい「a = 0」と=演算子を使用しがちですが，これは代入演算子なので，変数 a に 0 を代入する意味になります。また，if 文の条件式は真偽値で評価するので，「a = 0」ではコンパイルエラーになってしまいます。

関係演算子の「==」と代入演算子の「=」の使い方を区別しましょう。

（2） 処理が複数のとき

前述したプログラムでは真（true）のときの処理は一つの文だけでした。では，真（true）のとき処理が二つ以上の文である場合はどうなるでしょう。

処理が二つ以上の文である場合は，それらの処理を{ }（ブロック）で囲み複数の文をまとめる必要があります。

```
if (a == 0) {
  System.out.println("等しい");
  System.out.println("変数 a は 0 です。");
}
```

条件式が真(true)のときの処理

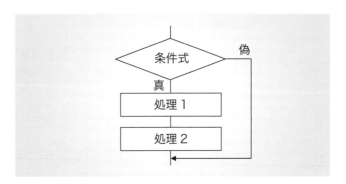

このプログラムは変数 a の値が 0 と等しいときに，二つの println 文が実行されます。0 以外のときは何もしないプログラムになっています。

if 文の真（true），偽（false）それぞれの処理が二つ以上の文である場合は，処理を{ }で囲まなければなりません。なお，処理が一つの場合でも{ }で囲んでかまいません。

では，次のプログラムはどのような実行結果になるでしょうか？

```java
1 if (a == 0)
2   System.out.println("等しい");
3   System.out.println("変数aは0です。");
```

このプログラムは条件式の結果が真（true）になるときの処理を{ }で囲んでいないので，1行目の条件式の結果に関係なく，3行目の文が実行されます。

このことを流れ図で表すと次のようになります。つまり，3行目の println 文は2行目と違い1行目の条件式の結果が真（true）でも偽（false）でも実行されることになります。

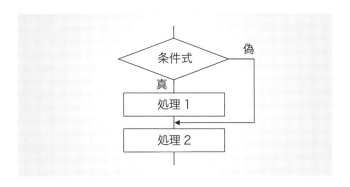

Question
インデントがあるからといって，油断できないのですね。

インデントはあくまでも人間にとって読みやすくするためのものなので，インデントの入れ方を前記のように間違えていると，思わぬ不具合につながるおそれがあります。

こうしたことを防ぐために，if 文などの条件判断によって処理の内容が変わる部分では，必ず{ と } を使うということをコーディングの際の規約としている企業が多数あります。

では，実際に if 文を使用したプログラムを説明します。

次のプログラムはキーボードから入力した値が偶数のとき，文字列を表示するプログラムです。奇数のときは何もしません。

■Test401　入力した値が偶数か判定するプログラム

```
1  import java.io.*;
2  class Test401 {                                    Test401.java
3    public static void main(String[] args) throws IOException {
4      System.out.print("値入力：");
5      BufferedReader br =
6        new BufferedReader(new InputStreamReader(System.in));
7      int num = Integer.parseInt(br.readLine());
8      if ((num % 2) == 0) {
9        System.out.println("入力した値は偶数です。");
10     }
11     System.out.println("プログラム終了");
12   }
13 }
```

実行結果①▶
```
値入力：4
入力した値は偶数です。
プログラム終了
```

【プログラムの説明】

5 行目と 6 行目でキーボードからの入力を文字列として読み込んで，7 行目でこれを整数値に変換していますが，難しいので今は細かく読まなくても大丈夫です。

キーボードから入力した値が偶数のとき，8 行目の if 文の評価が真（true）となり，9 行目の println 文が実行されます。

入力した値が奇数のときは，if 文の評価が偽（false）となるので，9 行目の println 文は実行されず，次のような結果となります。

実行結果②▶
```
値入力：5
プログラム終了
```

（3）　文字列の比較

String 型変数に格納された文字列の比較には，==は使えません。これは String 型が基本データ型でなく，クラスであることが理由です。クラスのインスタンスを格納する変数は参照型といい，内部的には，そのクラスに関するデータのメモリ上の位置を格納しています。したがって，次のようなプログラムを書いた場合，変数 a と変数 b のデータの内容は同じですが，別の位置にあるため，==の結果が偽（false）となってしまいます。

■Test402　文字列を==で比較するプログラム

```java
class Test402 {
  public static void main(String[] args)
  {
    String a = "Hello";
    String b = "He";

    b += "llo";
    if (a == b) {
      System.out.println("a == b is true");
    }
  }
}
```
Test402.java

実行結果としては，何も出力されません。

　String型に格納された値を比較するには，String型クラスのメソッド equals を使います。次のようなコードを書いた場合，変数 a と変数 b のデータ内容そのものが比較され，結果が真（true）となります。

■Test403　文字列をメソッド equals で比較するプログラム

```java
class Test403 {
  public static void main(String[] args)
  {
    String a = "Hello";
    String b = "He";

    b += "llo";
    if (a.equals(b)) {
      System.out.println("a.equals(b) is true");
    }
  }
}
```
Test403.java

実行結果▶　a.equals(b) is true

　String クラスのメソッド equals は，比較対象の String 型のクラス変数を引数に取り，格納された値が一致する場合に真（true）を，一致しない場合に偽（false）を返します。

　このように，基本データ型以外の変数の比較は単純に==では行えないため，注意してください。

4.3　if, else 文

if, else

これまでのプログラムでは，真（`true`）のときの処理を説明しました。では，条件式の評価が偽（`false`）のときの処理はどうなるでしょうか。

条件式の評価が偽（`false`）のとき実行する処理を記述するには `if, else` 文を使用します。

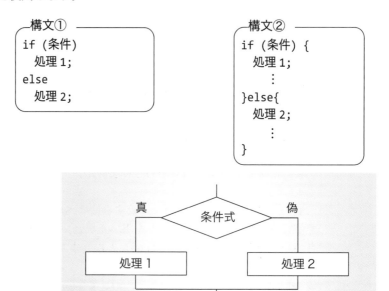

この文では，条件式の評価が真（`true`）のとき処理1が実行され，偽（`false`）のとき処理2が実行されます。また，真（`true`），および偽（`false`）のときの処理が二つ以上あるときは，`{ }`で複数の処理を囲みます。

次のプログラムでは，変数 `a` の値が `0` と等しいとき，文字列 "等しい" を表示し，`0` 以外のとき，文字列 "等しくない" を表示するものです。

```
1 if (a == 0) {
2   System.out.println("等しい");
3 } else {
4   System.out.println("等しくない");
5 }
```

条件式の評価が真（`true`）のとき条件式の後に記述した2行目の文が実行され，偽（`false`）のとき `else` の後に記述した4行目の文が実行されます。

次のプログラムは前述した `Test401` を少し修正し，入力した値が偶数のときは文字列 "入力した値は偶数です。" を表示し，そうでないときは文字列 "入力した値は奇数です。" を表示するものです。

■Test404 入力した値が奇数か偶数かを判定するプログラム

```java
1 import java.io.*;
2 class Test404 {                                    Test404.java
3   public static void main(String[] args) throws IOException {
4     System.out.print("値入力：");
5     BufferedReader br =
6       new BufferedReader(new InputStreamReader(System.in));
7     int num = Integer.parseInt(br.readLine());
8     if ((num % 2) == 0) {
9       System.out.println("入力した値は偶数です。");
10    } else {
11      System.out.println("入力した値は奇数です。");
12    }
13    System.out.println("プログラム終了");
14  }
15 }
```

実行結果①▶
値入力：4
入力した値は偶数です。
プログラム終了

【プログラムの説明】

　このプログラムも Test401 と同じく5行目〜7行目でキーボードから入力された数値を整数型の変数に代入していますが、この部分は難しいので、今は細かく読まなくても大丈夫です。

　キーボードから入力した値が偶数のとき、8行目の if 文で評価が真（true）となり、9行目の println 文が実行されます。

　入力した値が奇数のときは、if 文の評価が偽（false）となるので、11行目の println 文が実行されます。

実行結果②▶
値入力：5
入力した値は奇数です。
プログラム終了

Point

条件式が偽（false）のときは else の後の処理を実行！

if 文のネスト

ネスト

if 文の中にさらに if 文を記述することができます。これを if 文のネストといいます。ネスト（nest）は日本語に訳すと「入れ子にする」という動詞で、プログラム用語としては if 文などを入れ子式に記述することを指します。

次のプログラムは、入力した値によって、異なる文字列を表示するものです。
・入力値が1のとき..........."入力した値は1です"
・入力値が2のとき..........."入力した値は2です"
・前記以外....................."入力した値は1，2以外です"

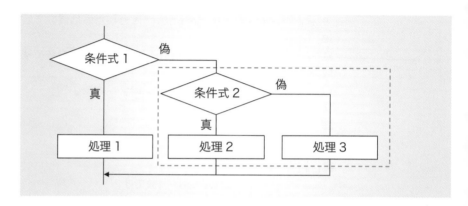

■Test405　if 文をネストするプログラム

```java
1 import java.io.*;
2 class Test405 {                                    Test405.java
3   public static void main(String[] args) throws IOException {
4     System.out.print("値入力：");
5     BufferedReader br =
6       new BufferedReader(new InputStreamReader(System.in));
7     int num = Integer.parseInt(br.readLine());
8     if (num == 1) {
9       System.out.println("入力した値は1です。");
10    } else {
11      if (num == 2) {
12        System.out.println("入力した値は2です。");
13      } else {
14        System.out.println("入力した値は1，2以外です。");
15      }
16    }
17  }
18 }
```

このプログラムでは 11 行目から 15 行目の if 文がネストされた if 文になっています。

実行結果①▶ 値入力：1
入力した値は 1 です。

実行結果②▶ 値入力：2
入力した値は 2 です。

実行結果③▶ 値入力：3
入力した値は 1，2 以外です。

【プログラムの説明】

8 行目の if 文の評価が真（true）のとき，9 行目の println 文が実行され if 文が終了します。評価が偽（false）のとき，11 行目の if 文が実行されます。

11 行目の if 文の評価が真（true）のとき 12 行目の println 文が実行され，評価が偽（false）のとき 14 行目が実行されます。

if, else if, else 文

前述した Test405 は if のネストを使用してプログラムを記述しています。

プログラムでは，条件が増えれば増えるほど if 文のネストの階層が深くなり，プログラムもそれにつれて見にくくなります。

この問題を解決するため if, else if, else 文があります。

┌─ 構文① ────────────
```
if (条件式 1)
    処理 1;
else if (条件式 2)
    処理 2;
else
    処理 3;
```

┌─ 構文② ────────────
```
if (条件式 1) {
    処理 1
        ⋮
} else if (条件式 2) {
    処理 2;
        ⋮
} else {
    処理 3;
}
```

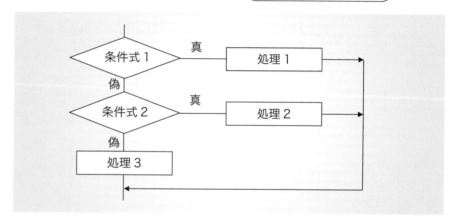

Test405 のプログラムと同じ処理を次のように記述することができます。このプログラムは，キーボードから入力した値が 1 か 2 か，それ以外かで処理を分岐しています。if 文のネストではなく，if, else if, else 文を使用します。

■Test406　if, else if, else 文を使用したプログラム

```java
 1 import java.io.*;
 2 class Test406 {                                    Test406.java
 3   public static void main(String[] args) throws IOException {
 4     System.out.print("値入力：");
 5     BufferedReader br =
 6       new BufferedReader( new InputStreamReader(System.in) );
 7     int num = Integer.parseInt(br.readLine());
 8     if (num == 1) {
 9       System.out.println("入力した値は1です。");
10     } else if(num == 2) {
11       System.out.println("入力した値は2です。");
12     } else {
13       System.out.println("入力した値は1，2以外です。");
14     }
15   }
16 }
```

実行結果①▶
```
値入力：1
入力した値は 1 です。
```

実行結果②▶
```
値入力：2
入力した値は 2 です。
```

実行結果③▶
```
値入力：3
入力した値は 1，2 以外です。
```

【プログラムの説明】

　if, else if, else 文の条件は上から順に評価されます。評価が真（true）となる条件式があったとき，それより下の条件式は評価されません。つまり，8行目の条件式が真（true）のとき，9行目の処理が実行され10行目〜14行目の処理は行わず if, else if, else 文を終了します。

　また，8行目の条件式の評価が偽（false）のときは，次の10行目の条件式を評価し，評価が真（true）のとき11行目の処理が実行されます。8行目と10行目の条件が両方とも偽（false）のとき，13行目の処理が実行されます。

　if, else if, else 文を使用することで，条件が増えてもネストするのではなく，else if の条件式を追加させるだけでもよいので，プログラムを見やすく記述できます。

　なお，最後に記述している else は省略できます。省略した場合，いずれの条件式にもあてはまらないときは何も処理を行わないことになります。

Java には if 文のほかに条件式によって処理を分岐させる switch-case 文があります。

ただし，if 文では関係演算子によって，さまざまな条件式を記述できますが，この switch-case 文では，条件式を記述するのではなく，ある値（式）と一致する case 定数の処理が実行されます。

case 定数には，式に対応する定数を記述します。switch-case 文では if 文のように条件式を記述するのではなく，ある式の値と一致する case 定数の処理が実行されることになります。一致する case 定数がないときは default の処理が実行されます。

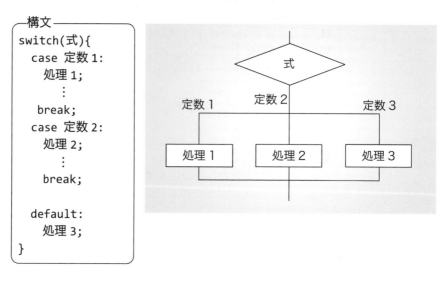

```
構文
switch(式){
  case 定数1:
    処理1;
       ⋮
    break;
  case 定数2:
    処理2;
       ⋮
    break;

  default:
    処理3;
}
```

switch-case 文では値（式）と一致する case 定数の後の処理が順に実行され，break 文を実行して switch-case 文を終了します。

前述した Test406 の処理を switch-case 文で記述した例を次に示します。

■Test407 switch-case 文を使用したプログラム

```
1  import java.io.*;
2  class Test407 {                                    Test407.java
3    public static void main(String[] args) throws IOException {
4      System.out.print("値入力：");
5      BufferedReader br =
6        new BufferedReader(new InputStreamReader(System.in));
7      int num = Integer.parseInt(br.readLine());
8      switch (num) {
9        case 1:
10         System.out.println("入力した値は1です。");
11         break;
12       case 2:
13         System.out.println("入力した値は2です。");
14         break;
15       default:
16         System.out.println("入力した値は1，2以外です。");
17     }
18   }
19 }
```

実行結果①▶
```
値入力：1
入力した値は 1 です。
```

実行結果②▶
```
値入力：2
入力した値は 2 です。
```

実行結果③▶
```
値入力：3
入力した値は 1，2 以外です。
```

【プログラムの説明】

8 行目で変数 num が判定され一致する値の case 以降の処理が break 文まで実行され，switch-case 文を終了します。

break 文は，switch-case 文を終了する機能をもっています（この後の説明で switch-case 文で break 文を記述しない例を取り上げていますので，break 文を記述したときと，記述しないときの違いを理解してください）。

例えば，キーボードから値 2 を入力したとき，12 行目の case 定数と一致するので，13 行目から実行され，14 行目の break 文で switch-case 文を終了します。もし，キーボードから 1，2 以外の値が入力されたときは，どの case 定数にも一致しないので，15 行目の default 以降の処理が実行されます。default 以降の処理の最後の break 文は省略できます。

　switch-case 文で判定する値（式）は整数型，文字型でなくてはならず，double 型，float 型は判定できません。また，同じ値の case 定数を複数記述することはできません。

（1）　break 文を省略すると

　各 case の処理群の最後に記述している break 文を記述しなくてもコンパイルエラーにはなりませんが，動作が変わってしまいます。break 文を省略すると，次の break 文または，switch-case 文の最後まで順に実行されます。例えば，プログラム Test407 の 8 行目～17 行目を次のように break 文を省略して記述すると，実行結果は次のようになります。

```
8     switch (num) {
9       case 1:
10        System.out.println("入力した値は1です。");
11
12      case 2:
13        System.out.println("入力した値は2です。");
14
15      default:
16        System.out.println("入力した値は1，2以外です。");
17    }
```

実行結果①▶

値入力：1
入力した値は 1 です。
入力した値は 2 です。
入力した値は 1，2 以外です。

> break されないので 17 行目まで順に実行される

実行結果②▶

値入力：2
入力した値は 2 です。
入力した値は 1，2 以外です。

> break されないので 17 行目まで順に実行される

【プログラムの説明】

　入力した値が 1 のとき，9 行目の case 定数と一致するので 10 行目以降の文が実行されます。break 文がない場合は switch-case 文の最後まで順に実行されるので，13 行目，16 行目の文も実行されてしまいます。

　switch-case 文においては，break 文を記述しなくてもコンパイルエラーにはなりません。しかし，正しい位置に break 文を記述しないと，結果がおかしくなる場合がありますので，注意してください。break 文は switch-case 文を抜け出すものと覚えておきましょう。

break 文で switch-case 文を抜け出す！

（2） case 定数をうまく使用する

　switch-case 文では case に対応した処理が同じ場合，先程見てきた break 文の省略をうまく活用することによって，まったく同じ処理群を二つ記述する必要がなくなります。

　例として次のプログラムを見てください。

```
switch(num) {
  case 1:
    System.out.println("1 または 2");
    break;
  case 2:
    System.out.println("1 または 2");
    break;
  default:
    System.out.println("1, 2 以外");
}
```

　case 定数が 1, 2 のときの処理が同じなので，次のように記述できます。

```
switch(num) {
  case 1:
  case 2:
    System.out.println("1 または 2");
    break;
  default:
    System.out.println("1, 2 以外");
}
```

> num の値が 1 または 2 のときの処理

実行結果①▶
```
値入力：1
1 または 2
```

実行結果②▶
```
値入力：2
1 または 2
```

実行結果③▶
```
値入力：3
1, 2 以外
```

第4章　条件判断

【プログラムの説明】

　num の値が 1 のとき，case 1 で一致しますが処理が記述されていません。case 1 の処理には break 文が記述されていないので，そのまま case 2 の処理を順に行い，break 文で switch-case 文を終了することになります。

　このようにあえて，break 文を記述しないで case の処理を共有することもできます。

```
switch(num) {
  case 1:
  case 2:
    System.out.println("1 または 2");
    break;
  default:
    System.out.println("1，2 以外");
}
```

if 文では関係演算子を使用して条件式を評価します。これまで説明したプログラムでは，この条件式が一つだけでしたが，if 文では条件式を二つ以上記述することができます。このとき使用するのが論理演算子です。

例えば「国語の点数が 60 以上でかつ数学の点数が 60 以上」といった条件では，国語と数学の点数がともに 60 以上のとき真（true）となります。また，「国語の点数が 60 以上または数学の点数が 60 以上」といった条件では，国語または数学のどちらかの点数が 60 以上のとき真（true）になります。

このように「〜かつ〜」のときは**&&演算子**，「〜または〜」のときは**||演算子**を使用します。このとき使用する**&&，||を論理演算子**といいます。

・国語の点数が 60 以上でかつ数学の点数が 60 以上 … 国語>=60 && 数学>=60
・国語の点数が 60 以上または数学の点数が 60 以上 … 国語>=60 || 数学>=60

構文

条件式 1　　論理演算子　　条件式 2

論理演算子は関係演算子と組み合わせて使用します。
次に論理演算子の一覧を示します。

論理演算子	意味	使用例
&&	論理積 (AND)	a == 0 && b == 0 (a，b ともに 0 のとき真(true))
||	論理和 (OR)	a == 0 || b == 0 (a，b どちらかが 0 のとき真(true))
!	否定 (NOT)	!(a == 0) (a が 0 のとき偽(false))

（1）&&演算子

&&演算子は左辺と右辺の条件式がともに真（true）のとき（a が 0 で，b も 0 のとき）真（true）となります。

```java
if (a == 0 && b == 0) {
  System.out.println("YES");
} else {
  System.out.println("NO");
}
```

```java
if (a == 0) {
  if (b == 0) {
    System.out.println("YES");
  } else {
    System.out.println("NO");
  }
} else {
    System.out.println("NO");
}
```

(2) ||演算子

　||演算子は左辺と右辺の条件式どちらか一方が真（true）のとき真（true）となります。

```
if (a == 0 || b == 0) {
  System.out.println("YES");
} else {
  System.out.println("NO");
}
```

```
if (a == 0) {
  System.out.println("YES");
} else {
  if (b == 0) {
    System.out.println("YES");
  } else {
    System.out.println("NO");
  }
}
```

(3) ！演算子

　！演算子は条件式が真（true）のとき偽（false）に，偽（false）のとき真（true）となります。

　つまり！を真偽値（真（true）か偽（false）），あるいは真偽値を導き出す論理式に付けることによって値を反転させることができるのです。

```
if (!(a == 0)) {
  System.out.println("NO");
} else {
  System.out.println("YES");
}
```

```
if (a == 0) {
  System.out.println("YES");
} else {
  System.out.println("NO");
}
```

アドバイス

！を付ける対象の論理式が複雑な場合，対象範囲が分かりやすくなるよう，論理式に（　）を付けましょう。

　論理演算子を使用したプログラムを次に示します。このプログラムでは，キーボードから変数 num1，num2 に値を入力し，次の条件によって文字列を表示します。

　条件
　　・num1 と num2 がともに 0 のとき………… "二つの値は 0 です。"
　　・それ以外……………………………………… "二つの値は 0 ではありません。"

Question

三つ以上の式を，論理演算でつなげることもできますか？

　はい，できます。ただし三つ以上の式をつなげる場合，論理演算の順序について意識する必要があります。例えば，ある施設の利用料の設定として次のルールがあるとします。

- 利用者が学生だったら金曜日と休日が 500 円
- それ以外は利用者の種類に関わらず一律 800 円

これを if 文や論理演算子で表現すると，次のようになります。

```
if (学生である && (金曜日である || 休日である))
{
  料金は 500 円
}
else
{
  料金は 800 円
}
```

　ここで，( )の位置に注目してください。第 3 章で見てきたように演算子には優先順位があり，論理積を表す**&&**は論理和を表す**||**よりも優先順位が高いため，( )を取り除き，if 文の行を「if (学生である&&金曜日である||休日である)」とすると，次のような意味になってしまいます。

- 利用者が学生だったら金曜日が 500 円
- 休日は利用者の種類に関わらず一律 500 円
- それ以外は利用者の種類に関わらず一律 800 円

　このように，優先順位を無視すると，学生以外の利用者の休日料金が変わってしまいます。

　三つ以上の式をつなげる場合，**&&**と**||**が混在する場合は，内容の正しさ如何にかかわらず，読み間違い防止のために，( )を付ける方が良いでしょう。

（4） ビット論理演算と論理演算の違い

|や&，^を使ったビット論理演算ではビットごとの値に対して演算を行いますが，論理演算では真（true）と偽（false）という二つの値をもつ boolean 型の変数値や，定数値，式に対して演算を行います。

例えばビット論理演算であれば，次のように，int 型変数の値に対する演算子として使用できます。

```
int i = 10;
int j = 9;
int k = i | j;
System.out.println("i | j = " + k);
```

実行結果▶ | i | j = 11

ここで，結果が 11 になる過程を見てみましょう。まず，変数 i の値 10 を 2 進数 4 桁で表現すると，1010（8 の位と 2 の位が 1），一方変数 j の値 9 を，2 進数 4 桁で表現すると，1001（8 の位と 1 の位が 1）です。ビット論理演算では，各ビット（桁）ごとに演算を行いますが，ここでは論理和（OR）の演算を行いますので，1010 と 1001 の論理和は 1011 となります。これが 10 進数の 11 となり，上の出力結果となります。

一方，||と&&を使う論理演算子は，boolean 型以外の変数値や，定数値，式に対する演算子としては指定できず，コンパイルエラーになります。逆に boolean 型の変数値や定数値，式に対してビット論理演算子を使うと，次の表のように論理演算と同じ結果が得られます。

表　ビット論理演算子を使った論理演算結果

演算内容	結果
true & false	false
true & true	true
true | false	true
true | true	true

このように，ビット論理演算と論理演算は，本質的には同じ演算です。論理演算子を正しく使った場合，例えば「a + b == 1 && c + d == 1」のように二つの式をつなげた際に，前半の「a + b == 1」が偽（false）の場合に，もう結果が分かってしまうので，後半の「c + d == 1」が実行されないという，細かい動作の違いがあります。例えば，String 型クラス型の変数 text があるとします。これに対して次のような if 文を組み立てることができます。

```
if (text != null && text.equals("hello"))
```

このとき，変数 text が空の値を指す null であると，後半の text.equals("hello")という式は評価されません。

■Test408　論理演算子を使用したプログラム

```java
1  import java.io.*;
2  class Test408 {                              Test408.java
3    public static void main(String[] args) throws IOException {
4      BufferedReader br =
5        new BufferedReader(new InputStreamReader(System.in));
6      System.out.print("値入力：");
7      int num1 = Integer.parseInt(br.readLine());
8      System.out.print("値入力：");
9      int num2 = Integer.parseInt(br.readLine());
10     if (num1 == 0 && num2 == 0) {
11       System.out.println("二つの値は両方とも0です。");
12     } else {
13       System.out.println("二つの値のうち,
                                   少なくとも片方は0ではありません。");
14     }
15   }
16 }
```

実行結果①▶
```
値入力：0
値入力：0
二つの値は両方とも0です。
```

実行結果②▶
```
値入力：0
値入力：1
二つの値のうち,少なくとも片方は0ではありません。
```

アドバイス

&& は「かつ」
|| は 「または」
の意味です。

【プログラムの説明】

　10行目のif文で&&演算子を使用しているので，条件式「num1 == 0」と「num2 == 0」の評価がともに真（true）のとき評価は真（true）となり，11行目の文が実行されます。条件式どちらか一方でも偽（false）のとき，評価は偽（false）となり13行目が実行されます。

　&&演算子では左辺の条件式が真（true）のときだけ，右辺の条件式が評価されます。左辺の評価が偽（false）になったときは，右辺の評価に関係なく，全体の評価が偽（false）になるからです。

　また，||演算子では先に評価される左辺の条件式が真（true）のときは，その時点で条件式全体が真（true）となり，右辺の条件式が評価されません。

条件演算子

Java では if 文や switch 文以外にも条件演算子を使用して処理を分岐させることができます。

構文

条件 ? 真（true）の処理 : 偽（false）の処理

例えば，if 文を，条件演算子を使用して記述すると次のようになります。

アドバイス

条件演算子の条件式と処理の区切れ目は"?"を使います。

```
if (num1 == 0) {
  num2 = 0;
} else {
  num2 = 1;
}
```

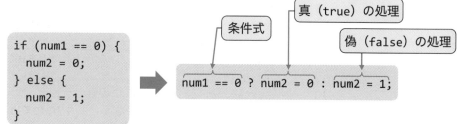

```
num1 == 0 ? num2 = 0 : num2 = 1;
```

条件式 / 真（true）の処理 / 偽（false）の処理

次のように（ ）を付けて記述してもかまいません。

```
(num1 == 0) ? num2 = 0 : num2 = 1;
```

アドバイス

条件演算子の値は：の左が真（true）のときの処理，右が偽（false）のときの処理です。

また，この条件演算子の真（true）と偽（false）の処理はともに変数 num2 に値を代入しているので，次のように定数値を記述することもできます。

```
num2 = (num1 == 0) ? 0 : 1;
```
　　　　真（true）のとき
　　　　偽（false）のとき

ポイントは頭に入っていますか？
理解できているか Check してみましょう。

- ☑ if 文
- ☑ if, else 文
- ☑ if 文のネスト
- ☑ if, else if, else 文
- ☑ switch-case 文
- ☑ break
- ☑ 論理演算子
- ☑ 条件演算子

問4 − 1   次のif文の [①] の部分に(a)〜(f)の評価式を入れたときの評価 (trueまたはfalse) を答えなさい。

```
int a = 0;
int b = 0;
if (    ①    ) {
  :
} else {
  :
}
```

評価式 ([①] の部分)

(a) a > b   (a) _____

(b) a >= b   (b) _____

(c) a < b   (c) _____

(d) a <= b   (d) _____

(e) a == b   (e) _____

(f) a != b   (f) _____

問4 － 2　　次のif文　①　の部分に(a)〜(e)の評価式を入れたときの評価（true または false）を答えなさい。

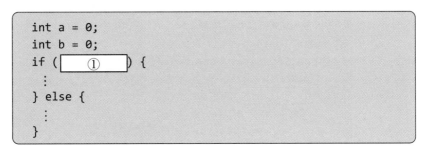

```
int a = 0;
int b = 0;
if (     ①     ) {
    :
} else {
    :
}
```

評価式（　①　の部分）

(a) a == 0 && b == 0　　　　　　　　　　　(a)

(b) a == 0 || b == 0　　　　　　　　　　　(b)

(c) a != 0 && b != 0　　　　　　　　　　　(c)

(d) a != 0 || b != 0　　　　　　　　　　　(d)

(e) a == 0 || b != 0　　　　　　　　　　　(e)

問4 － 3　次のプログラムの ① 部分に下記のように記述したときの実行結果を解答群から選びなさい。

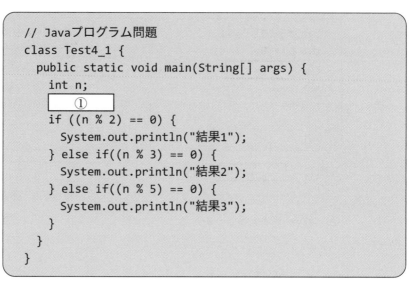

```java
// Javaプログラム問題
class Test4_1 {
  public static void main(String[] args) {
    int n;
    ①
    if ((n % 2) == 0) {
      System.out.println("結果1");
    } else if((n % 3) == 0) {
      System.out.println("結果2");
    } else if((n % 5) == 0) {
      System.out.println("結果3");
    }
  }
}
```

① の部分

(a) n = 4

(b) n = 10

(c) n = 19

(a) ☐

(b) ☐

(c) ☐

解答群

ア　実行結果▶ 結果1

イ　実行結果▶ 結果2

ウ　実行結果▶ 結果3

エ　実行結果▶ 結果1
結果2

オ　実行結果▶ 結果1
結果3

カ　実行結果▶ 結果2
結果3

キ　実行結果▶ 結果1
結果2
結果3

ク　実行結果としては何も表示されない

Java Programming

第 5 章 繰返し（ループ）

　この章では，処理の「繰返し」（ループ）を実現する for 文，while 文，do〜while 文を説明します。また，繰返し構造の中で特別な働きをもつ break 文や continue 文についても見ていきます。

継続条件
終了条件
繰返し
ループ

　プログラムは基本的に上から下に実行されるので，順次構造だけのプログラム
では単純に上から下に実行されます。

　例えば，同じ処理を5回実行させるとき，連続して5回分の処理を単純に並べ
て記述しても動作しますが，これでは非常にコーディングの効率が悪くなります。
同じ処理5回なら，まだ何とか記述する気になるかもしれませんが，100回，1,000
回となったとき，とても記述する気になりません。

　まとまった処理を複数回，連続して実行させるときは繰返し構造を使用するこ
とで，プログラムをすっきり記述することができます。

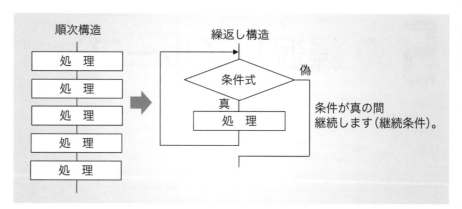

*Javaの繰返しでは，条件が真（true）の間継続する「継続条件」になります。ほかの言語や
　フローチャートでは，条件が真（true）になったら終了する「終了条件」を記述するものも
　あります。

　例えば，同じ処理を5回実行するプログラムを，100回実行させるようにプロ
グラムを修正することを考えます。

　「順次構造」だけで作成するとしたら処理を残り95回分，下に追加しますが，
「繰返し構造」では，条件式を変えるだけで対処できます。また，複数の処理を
まとめてループさせることもできます。

　Javaで繰返し処理を行うための文としてfor文，while文，do〜while文の
三つが用意されています。三つとも条件式に合わせて繰返し実行させる（ループ
させる）文です。それぞれの違いについてはこの章で説明していきます。

5.2 for 文

for
初期設定
継続条件
増分式

では，はじめに for 文について説明します。for 文とはループカウンタ処理があるループ文です。あらかじめループさせる回数が分かっているときなどに使用します。

キーワード

ループカウンタ

ループ内でループした回数を数えるために利用される変数。ループカウンタを条件式で使用して，決まった回数分だけループ処理を行う構造が一般的。

―― 構文 ――
```
for (初期設定;継続条件;増分式) {
    処理
        ⋮
}
```

ループさせる処理が一つのときは，{ }を省略して次のように記述することもできます。
```
for(初期設定；継続条件；増分式)
    処理
```

実際に for 文を使用して println 文を実行するプログラムを次に示します。

■Test501　for 文を使用したプログラム

```java
1 class Test501 {
2   public static void main(String[] args) {         Test501.java
3     int i;
4     for (i = 1; i <= 5; i++) {
5       System.out.println("Javaプログラム");
6     }
7   }
8 }
```

キーワード

ループ文

以降で説明する，for 文，while 文，do～while 文をまとめて，ループ文と呼ぶ。

実行結果▶
```
Java プログラム
Java プログラム
Java プログラム
Java プログラム
Java プログラム
```

【プログラムの説明】

5 行目の println 文がループの処理になるので，

```
System.out.println("Java プログラム"); … 1回目
System.out.println("Java プログラム"); … 2回目
System.out.println("Java プログラム"); … 3回目
System.out.println("Java プログラム"); … 4回目
System.out.println("Java プログラム"); … 5回目
```

のように，println 文が5回実行されます。

for 文ではループする回数としてカウントする変数が使用できます。プログラムではループカウンタとして変数 i を使用しています。

for 文の( )の中に初期設定，継続条件，増分式をセミコロン（;）で区切って記述します。

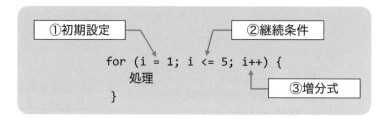

for 文の処理は次の順番で処理されます。はじめに初期設定が行われます。

次に継続条件の式が評価され，条件式が真（true）のときループ内の処理が実行されます。ループ内の処理実行後に増分式が実行され，再度条件式が評価されます。

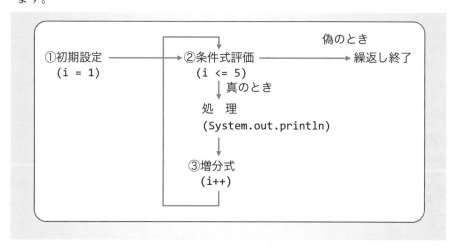

プログラムの for 文では初期設定「i = 1」を実行した後，条件式「i <= 5」が評価され，評価が真（true）の間，処理をループします。1回繰り返すごとに増分式「i++」が実行され，再度「i <= 5」が評価されます。

ここで注意するのが for 文の条件式は継続条件となることです。継続条件とは評価が真（true）の間処理を継続し，評価が偽（false）になったときに処理を終了するための条件式です。この場合は，i の値が 5 以下の間（条件式の評価が真（true）の間）処理を継続し，i の値が 6 になったとき（評価が偽（false）になったとき）に処理を終了します。

では，次のように初期設定で変数 i に 6 を代入したときの実行結果を考えてみます。

```
4    for (i = 6; i <= 5; i++) {
5      System.out.println("Javaプログラム");
6    }
```

初期設定で変数 i に 6 を代入して，条件式「i <= 5」を評価すると偽（false）となるので，この for 文では 1 度もループを行いません。つまり，1 度も 5 行目の println 文を実行しないで for 文が終了するので，何も表示されないことになります。

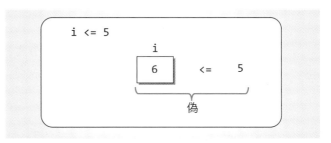

第5章 繰返し（ループ）

（1） for 文の応用 1（初期設定，増分式の省略）

for 文の中で記述する初期設定，増分式をそれぞれ省略することもできます。初期設定と増分式を省略し，for 文の外に記述した場合は次のようになります。

```java
int i;

i = 1;          ← 初期設定
for ( ;i <= 5; ) {
  System.out.println("Java プログラム");
  i++;          ← 増分式
}
```

（2） for 文の応用 2（条件式の省略）

また，条件式も省略して次のように記述することもできます。

```java
int i;

i = 1;          ← 「永久ループ」になります
for ( ; ; ) {
  System.out.println("Java プログラム");
  i++;
}
```

ただし，これではループを終了させる条件がないので「永久ループ」になります。for 文の処理の中で繰返しを終了させるブレイク処理が必要となります（ブレイク処理については 5.6 の break 文で説明します）。

また，次のように論理リテラルの真（true）を条件式に記述してループさせることもできます。ただし，これもまた永久ループになるのでループ処理の中でブレイク処理が必要です。

```
for ( ; true ; ) {
  処理;
}
```

(3)　for 文の応用 3（増分式）

　これまでのプログラムでは for 文の増分式としてループカウンタをインクリメント（1 加算）していますが，単に計算式を記述することもできます。

```
int i;
for (i = 1; i <= 5; i = i + 1) {
  System.out.println("Java プログラム");
}
```

　また，増分式をデクリメント，または減算の計算式で記述することもできます。ただし，この場合は初期設定と条件式を次のように変更する必要があります。

```
int i;              ┌─ 初期設定と条件式が変わります
for (i = 5; i > 0; i--) {
  System.out.println("Java プログラム");
}
```

(4)　for 文の応用 4（for 文の中での変数宣言）

　最後に for 文での変数の宣言について説明します。次のように for 文の中で変数を宣言することができます。ここで宣言した変数は for 文のブロックの中でだけ有効です。

```
           ┌─ for 文の中で宣言          変数 i は for 文の
                                         中だけで使用可
for (int i = 1; i <= 5; i++) {
  System.out.println("Java プログラム");
}
 i++;  ← for 文の外なのでコンパイルエラーとなる
```

　なお，あらかじめ宣言している変数と同じ名前の変数を宣言することはできません。

```
int i;       ┌─ 変数 i はすでに宣言しているのでコンパイルエラーとなる

for (int i = 1; i <= 5; i++) {
  System.out.println("Java プログラム");
}
```

while 文

次に while 文について説明します。while 文は for 文と同じように処理を繰返し実行させるための文です。ただし，while 文の中では継続条件だけを記述します。for 文のように初期設定や増分式を記述することはできません。初期設定や増分式が必要なときは，while 文と別に記述する必要があります。

```
─ 構文 ─
while (継続条件) {
    処理
      ⋮
}
```

反復させる処理が一つのときは，{ }を省略して次のように記述することもできます。
while(継続条件)
　　処理

アドバイス

while 文には継続条件を記述！
条件式の結果が真（true）の間継続！

while 文は( )の中に継続条件だけを記述します。この継続条件が真（true）の間処理を繰り返します。

では，実際に while 文を使ったプログラムを説明します。

■Test502　while 文を使用したプログラム

```
1  class Test502 {
2    public static void main(String[] args) {
3      int i;          ← 初期設定
4      i = 1;
5      while (i <= 5) {
6        System.out.println("Javaプログラム");
7        i++;          ← 増分式
8      }
9    }
10 }
```

Test502.java

実行結果▶
```
Java プログラム
Java プログラム
Java プログラム
Java プログラム
Java プログラム
```

【プログラムの説明】

　実行結果は前のプログラム Test501 と同じです。前述したとおり，while 文では初期設定と増分式はないので，それぞれ4行目と7行目で記述しています。

　また，継続条件は「i <= 5」となっており，ループカウンタである変数 i の値が5以下の間（真（true）の間），継続することになります。

for 文と while 文の違いは理解できたでしょうか？

最後に do〜while 文を説明します。この文もまた，for 文や while 文と同じく条件式が真（true）の間継続します。ただし，while 文同様，初期設定と増分式を文の中に記述できないので，必要に応じて do〜while 文とは別に記述します。

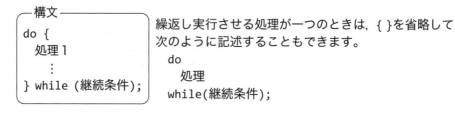

構文
```
do {
  処理1
    ⋮
} while (継続条件);
```

繰返し実行させる処理が一つのときは，{ }を省略して次のように記述することもできます。
```
do
    処理
while(継続条件);
```

初期設定，増分式を文の中で記述できないことは while 文と同じです。

while 文との違いは，while 文は，はじめに条件式を評価して真（true）のときに処理を行うのに対して，do〜while 文は，はじめに処理を行い次に条件式を評価します。

つまり，while 文は先に条件式を評価して処理を行う「前判定型繰返し構造」となり，条件によって繰返し構造内の処理を行うので，一度もループ処理を行わない場合もあります。

do〜while 文は先に処理を行った後に条件式を評価する「後判定型繰返し構造」となり，必ず繰返し構造内の処理を1回以上は行うことになります。

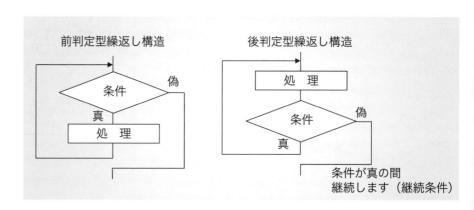

では，実際に do～while 文を使ったプログラムを説明します。

■Test503　do～while 文を使用したプログラム

```
 1 class Test503 {                           Test503.java
 2   public static void main(String[] args) {
 3     int i;                    この処理が一度は
 4     i = 1;                    必ず実行されます
 5     do {
 6       System.out.println("Javaプログラム");
 7       i++;
 8     } while (i <= 5);
 9   }
10 }
```

実行結果▶
```
Java プログラム
Java プログラム
Java プログラム
Java プログラム
Java プログラム
```

【プログラムの説明】
　6行目～7行目の処理が実行された後，8行目の条件式が実行されます。一度は必ず6行目～7行目の処理が実行されることになります。

Question

今まで，for 文，while 文，do～while 文と三つのループ文を見てきましたが，いずれも条件式としては継続条件を記述するとありました。逆に終了条件を記述する文はありますか？

Answer

　実は Java でループ文を記述する場合，すべて継続条件を使って記述します。なぜ本書で継続条件である点を説明したかというと，次に示す JIS 規格のフローチャートでは書き方が終了条件になっているためです。ほかのプログラミング言語である COBOL などは，UNTIL 句という記述形式で，JIS 規格のフローチャート同様，終了条件を繰返し構造で記述します。なお，Java の元になっている C 言語や C++では，ループ文の条件式を Java と同じく，継続条件として記述します。

```
ループ名            ループ名
終了条件

                            ループ名
ループ名            終了条件

前判定繰返し        後判定繰返し
構造               構造
```

ループ文のネスト

ここでは，for 文や while 文などのループ文のネストについて説明します。

第 4 章で if 文のネストについて説明しましたが，if 文のネストとは if 文の中に if 文を記述することをいいました。ループ文も同じようにループ文の中にループ文を記述できます。これをループ文のネストといいます。ループ文をネストする際には，for 文，while 文，do～while 文のいずれの組合せでもかまいません。

アドバイス

ループ文は種類にかかわらず，自由にネストすることができます。

ループ文のネストを次に示します。

```
for (初期設定; 条件式; 増分) {
        ⋮
    for (初期設定; 条件式; 増分) {
            ⋮
    }
}
```

この例では for 文を使用しています。

では，for 文をネストしたプログラムを説明します。

■Test504　for 文をネストしたプログラム

```java
1 class Test504 {
2   public static void main(String[] args) {
3     for (int i = 1; i <= 3; i++) {
4       for (int j = 1; j <= 2; j++) {
5         System.out.println("i:" + i + " j:" + j);
6       }
7     }
8   }
9 }
```

Test504.java

実行結果▶

```
i:1  j:1
i:1  j:2
i:2  j:1
i:2  j:2
i:3  j:1
i:3  j:2
```

内側（4 行目～6 行目）の繰返し構造によって 2 回実行

外側（3 行目～7 行目）の繰返し構造によって 3 回実行

【プログラムの説明】

変数 i をループカウンタとした外側（3 行目～7 行目）の for 文の中に，変数 j をループカウンタとした内側（4 行目～6 行目）の for 文をネストしています。プログラムを実行すると，外側（3 行目～7 行目）の for 文で，内側（4 行目～6 行目）の for 文（繰返しを 2 回実行）を 3 回実行します。実行結果の変数 i と変数 j の変化を確認してください。

for 文と while 文はともに前判定繰返し構造を記述する際に利用することは分かりましたが，どのように使分けをしたらよいでしょうか？

Answer

　for 文は while 文を拡張した記述方法だと思うと分かりやすいと思います。繰返し構造の中で，参照する変数の初期値や増分がある場合，while 文を用いると，変数の初期化を忘れたり，増分を忘れたりして永久ループを作ってしまうことがあります。

　for 文を使うことで，コードの見た目も良くなります。一方，繰返し構造で行う処理に前処理も増分も記述する必要がない場合は，while 文を使う方がすっきりするため，読みやすくなります。

break 文

ループ文で使用する break 文について説明します。

第 4 章の switch 文の説明の中で, break 文は switch 文を抜け出すものと説明しました。一方 break 文をループ文の中で記述すると, 繰返し構造から抜け出す命令になります。

for 文などのループ文は条件式の評価が真（true）の間処理を継続し, 評価が偽（false）になったときに処理を終了します。そのほかに break 文を使用してループを終了させることができます。これをブレイク処理といいます。

アドバイス

繰返し構造から抜け出すには break 文！

では, break 文を使用したプログラムを説明します。

■Test505　break 文を使用したプログラム

```
1  class Test505 {                                          Test505.java
2    public static void main(String[] args) {
3      for (int i = 1; i <= 10; i++) {
4        System.out.println("i:" + i);
5        if (i == 5) {
6          break;        繰返し構造から抜け出します（9 行目に移る）
7        }
8      }
9      System.out.println("ループ終了");
10   }
11 }
```

実行結果▶
```
i:1
i:2
i:3
i:4          break 文によってループ
i:5          を途中で抜け出しました！
ループ終了
```

【プログラムの説明】

for 文のループの中で, 変数 i の値は 1, 2, 3…と変化し, 条件式「i <= 10」が真（true）の間継続しますが, 6 行目の break 文が実行されると for 文による繰返し構造から抜け出します。

この break 文は for 文だけでなく, while 文や do〜while 文でも同様の処理を行います。

5 行目〜7 行目を次のように記述してもかまいません。

```
5      if (i == 5) {                    if (i == 5) break;
6        break;
7      }
```

（1）　ネストによる break 文の注意

　for 文のネストに break 文を記述するときは注意が必要です。基本的に break 文で終了するループは，その break 文を記述しているループだけになります。

　次のプログラムは内側のループ（4 行目〜9 行目）の for 文のネストの中に break 文を記述しています。実行結果を確認してください。

■Test506　for 文のネストで break 文を使用したプログラム

```
1  class Test506 {                               Test506.java
2    public static void main(String[] args) {
3      for (int i = 1; i <= 3; i++) {
4        for (int j = 1; j <= 5; j++) {
5          System.out.println("i:" + i + " j:" + j);
6          if (j == 2) {
7            break;
8          }
9        }                                        内側のループ
10       System.out.println("内ループ終了");
11     }                                          外側のループ
12     System.out.println("外ループ終了");
13   }
14 }
```

実行結果▶
```
i:1 j:1
i:1 j:2    ← break 文実行
内ループ終了
i:2 j:1
i:2 j:2    ← break 文実行
内ループ終了
i:3 j:1
i:3 j:2    ← break 文実行
内ループ終了
外ループ終了
```

【プログラムの説明】

　3 行目〜11 行目の for 文の中に，4 行目〜9 行目の for 文がネストしています。7 行目の break 文が実行されたとき，その break 文を記述している内側の for 文が終了します。このとき外側の for 文は影響されないので最後まで実行します。

　break 文で終了するのは，その break 文を記述しているループ文になることに注意してください。

（2） ラベル付 break 文の実行

break 文にラベルを指定することで，終了させるべきループを指定することができます。例えば，ラベル付 break 文を使用することによって，ネストした外側のループを終了させることができます。

■Test507　ラベル付 break 文

```
1  class Test507 {                              Test507.java
2    public static void main(String[] args) {
3      mainLoop:for (int i = 1; i <= 3; i++) {
4        for (int j = 1; j <= 5; j++) {
5          System.out.println("i:" + i + " j:" + j);
6          if (j == 2) break mainLoop;          ラベル付 break 文
7        }
8      }
9    }
10 }
```

実行結果▶
```
i:1 j:1
i:1 j:2
```

【プログラムの説明】

変数 j が 2 のときラベル付 break 文が実行され，外側の for 文，つまり 3 行目から始まっている mainLoop というラベル付 for 文から抜け出します。

continue 文

ループ文と組み合わせて使用する continue 文について説明します。

continue 文は break 文と同様にループ文になくてはならない文です。break 文はループを終了する機能をもっていますが，continue 文は繰返し構造内に記述されたそれ以降の処理を飛ばして繰返し構造の次の周に移る機能をもっています。このとき，for 文であれば増分式が実行されます。

次に continue 文を使用したプログラムを説明します。

■Test508　continue 文を使用したプログラム

```
1  class Test508 {                               Test508.java
2    public static void main(String[] args) {
3      for (int i = 1; i <= 10; i++) {
4        if ((i % 2) == 0) {
5          continue;
6        }
7        System.out.println("i:" + i);
8      }
9    }
10 }
```

実行結果▶
```
i:1
i:3
i:5
i:7
i:9
```

【プログラムの説明】

3 行目の for 文で，変数 i の値を 1 から 10 まで 1 つずつ加算しながら，その値を出力していますが，4 行目の if 文で，変数 i の値を 2 で割った余りが 0 の場合には，continue 文によって次の周に飛ばしています。このため 7 行目の出力処理は行われません。また，出力されるのは奇数だけになっています。

```
 1 class Test509 {
 2   public static void main(String[] args) {
 3     mainLoop: for (int i = 1; i <= 3; i++) {
 4       for (int j = 1; j <= 3; j++) {
 5         System.out.println("i:" + i + " j:" + j);
 6         if(j == 2) continue mainLoop;
 7       }
 8     }
 9   }
10 }
```

Test509.java

ラベル付 continue 文

実行結果▶
```
i:1 j:1
i:1 j:2
i:2 j:1
i:2 j:2
i:3 j:1
i:3 j:2
```

【プログラムの説明】

　3行目の for 文で，変数 i の値が 1〜3 の間継続するように記述されており，4行目のネストされた for 文で，変数 j の値が 1〜3 の間継続するように記述されているので，本来は合計 9 行の出力が得られるはずです。しかし，6 行目の if 文で，変数 j の値が 2 である場合に，ネストされた for 文ではなく，4 行目の for 文の次の周までスキップするように continue mainLoop; というラベル付 continue 文が記述されています。このため，変数 j の値が 3 になることはなく，合計で 6 行の出力になっています。

理解度チェック

ポイントは頭に入っていますか？
理解できているか Check してみましょう。

- ☑ for 文
- ☑ 初期設定
- ☑ 継続条件
- ☑ 増分式
- ☑ while 文
- ☑ 条件式
- ☑ do～while 文
- ☑ ループのネスト
- ☑ break 文
- ☑ continue 文

第5章　繰返し（ループ）

問5 − 1 次のプログラムの説明で適切なものを，解答群から選びなさい。

(a)
```
int sum = 0;
for (int i = 1; i <= 10; i++) {
  sum += i;
}
```
(a) ☐

(b)
```
int sum = 0;
for (int i = 1; i < 10; i++) {
  sum += i;
}
```
(b) ☐

(c)
```
int sum = 0;
for (int i = 1; i < 11; i = i + 2) {
  sum += i;
}
```
(c) ☐

(d)
```
int sum = 0;
for (int i = 1; i >= 11; i = i + 2) {
  sum += i;
}
```
(d) ☐

解答群
ア 1〜9までの合計をsumに求める。
イ 1〜10までの合計をsumに求める。
ウ 1〜11までの合計をsumに求める。
エ 1〜10までの偶数値の合計をsumに求める。
オ 1〜10までの奇数値の合計をsumに求める。
カ 1〜11までの奇数値の合計をsumに求める。
キ 一度も繰返しを行わず，for文を終了する。

問5 − 2 　　次のプログラムの実行結果として正しい答えを，解答群から選びなさい。

```java
(a) for (int i = 1; i <= 5; i++) {
      for (int j = 1; j <= i; j++) {
        System.out.print("*");
      }
      System.out.println(); //改行
    }
```

(a) ☐

```java
(b) for (int i = 1; i <= 5; i++) {
      int j;
      for (j = 1; j < i; j++) {
        System.out.print(" ");
      }
      for (; j <= 5; j++) {
        System.out.print("*");
      }
      System.out.println(); //改行
    }
```

(b) ☐

解答群

ア　実行結果▶

イ　実行結果▶
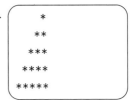

ウ　実行結果▶

エ　実行結果▶
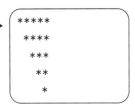

問5 − 3　次のプログラムと同じ処理結果になるプログラムを解答群から選びなさい。

```
int sum = 0;
for (int i = 1; i < 21; i++) {
  if ((i % 3) == 0) {
    sum += i;
  }
}
```

解答群

ア　
```
int sum = 0;
for (int i = 1; i <= 20; i++) {
  if ((i % 3) == 0) break;
  sum += i;
}
```

イ　
```
int sum = 0;
for (int i = 1; i <= 20; i++) {
  if ((i % 3) != 0) continue;
  sum += i;
}
```

ウ　
```
int sum = 0;
for (int i = 3; i <= 21; i = i + 3) {
  sum += i;
}
```

エ　
```
int sum = 0;
for (int i = 21; i > 0; i = i - 3) {
  if ((i % 3) == 0) {
    sum += i;
  }
}
```

答え＿＿＿＿＿＿＿

Java
Programming

6章 配列

　この章では，同じ型のデータの並びである「配列」について説明します。配列を使用することで，すっきりとした見やすいプログラムを作成することができます。

6.1 配列の宣言

この章では配列について説明します。まずはじめに，配列の考え方から説明します。

プログラムによっては，たくさんのデータを扱う場合があります。

例えばある科目の生徒の点数を格納する変数を次のように宣言するとします。

```
int num;
```

もし，科目数が 5 科目のとき，次のような宣言になります。

```
int num0;
int num1;
int num2;
int num3;
int num4;
```

また，科目数が 10 科目のときは，num0～num9 まで，10 個の変数を宣言することになります。これではプログラムが複雑で大変見づらくなってしまいます。

変数 num0～num4 は，ある 1 人の生徒の科目の点数を格納する変数であり，整数型の値を格納する同じ型の変数の並びになります。このような同じ型の変数の並びを一つの名前で扱うためのデータ構造が配列です。配列を使用することで，連続したデータを効率的に格納し，取り扱うことができます。

構文

型名[] 配列変数名 = new 型名[要素数];

領域を確保するため，new 演算子によって値を格納する配列変数の領域を確保して，その領域の参照値を配列変数に格納することになります。

宣言した変数は配列であることを示すために[ ]を付けて宣言します。

例えば，int 型の 5 個の変数を配列として宣言するときは次のようになります（ここで指定する 5 個というのが要素数になります）。

```
int[] num = new int[5];
```

この宣言によって，num は配列変数として使用できます。

アドバイス

配列は new 演算子を用いて領域を確保します。

num[0] num[1] num[2] num[3] num[4]

int 型の値を格納できる要素数が 5 個の配列 num

配列を宣言するときは，次のように 2 行に分けて記述してもかまいません。

```
― 構文 ―
型名[] 配列変数名;
配列変数名 = new 型名[要素数];
```

```
int[] num = new int[5];
```

```
int[] num;
num = new int[5];
```

Point

Java では配列の宣言には次の 2 種類の書き方があります。
　① 型名[] 配列変数名;　　例) int[] num;
　② 型名　　配列変数名[];　例) int num[];
この二つの違いは，[]を型名の後に書くか，配列変数名の後に書くかの違いです。どちらを書いても間違いではありません。
このテキストでは，①の書き方で統一します。

次に配列変数の宣言について説明します。

配列変数の宣言は"型名[] 配列変数名;"で宣言できます。しかし，このままでは配列として中に値を格納することはできません。

これまでの変数では，宣言するとその変数に値を代入することができましたが，配列変数の場合は，その変数名は配列の位置を指し示す参照値なので，そのままでは使用できません。

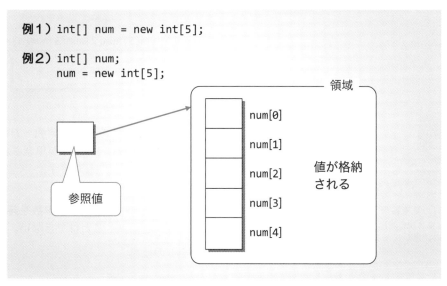

例1) `int[] num = new int[5];`

例2) `int[] num;`
　　`num = new int[5];`

この参照値については，6.4 の「配列の参照」で説明します。

添字
インデックス
要素

アドバイス

配列として定義された同じ型の変数のひとつひとつは「要素」です。
要素を指定するには配列内での順番を表す「添字」あるいは「要素番号」を使います。

　第2章で変数は値を格納できる容れ物と説明しました。配列もまた値を格納できる容れ物になりますが，配列の変数名は配列全体を指す名前になります。

　配列として宣言した変数の各要素にアクセスする場合，どの変数を使用するかを添字（インデックス）を使って指定しなければなりません。この添字のことを要素番号ともいいます。

　new 演算子によって要素数を指定して配列を宣言すると，指定した要素数分の領域が用意されます。このとき要素番号 0 番目〜(要素数−1)番目までの領域が用意されます。このひとつひとつの領域のことを要素ともいいます。

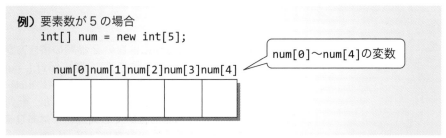

例）要素数が 5 の場合
```
int[] num = new int[5];
```
num[0]〜num[4]の変数

num[0]num[1]num[2]num[3]num[4]

キーワード
アクセス

変数に格納されている値を読み込んだり，更新（代入）したりすることをまとめて「アクセスする」という。

　この要素番号を[]で囲んで配列変数に付けて使用することで，要素を指定することができます。

　最初の要素を 1 番目としたとき，配列 num の 3 番目(要素番号：2)に値 10 を代入する場合は次のようになります。

```
num[2] = 10;
```

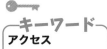

3 番目

num[0]num[1]num[2]num[3]num[4]

| | | 10 | | |

　前述したとおり，配列の要素番号は 0 番目〜(要素数−1)番目まで用意されるので，要素数が五つの場合 num[0]〜num[4]の変数が用意されます。したがって，次のように要素数を超えた指定はエラーとなります。

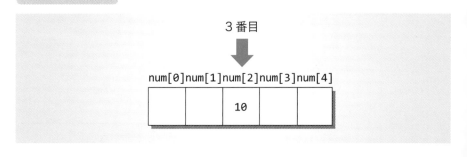

```
int[] num = new int[5];
// エラーになるコード
num[5] = 10; ← num[5]は6番目
                （範囲外）の要素
```

配列の要素数を超える要素を指定することはできない。

アドバイス

配列の要素番号（添字）は 0 から始まることに注意してください。

（1） 要素番号に変数を使用する

また，変数を使って添字を表すこともできます。

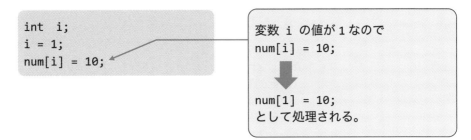

（2） 相対的に変数を使用する

また，次のように相対的に添字を表すこともできます。

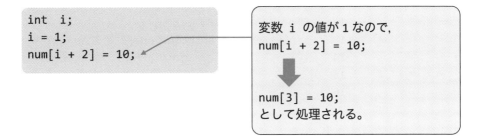

では，実際に配列を使用したプログラムを説明します。

このプログラムでは，for 文を使用して配列要素の値を順に表示しています。

■Test601　配列を使用したプログラム

```java
class Test601 {
  public static void main(String[] args) {
    // 配列宣言
    int[] num = new int[5];
    // 配列に値設定
    num[0] = 70;
    num[1] = 30;
    num[2] = 50;
    num[3] = 90;
    num[4] = 10;
    // 配列の値表示
    for (int i = 0; i < 5; i++) {
      System.out.println("num[" + i + "]:" + num[i]);
    }
  }
}
```

Test601.java

実行結果▶
```
num[0]:70
num[1]:30
num[2]:50
num[3]:90
num[4]:10
```

【プログラムの説明】

12行目〜14行目の for 文によって，配列 num の要素を0番目から4番目まで順に表示しています。for 文のループカウンタとして使用している変数 i を添字として使用するので，はじめに0番目，次に1番目，次に2番目と順に4番目まで表示していきます。

配列の要素は必ず0から始まることを忘れないでください。

6.3 配列の初期化

ここでは配列の初期化について説明します。

このテキストの第 2 章で変数の宣言時に値を代入できることを説明しました。

```
int a;
a = 10;
```

```
int a = 10;
```

配列も同様に宣言時に値を設定することができます。

---構文---
型名[] 配列変数名 = {値, 値, …, 値};

アドバイス

配列の初期化は{ }
で囲ってコンマ区切
りで記述します。

```
int num = new int[5];
num[0] = 70;
num[1] = 30;
num[2] = 50;
num[3] = 90;
num[4] = 10;
```

```
int[] num = {70, 30, 50, 90, 10};
```

num[0]	num[1]	num[2]	num[3]	num[4]
70	30	50	90	10

この方法では new 演算子や要素数を書いていませんが, { }の中に書いている値の数だけ配列要素が用意されます。この場合は 5 個の値を記述しているので, num[0]～num[4]の配列要素が用意され, その配列要素に値が設定されます。この値の設定を"配列の初期化"といいます。

なお, 次のように配列の宣言と初期化を別に書いても問題ありません。

```
int[] num;
num = new int [] {70, 30, 50, 90, 10};
```

宣言と初期化を別に記述するときは new 演算子が必要になります。

では，前に説明したプログラム Test601 を配列の初期化を使用して書き直してみます。

■Test601（修正）　配列の初期化を行うプログラム

```
 1  class Test601 {
 2    public static void main(String[] args) {
 3      // 配列宣言と初期化
 4      int[] num = {70, 30, 50, 90, 10};
 5      // 配列の値表示
 6      for (int i = 0; i < 5; i++) {
 7        System.out.println(i + "番目:" + num[i]);
 8      }
 9    }
10  }
```

実行結果▶
```
0 番目 : 70
1 番目 : 30
2 番目 : 50
3 番目 : 90
4 番目 : 10
```

6.4 配列の参照

参照

　前述したとおり配列変数は，これまでの変数と異なり，値を格納するのではなく，値を格納する領域を参照しています。

　例えば，次の配列の宣言では実際に 30 や 40 といった値を格納するのは num[0]～num[4]になり，配列変数 num はその領域を参照することになります。

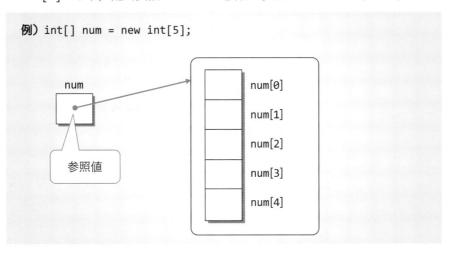

例）int[] num = new int[5];

num

参照値

num[0]
num[1]
num[2]
num[3]
num[4]

```
num[0] = 30;    ← ○（0番目に代入）
num = 30;       ← ×（コンパイルエラーになる）
```

　int 型の配列変数 num の各要素である num[0]～num[4]は int 型の変数として扱われるので，num[0]に 30 という整数値を代入することはできますが，配列変数 num は配列を指す参照値なので，30 や 40 といった値を格納することはできません。

第6章

配列

では，同じ int[] 型の配列変数同士での代入はどうなるでしょう。
次のプログラムを見てください。

■Test602　配列変数を代入するプログラム

```java
1  class Test602 {                                          Test602.java
2    public static void main(String[] args) {
3      // 配列宣言
4      int[] num1 = {70, 30, 50, 90, 10};
5      int[] num2 = {10, 20, 30};
6      // 配列変数の代入
7      num2 = num1;            ← 配列変数の代入
8      // 配列の値表示
9      System.out.println("配列num2の内容");
10     for (int i = 0; i < 5; i++) {
11       System.out.println("num2["+i+"]:" + num2[i]);
12     }
13     // 値の変更
14     num2[1] = 100;
15     // 配列の値表示
16     System.out.println("配列num1の内容");
17     for (int i = 0; i < 5; i++) {
18       System.out.println("num1["+i+"]:" + num1[i]);
19     }
20   }
21 }
```

実行結果▶

```
配列 num2 の内容
num2[0]:70
num2[1]:30           num2[0]〜num2[4]
num2[2]:50
num2[3]:90
num2[4]:10
配列 num1 の内容
num1[0]:70
num1[1]:100          num2[1] = 100 の処理で，
num1[2]:50           num1[1]の 7 行目で num2 = num1
num1[3]:90           を実行しているため値が変わる
num1[4]:10
```

【プログラムの説明】
　配列変数 num1 と num2 を宣言し，7 行目で num1 を num2 に代入しています。
これは num1 でもっている参照値を num2 に代入することになります。その結果，
num2 は num1 と同じ領域を参照することになり 10 行目〜12 行目で配列 num2 の
内容を表示すると，配列 num1 の値が表示されます。

138

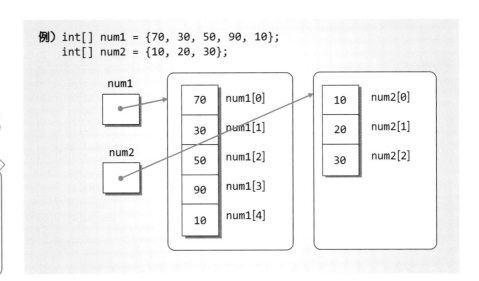

例）int[] num1 = {70, 30, 50, 90, 10};
　　int[] num2 = {10, 20, 30};

配列変数名同士で代入を行った場合，参照値を代入するだけであり，各要素の中身が代入されるわけではないので要注意！

num2 = num1;

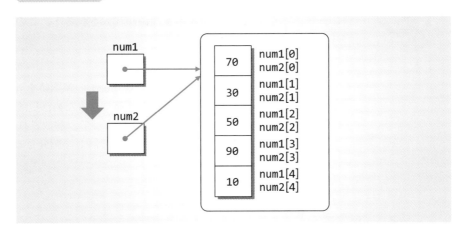

　また，14行目でnum2[1]の値を変更した後，17行目〜19行目で配列num1の内容を表示すると，変更が反映された値が表示されます。

　これは7行目でint[]型変数のnum1の値をnum2に代入することで，num1とnum2は同じ配列を参照しているので，num2[1]の値を変更することは，num1[1]の値を変更することになるためです。

　このプログラムでは，num1という配列変数に格納された参照値をメソッドmainの中でnum2という別の配列変数に代入しているだけですが，実際のプログラム作成では配列変数をほかのメソッド呼出しの際の引数にしたり，メソッドからの戻り値にすることで，配列として並んだ大量のデータを効率良く受渡しするために使われます。

```
num2 [1] = 100;
```

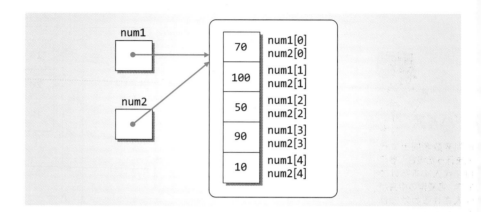

Question

最初に num2 は int 型変数 3 個分の配列変数として宣言，初期化さ
れていますが，num2 に num1 の参照値が代入されると，この 3 個分
の領域はどうなるのですか？

　もともと num2 が参照していた領域は，num1 の参照値を num2 に
代入された時点で，どこからも参照されなくなるため，しばらくす
ると Java のガーベジコレクション機能によって，解放されます。
　ガーベジコレクションについては第 7 章で詳しく紹介します。

　配列の処理は理解できたでしょうか？　これまで説明した配列は 1 次元配列と呼ばれるものです。Java ではこの 1 次元配列のほかに 2 次元，3 次元などの多次元配列を使用できます。ここでは多次元配列について説明します。

（1）　2 次元配列

　ある生徒の科目の点数を格納する変数として配列を説明しました。これまでに説明した配列は 1 行分の配列でした。これを 1 次元配列といいます。

　これに対して，複数の生徒の科目の点数を配列に格納したときは，生徒の数だけ行数が必要となります。

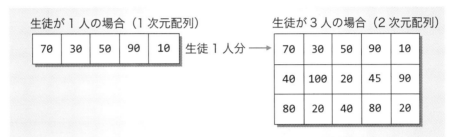

　このように配列の要素をさらに配列にすることで 2 次元配列を宣言できます。

　Java では，さらに 3 次元，4 次元の配列を宣言することができます。ただし，配列の次元が多くなると，プログラム自体が複雑になるため，2 次元，3 次元程度にしておいた方がよいでしょう。

　まず，2 次元配列の宣言形式を説明します。

```
┌ 構文 ─────────────────────
①  int[][] num = new int[要素数][要素数];
②  int[][] num;
    num = new int[要素数][要素数];
```

　宣言の書き方は 2 種類ありますが，どちらで書いてもかまいません。

　3 行 5 列の 2 次元配列を，上の構文に従って宣言する場合は次のようになります。

　　　　　　　　┌─ 2 次元配列の宣言では[]が二つ ─┐
例）int[][] num = new int[3][5];

　1 次元配列の場合は[]が一つでしたが，2 次元配列の場合は[]が二つとなります。また，new 演算子の後の[]も二つ必要です。

　n 次元の配列を宣言する場合，[]を n 個付けると覚えてください。

次に，配列の要素の指定方法について説明します。1 次元配列のときは添字を一つ指定しますが，2 次元配列のときは二つの添字で配列要素を指定します。

1 行 3 列目に値 10 を代入する場合，次のように指定します。

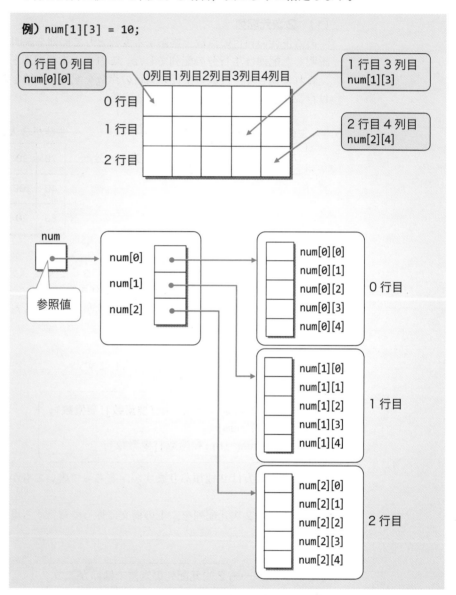

例）num[1][3] = 10;

ここまで説明してきたとおり配列変数は参照値をもちます。配列変数 num[0] は 0 行目の配列を参照し，num[1]は 1 行目の配列を参照することになります。
なお，配列変数 num は num[0]〜num[2]の配列を参照することになります。

また，num は int[][]型（2次元配列）の変数となり，配列の1次元目の要素である num[0]や num[1]は，int[]型の配列変数となります。

したがって，次のように num[0]を p に代入する場合，int[]型の配列変数 p は num[0]と同じ領域を参照できます。

```
int[][] num = new int[3][5];
int[] p;

p = num[0];
```

（2）　2次元配列の初期化

2次元配列でも，これまで説明した1次元の配列と同様に，宣言時に初期値を設定することができます。これを2次元配列の初期化といいます。

では，2次元配列の初期化について説明します。

構文
① int[][] 配列変数名 = {{値,値,…,値},{値,値,…,値},…};
② int[][] 配列変数名;
　　配列変数名 = new 型名[][]{{値,値,…,値},{値,値,…,値},…};

```
例）int[][] num1 = {
      {70, 30, 50, 90, 10},
      {40, 100, 20, 45, 90},
      {80, 20, 40, 80, 20}
    };
```

2次元配列の初期化では，{ }をさらにネストした{ }の中に値を書いて配列の値を設定します。

実際に2次元配列を使用したプログラムを説明します。

■Test603　2次元配列を使用したプログラム

```
1  class Test603 {
2    public static void main(String[] args) {          Test603.java
3      // 配列宣言
4      int[][] num = {
5        {70, 30, 50, 90, 10},
6        {40,100, 20, 45, 90},
7        {80, 20, 40, 80, 20}
8      };
9      // 2次元配列の値表示
10     System.out.println("配列numの内容");
11     for (int i = 0; i < 3; i++) {
12       for (int j = 0; j < 5; j++) {
13         System.out.println("num["+i+"]["+j+"]:" + num[i][j]);
14       }
15     }
16   }
17 }
```

実行結果▶

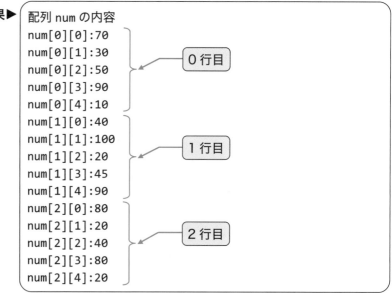

配列 num の内容
num[0][0]:70
num[0][1]:30
num[0][2]:50　　　0 行目
num[0][3]:90
num[0][4]:10
num[1][0]:40
num[1][1]:100
num[1][2]:20　　　1 行目
num[1][3]:45
num[1][4]:90
num[2][0]:80
num[2][1]:20
num[2][2]:40　　　2 行目
num[2][3]:80
num[2][4]:20

【プログラムの説明】
　11行目〜15行目でfor文をネストさせ変数iとjを配列numの添字として使用しています。各for文のループカウンタの変化に注意してください。
　また，このプログラムでは2次元配列を3行5列として宣言していますが，Javaの多次元配列では列の個数が異なっても問題はありません。

例えば，次のような場合，1 行目は 5 列，2 行目は 3 列，3 行目は 4 列として
宣言されています。

■Test604 列数の異なる 2 次元配列を使用したプログラム

```
 1  class Test604 {
 2    public static void main(String[] args) {
 3      // 配列宣言
 4      int[][] num = {
 5        {70, 30, 50, 90, 10},          5 列
 6        {40, 100, 20},                 3 列
 7        {80, 20, 40, 80}               4 列
 8      };
 9      // 2次元配列の値表示
10      System.out.println("配列numの内容");
11      for (int i = 0; i < num.length; i++) {
12        for (int j = 0; j < num[i].length; j++) {
13          System.out.println("num[" + i+ "][" + j+ "]:" + num[i][j]);
14        }
15      }
16    }
17  }
```

Test604.java

実行結果▶

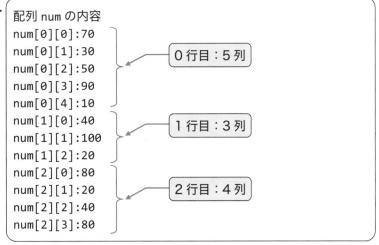

配列 num の内容
num[0][0]:70
num[0][1]:30
num[0][2]:50   0 行目：5 列
num[0][3]:90
num[0][4]:10
num[1][0]:40
num[1][1]:100   1 行目：3 列
num[1][2]:20
num[2][0]:80
num[2][1]:20   2 行目：4 列
num[2][2]:40
num[2][3]:80

第6章 配列

【プログラムの説明】

4行目～8行目で宣言している2次元配列は各行の列の長さが異なります。

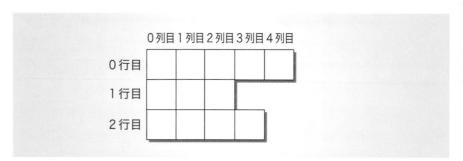

この配列の宣言では1行目は3列で宣言されるので num[1][3] や num[1][4] は存在しないことになります。したがって，次のようなプログラムでは内側の for 文で変数 j の値が 0～4 まで増分されるので，num[1][3] を指定してしまうとエラーになってしまいます。

エラーとなるプログラム（Test604.java の一部修正箇所を抜粋）

```
11 for (int i = 0; i < 3; i++) {
12   for (int j = 0; j < 5; j++) {
13     System.out.println("num["+i+"]["+j+"]:" + num[i][j]);
14   }
15 }
```

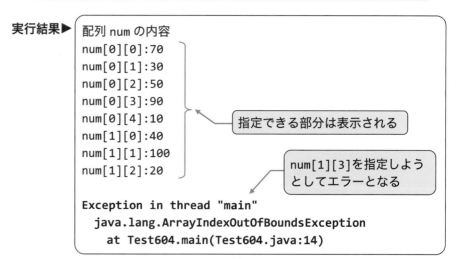

各行で列の要素の数が異なりますが，内側の for 文で各行の列の数だけループさせる必要があります。そのため，内側の for 文では配列の長さを求めて，その長さ分だけループさせます。

次の記述で配列の長さ（要素数）を求めることができます。

配列変数名.length

アドバイス

配列の長さ（要素数は）.length にて取得します。

配列変数 num はその配列全体の長さを参照しているので，Test604 の 11 行目のように，「num.length」と記述することで行の長さを求めることができます。

num.length ⟶ 全体の長さ（行の要素数）

また，num[0]は 0 行目の配列を参照しているので，「num[0].length」と記述することで 0 行目の配列の長さを求めることができます。Test604 の 12 行目では，変数 i を使って「num[i].length」と記述しています。

num[0].length ⟶ 0 行目の配列の長さ（要素数）

ポイントは頭に入っていますか？
理解できているか Check してみましょう。

check

- [x] 配列
- [x] 要素数
- [x] 添字
- [x] new 演算子
- [x] 配列の初期化
- [x] 参照
- [x] 多次元配列
- [x] 2 次元配列

問6 － 1 次のプログラムを実行したときの変数sの値を答えなさい。

```
int[] t = {3, 2, 8, 4, 6};
int[] p;
p = t;
int s = 0;
for (int i = 0; i < p.length; i++) {
  s += p[i];
}
```

答え _____

問6 － 2 次のプログラムの空欄に入る正しい答えを解答群から選びなさい。
・配列tの最小値を変数mで求める。

```
int[] t = {3, 2, 8, 1, 6};
int m = t[0];
for (int i = 1; [   a   ]; i++) {
  if ( [   b   ] ) {
    m = t[i];
  }
}
```

aに関する解答群

ア i > t.length   イ i >= t.length
ウ i < t.length   エ i <= t.length   **(a)** [   ]

bに関する解答群

ア i > m   イ i < m
ウ t[i] > m   エ t[i] < m   **(d)** [   ]

・配列tを降順に整列（ソート）する。

```
int[] t = {3, 2, 8, 1, 6};
int w;
for (int i = 0; i < t.length - 1; i++) {
  for (        c        ; j < t.length; j++) {
    if (t[j] > t[i]) {
      w = t[j];
      t[j]= t[i];
          d
    }
  }
}
```

cに関する解答群

ア int j = 0;　　イ int j = i;
ウ int j = i - 1;　エ int j = i + 1;

(c) ☐

dに関する解答群

ア i = w;　　　イ t[i] = w;
ウ w = i;　　　エ w = t[i];

(d) ☐

問6 － 3　　次のプログラムを実行したときの変数wにはどんな値が表示されますか。

```
int[][] t = {
  {3, 2, 8, 4},
  {4, 6, 2, 1},
  {8, 2, 5, 7}
};
int w = 0;
for (int i = 0; i < t.length; i++) {
  for (int j = 0; j < t[i].length; j++) {
    w += t[i][j];
  }
}
System.out.println(w);
```

答え _____

問6 — 4 次のプログラムの説明及びプログラムを読んで，空欄に入る正しい答えを，解答群の中から選びなさい。

【プログラムの説明】

配列 t の内容を配列 s に転記するプログラムである。

配列 t

1	2	3	4
5	6	7	8
9	10	11	12

配列 s

4	3	2	1
8	7	6	5
12	11	10	9

```
int[][] t = {
        {1, 2, 3, 4},
        {5, 6, 7, 8},
        {9, 10, 11, 12}
};
int[][] s = new int[3][4];
for (int i = 0; i < t.length; i++) {
  for (int j = 0; j < t[i].length; j++) {

  }
}
```

解答群

ア s[i][j] = t[i][j];
イ s[i][t[i].length] = t[i][j];
ウ s[i][t[i].length - j] = t[i][j];
エ s[i][t[i].length - j - 1] = t[i][j];

答え

Java Programming

第7章 クラス

この章では，Java でプログラムを作成する上で非常に重要な「クラス」について説明します。

Java では，このクラスがモジュールの単位になっており，Java でプログラムを記述するということはクラスを作ることと言っても過言ではありません。

クラスの作成方法から Java の実行環境で標準的に提供されているクラスの使用法までしっかり理解しましょう。

（1） オブジェクト指向以前の設計手法

　オブジェクト指向が登場する前は，プログラムの設計手法として構造化設計という手法が主流でした。これは処理の順序を重視して，次のモジュール構造図にあるように，前処理，主処理，後処理という形で各種データ処理を行うプログラムを設計するものでした。

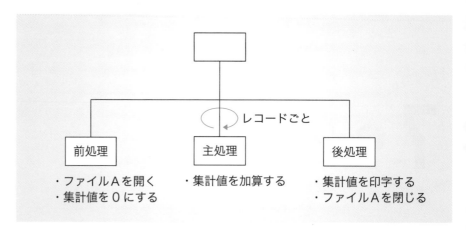

図　モジュール構造図

　しかし，この手法はロジックを効率的に組み立てることはできるのですが，一度作成したプログラムモジュールを，別のプログラムに流用することが難しくなってしまいます。というのも，前処理と主処理，そして後処理で「ファイル A」という同じファイルを参照するため，ほかのプログラムに流用するときには，この「ファイル A」を保持する変数や，「集計結果」を保持する変数を，同じように用意する必要があるのです。

（2） オブジェクト指向と Java

　オブジェクト指向が登場した背景で大きなものに，部品の再利用という目的の実現がありました。このためにはモジュール同士の結合度を下げる必要がありました。モジュール同士の結合度を下げる場合には，各モジュールの内部で扱うデータを外部には見せないようにし，各モジュールに内部のデータを処理させる場合には，メソッドという入口を使うようにするという方法がとられました。これがカプセル化です。こうすることで，オブジェクトの内部でもつ変数の構成を変えても，メソッドという入口の定義さえ変わらなければ，このオブジェクトを利用する側のオブジェクトには変更が必要なくなります。

　Java の文法的な原型になっているプログラミング言語としては C++（シー・プラス・プラス），そしてさらに C++の原型となっている C 言語が挙げられます。このうち，まず C 言語はオブジェクト指向型の言語ではないため，モジュール同士の結合度の強弱はプログラマのセンスや，開発企業内の設計規約，コーディング規約に依存します。次に C++ですが，これは C 言語にオブジェクト指向を取り入れた言語であるため，Java 同様にクラスを定義してカプセル化を実現することが可能です。しかし残念ながら C 言語との互換性を保持するために，クラスを使わないコードも記述できてしまうため，やはりモジュール同士の結合度はコードの作成者次第になってしまいます。

アドバイス

結合度はモジュール同士の結合の強弱を指す用語です。結合度が弱いほど良いプログラムとされます。一つのモジュールの内部動作の変更を行った際に，他のモジュールの動作にも変更が必要になる場合に結合度が高いといいます。

アドバイス

C++は「シー・プラ・プラ」とも呼ばれます。

　一方，Java はこれらの言語と動作環境としては互換性がなく，基本的に<u>クラス</u>というオブジェクト単位でプログラムモジュールを記述することしかできません。このため，作成者がそれほど意識しなくても，モジュール結合度を低くして再利用しやすいモジュールを作成できます。

Question
C 言語や C++の経験者だと，Java は学習しやすいですか？

　Java の文法で例えば，一つの命令がセミコロンで終わる部分や改行位置，インデントが自由である所，if 文や switch-case 文，for 文や while 文の書き方などはほぼ同じなので，とても学習しやすいといえます。

メンバ

キーワード
インスタンス
実体のこと

（1） クラス定義とクラスインスタンス

　漠然と「クラス」といった場合，これはクラスの定義を指す場合と，クラスの実体を指す場合の両方があり得ます。厳密にいい分ける場合，前者をクラス定義，後者をクラスインスタンスといいます。クラス定義はチョコレートに例えると型枠，クラスインスタンスは固まったチョコレートになります。そしてチョコレートを作るのと同じように，一つの型枠があれば，実体であるクラスインスタンスはいくつでも作ることができます。

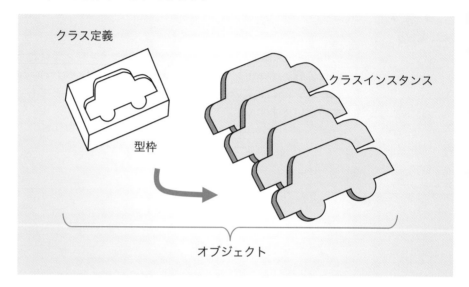

　なお，単に「オブジェクト」といった場合も「クラス」と同様に，クラス定義とクラスインスタンスのどちらかをあいまいに示す表現として使われる場合があります。

（2） クラス定義（変数とメソッド）

　クラスの中には**メンバ**（変数，メソッド）が定義できます。メソッドの定義については 7.4 の「メソッド」で説明しますので，ここでは概要を理解してください。

アドバイス
クラスの中の変数やメソッドをメンバといいます。

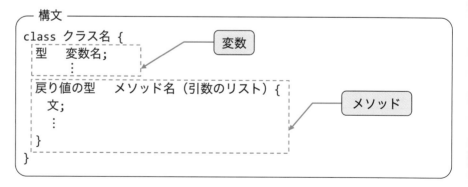

　では，実際に簡単なクラスを定義してみます。
　次のプログラムでは「Pencil」というクラスに，色の値をもつ「color」，太さの値をもつ「size」という変数を定義します。これが Pencil クラスの変数となります（とりあえず，Pencil クラスには変数だけを定義することにします）。

```
class Pencil {
  String color;
  double size;
}
```

色 → String color;

太さ → double size;

（3） クラスインスタンスの生成

　　クラスの定義はあくまでもそのクラスでもつメンバを定義しているだけです。定義したクラスをプログラムで使用するときは，そのクラスのインスタンス（クラスインスタンス）を生成しなければなりません。

　　クラスインスタンスを生成するときは，次のように記述します。

― 構文 ―
クラス名 変数名;
変数名 = new クラス名();

　　では，実際に先ほどの `Pencil` クラスを使ってクラスインスタンスを生成してみます。

Question

インスタンスの生成のイメージは型枠を作って１個１個のチョコレートを作るようなものということですが，コンピュータ上では具体的にどういうことが行われるのですか？

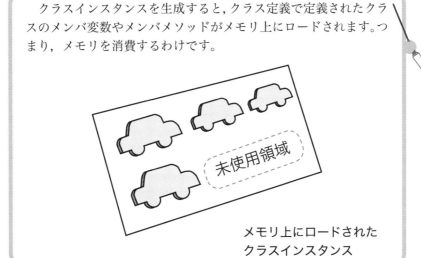

　　クラスインスタンスを生成すると，クラス定義で定義されたクラスのメンバ変数やメンバメソッドがメモリ上にロードされます。つまり，メモリを消費するわけです。

未使用領域

メモリ上にロードされた
クラスインスタンス

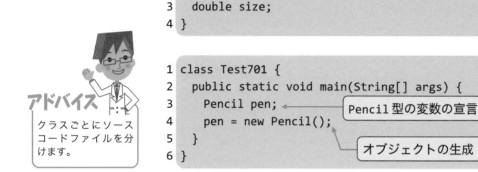

■Test701　クラスを使用したプログラム

```
1  class Pencil {                                    Pencil.java
2    String color;
3    double size;
4  }
```

```
1  class Test701 {                                   Test701.java
2    public static void main(String[] args) {
3      Pencil pen;  ←────  Pencil 型の変数の宣言
4      pen = new Pencil();
5    }                        オブジェクトの生成
6  }
```

アドバイス

クラスごとにソース
コードファイルを分
けます。

【プログラムの説明】

　このプログラムは，Pencil クラスと main メソッドがある Test701 クラスの
二つのクラスで構成されています。

（4）　Pencil 型の変数の宣言

　Test701 クラスの 3 行目で Pencil クラスインスタンスを扱うために変数 pen
を宣言します。この変数のことを**オブジェクト変数**といいます。オブジェクト変
数を宣言するときは，クラス名の後に変数名を記述します。

　この場合，変数 pen は Pencil 型のオブジェクト変数となります。int 型や
double 型の変数を宣言する記述を思い出してください。int 型の変数 a を宣言
するときは，「int a;」と記述しました。Pencil 型の変数 pen を宣言するときは，
「Pencil pen;」と記述します。

> int 型変数 a の宣言 ……………… int a;
> Pencil 型変数 pen の宣言 …… Pencil pen;

（5）　クラスインスタンスのための構文生成

　クラスインスタンスを生成するときは**new** 演算子を使用して「new クラス名()」
と記述します。プログラムでは Test701 クラスの 4 行目で Pencil クラスのイン
スタンスを生成しています。

Pencil クラスインスタンス生成　……　new Pencil()

　Test701 クラスの 4 行目では生成したクラスインスタンスを Pencil 型変数
pen に代入しています。

Pencil 型クラスインスタンスの代入　……　pen = new Pencil()

参照値
参照

　ここで注意するのがクラスインスタンスの代入です。変数 pen には new 演算子で生成したクラスインスタンス自体が代入されるのではなく，生成したクラスインスタンスの「参照値」が代入されます。int 型などの基本データ型は変数そのものに値を代入しますが，クラスインスタンスの扱いはすべて「参照」になります。第 6 章で説明した配列もまた一つのクラスインスタンスとして扱うので配列変数に参照値を代入しています。

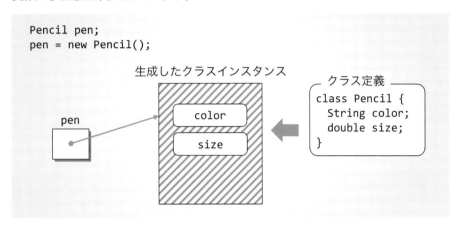

```
Pencil pen;
pen = new Pencil();
```

生成したクラスインスタンス

クラス定義
```
class Pencil {
    String color;
    double size;
}
```

pen

color

size

　生成したクラスインスタンスは参照で扱うので，次のような記述では変数 pen と p は同じクラスインスタンスを参照することになります。

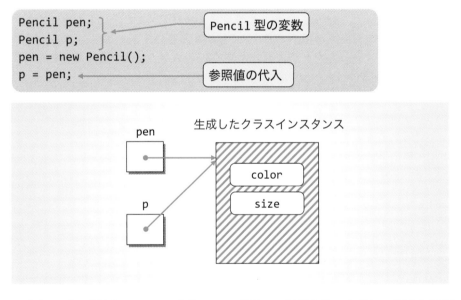

```
Pencil pen;
Pencil p;
pen = new Pencil();
p = pen;
```

Pencil 型の変数

参照値の代入

生成したクラスインスタンス

pen

p

color

size

　また，プログラム Test701 クラスの 3 行目～4 行目を次のように，宣言と初期設定をまとめて記述することもできます。

```
Pencil pen;
pen = new Pencil();
```

```
Pencil pen = new Pencil();
```

アドバイス

new演算子でクラスインスタンスを生成します。

　クラスインスタンスの生成については理解できたでしょうか？
　では，次に生成したクラスインスタンス内のメンバにアクセスする方法について説明します。

　なお，以降では「クラスインスタンス」を「インスタンス」と表記します。

Question

前のページの図では，オブジェクト変数である pen や p の枠の大きさが「生成したクラスインスタンス」よりも小さいのですが，ちゃんと格納されるのでしょうか？

Answer

　いいえ，オブジェクト変数は「参照」と説明していますが，これはつまり，本当にコンピュータのメモリ上にあるクラスインスタンスの型やアドレスを格納する箱にすぎません。図の pen や「生成したクラスインスタンス」の大きさは実はそのことを表現しています。

ここではクラスに定義されているメンバへのアクセスについて説明します。
メンバへのアクセスとは，変数の読み書きやメソッドの呼出しのことです。

(1)　変数へのアクセス

クラス内で定義した変数にアクセスするときは，「pen.color」というように
new演算子で作成したオブジェクト変数にピリオド(.)を付けてアクセスします。

> ── 構文 ──
> オブジェクト変数.変数名

クラスで定義したメソッドを呼び出すときも，オブジェクト変数にピリオド(.)
を付けて記述します。

では，実際にオブジェクトの変数にアクセスするプログラムを次に示します。

■Test702　変数へアクセスするプログラム

```
1 class Pencil {                          変数        Pencil.java
2   String color;
3   double size;
4 }
```

```
 1 class Test702 {                                    Test702.java
 2   public static void main(String[] args) {
 3     Pencil pen;
 4     pen = new Pencil();              変数へのアクセス
 5     pen.color = "black";
 6     pen.size = 0.5;
 7     System.out.println("COLOR:" + pen.color);
 8     System.out.println(" SIZE:" + pen.size);
 9   }
10 }
```

実行結果▶
```
COLOR:black
 SIZE:0.5
```

アドバイス
「オブジェクト変数.
変数」でアクセスしま
す。

【プログラムの説明】

プログラムでは，Pencil型のオブジェクト変数を使用して変数colorやsize
にアクセスしています。変数にアクセスするときはnew演算子で生成したオブジ
ェクト変数を付けることを忘れないでください。

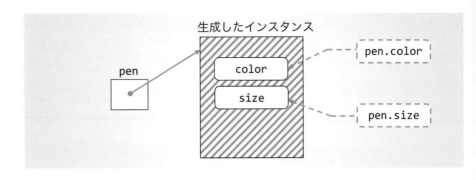

(2) 同じクラスのインスタンスを複数作成する

　型であるクラスの定義を基に複数のインスタンス（実体）を生成することができます。

　例えば二つの鉛筆を作成するときは，new 演算子で二つのインスタンスを生成します。それぞれ生成したインスタンスの変数にアクセスする場合は，次のようにオブジェクト変数を付けてアクセスします。

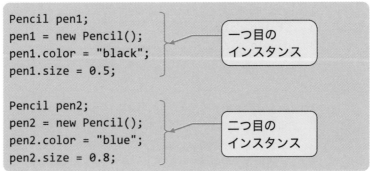

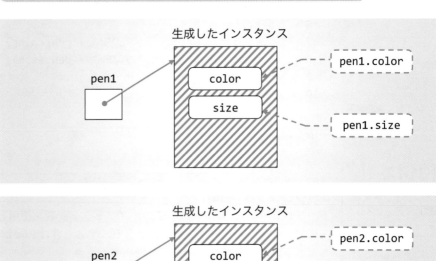

162

（3） インスタンス参照への注意

　new 演算子を使用してインスタンスを生成しますが，次のようにすでに参照しているオブジェクト変数に対して，再度 new 演算子を実行して生成した別のインスタンスへの参照を代入すると，はじめに生成したインスタンスへの参照ができなくなります。

```
Pencil pen;
pen = new Pencil();
    ⋮
pen = new Pencil();
```
new 演算子で設定し直し

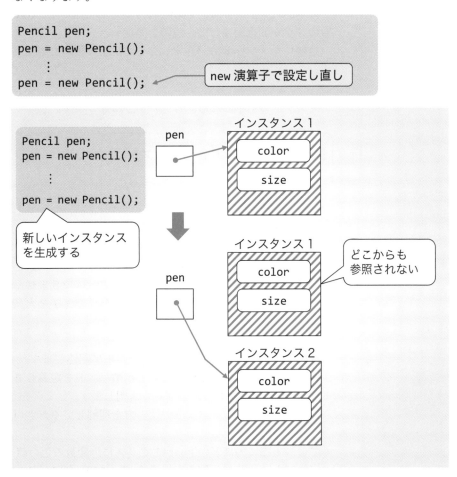

　どこからも参照されなくなったインスタンスは，やがてガーベジコレクションという仕組みによって自動的に消去され，使用していたメモリ領域が解放されます。

（4） メソッドの定義

　クラスの中には変数のほかに**メソッド**を記述することができます。変数には値が格納でき，メソッドには処理を行う文を記述できます。これまでの説明でも main メソッドの中に処理を行う文を記述していました。

　基本的にメソッドは，処理を行う文の集合体です。Java ではクラスの中に複数のメソッドを記述して，実際の処理を行います。クラスのもつさまざまな機能（処理）をメソッドに記述することで，より整理してクラスを扱うことができます。

　メソッドの基本的な形式は次のようになります。

```
── 構文 ──
戻り値の型 メソッド名(引数リスト) {
  文;
    ⋮
}
```

　メソッドには英数字・アンダースコア・$を用いて任意の名前を付けることができます。ただし，Java で予約されているキーワードをメソッド名で使用したり，メソッド名の頭文字に数字を用いることはできません。また，頭文字を小文字にするのが一般的です。一方，クラス名は頭文字を大文字にするのが一般的です。

　メソッド内の処理文はブロック{ }の中に記述します。
　メソッドを定義するとき**戻り値**と**引数リスト**を定義しますが，この二つについては，7.4 のメソッドの中で詳しく説明します。
　ここでは，簡単なメソッドの使い方を理解してください。

　では，実際に先ほどの Pencil クラスに，変数の色の値を表示する showColor メソッドと，サイズの値を表示する showSize メソッドを定義します。

```java
class Pencil {
  String color;
  double size;
  void showColor() {              showColor メソッド
    System.out.println("色:" + color);
  }

  void showSize() {               showSize メソッド
    System.out.println("サイズ:" + size);
  }
}
```

（5）　メソッドから変数へのアクセス

　メソッドから変数へのアクセスについて説明します。前述した変数へのアクセスはオブジェクト変数にピリオド(.)を付けてアクセスしましたが，同じクラス内の変数にアクセスするときは，変数名の左側にオブジェクト変数名やピリオド(.)を付ける必要がありません。

```
void showColor() {
  System.out.println("色:" + color);          変数のアクセス
}
```

　また，`this` を付けて次のように記述しても同じ意味になります。

```
void showColor() {
  System.out.println("色:" + this.color);       変数のアクセス
}
```

　`this` とは「自身のインスタンス（クラス）で定義している」という意味をもち，この場合は「自身のインスタンス（クラス）で定義している変数 color」という意味になります。
　この `this` は，7.4 のメソッドの中でも説明します。

（6）　メソッドの呼出し

　クラスで定義しているメソッドを使用する場合は変数と同じように，そのクラスのインスタンスを生成して，「オブジェクト変数名.メソッド名( )」でメソッドを呼び出します。

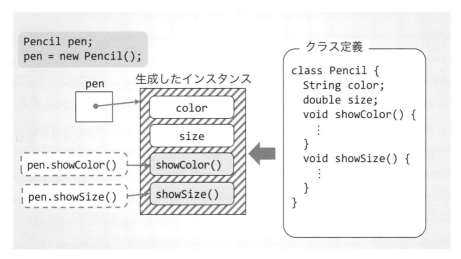

　　　　メソッドの呼出しは，「オブジェクト変数名.メソッド」という書式

次に先ほどの Pencil クラスのメソッドを呼び出すプログラムを示します。

■Test703　メソッドを呼び出すプログラム

```
1 class Pencil {
2   String color;
3   double size;
4   void showColor() {                showColor メソッド
5     System.out.println("色:" + color);
6   }
7   void showSize() {                 showSize メソッド
8     System.out.println("サイズ:" + size);
9   }
10 }
```
Pencil.java

```
1 class Test703 {
2   public static void main(String[] args) {
3     Pencil pen;
4     pen = new Pencil();          インスタンスの生成
5     pen.color = "black";
6     pen.size = 0.5;
7     pen.showColor();             showColor メソッド呼出し
8     pen.showSize();
9   }                              showSize メソッド呼出し
```
Test703.java

実行結果▶
```
色:black
サイズ:0.5
```

　メソッドを呼び出すときは，変数と同様にオブジェクト変数にピリオド(.)を付けて呼び出します。

　showColorメソッドを呼び出すときはオブジェクト変数penにピリオドを付けて次のように記述します。

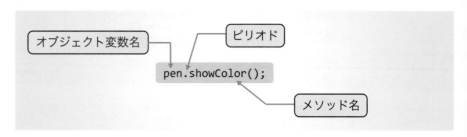

166

このとき，メソッド名の後に()を付けるのを忘れないでください。メソッドの呼出しには，必ず()を付けて記述します。

メソッドを呼び出すことで，メソッドの中の処理が行われます。メソッドの中の処理が終了したら呼ばれた場所に戻ります。

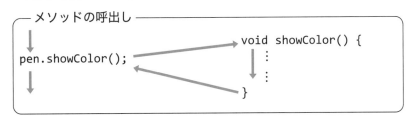

┌─ メソッドの呼出し ─

```
                              void showColor() {
pen.showColor();              ...
                              ...
                              }
```

ここでは，メソッドの簡単な扱いについて説明しました。次にメソッドについて，さらに詳しく説明します。

Question

なぜメソッドの呼出しには必ず( )を後ろに付けるのですか？

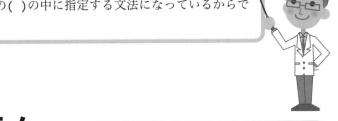

Answer

次の「メソッドの節」で紹介しますが，引数というデータをメソッドに渡す際に，この( )の中に指定する文法になっているからです。

第7章　クラス

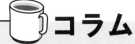

☕ **コラム**

Java が登場したときに，目玉機能の一つにガーベジコレクションがありました。これはメモリのお掃除機能ともいえるものです。

Java の文法的な土台となっている C 言語や C++では，メモリ領域を自由自在に確保することができる反面，使い終わったメモリ領域を解放するための命令を実行しないと，そのメモリ領域が使われないまま，確保され続けるという問題が発生します。これをメモリリーク（リークは漏れるという意味）と呼びます。

Java では，このメモリリークを言語と実行環境の面からなくすことを目的として，ガーベジコレクションという仕組みをもちました。Java でメモリを確保するのは，クラスがインスタンスを生成したときです。生成されたインスタンスはオブジェクト変数に代入して使われますが，その際に参照カウンタというものを加算します。参照カウンタは，そのインスタンスが何箇所から参照されているかを保持するものです。そして参照を保持しているオブジェクト変数に別の参照値が代入されたり，オブジェクト変数自体が消滅すると，参照カウンタの値が減算されます。そして参照カウンタの値が0になったインスタンスは，どこからも参照されていないので，不要と判断され，自動的にそのインスタンスが使用していたメモリ領域を解放します。この動作を行う機構をガーベジコレクタと呼びます。

アドバイス

呼出し側が渡すもの
が実引数，呼ばれた側
が受け取るものを仮
引数といいます。

クラスで定義したメソッドの使い方は理解できたでしょうか？
ここではメソッドについてさらに詳しく説明します。

（1）　メソッドの引数と戻り値

メソッドを理解する上で大事なこととして「引数」と「戻り値」があります。
引数とは，メソッドを呼び出すときに，呼出し側からそのメソッドに渡す値の
ことをいい，戻り値とは，メソッドから呼出し側に返される値のことをいいます。

> ・引数 ……… メソッドに渡す値
> ・戻り値 …… メソッドから返される値

（2）　実引数と仮引数

例えば，二つの int 型の値を受け取り，加算結果を表示するメソッド addShow
は次のようになります。

```
                              仮引数：x と y        引数リストで宣言
void addShow(int x, int y) {                      した変数のことを
  int z;                                          仮引数といいます。
  z = x + y;
  System.out.println("加算結果:" + z);
}
```

addShow メソッドに引数として 10 と 20 の値を渡す記述は次のようになります。
このメソッドは二つの引数を受け取るので，メソッドを呼び出す( )の中に引
数として渡す値を記述します。このメソッドに渡す値のことを実引数といいます。

```
                実引数
addShow(10, 20);
```

この例では値 10 が addShow メソッドの仮引数 x に代入され，値 20 が仮引数 y
に代入されます。そのため，加算結果として 30 が表示されます。

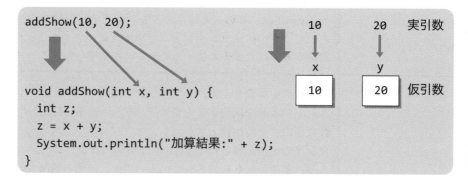

```
addShow(10, 20);                              10      20     実引数

                                              ↓       ↓
                                              x       y
void addShow(int x, int y) {                [ 10 ]  [ 20 ]   仮引数
  int z;
  z = x + y;
  System.out.println("加算結果:" + z);
}
```

引数の数や型のことを引数リストといいます。また，メソッド名，引数リストを合わせてシグネチャといいます。addShow メソッドの仮引数は int 型，int 型の引数リストなので，次のような呼出しはエラーとなります。

```
addShow(10);              ← 引数の数が違う
addShow(10.0, 20.0);      ← 引数の型が違う
```

引数リストに一致する値を記述してメソッドを呼び出します。定義するメソッドに引数がない場合は()の中には何も記入しません（Test703 参照）。
また，この引数の個数に制限はありません。

次のプログラムは addShow メソッドを使用して，キーボードから入力した二つの値の加算結果を表示しています。
このクラスの定義は，引数ありのメソッド呼出しとして，理解してください。

■Test704　引数ありのメソッドを呼び出すプログラム

```
1 class Keisan {                                   Keisan.java
2   void addShow(int x, int y) {
3     int z;
4     z = x + y;
5     System.out.println("加算結果:" + z);
6   }
7 }
```

```
1 import java.io.*;
2 class Test704 {                                  Test704.java
3   public static void main(String[] args)
                          throws IOException {
4     BufferedReader br = new
        BufferedReader(new InputStreamReader(System.in));
5     int x = Integer.parseInt(br.readLine());     ← キーボード
6     int y = Integer.parseInt(br.readLine());        からの入力

7     Keisan k = new Keisan();
8     k.addShow(x, y);   ← メソッド呼出し
9   }
10 }
```

実行結果▶　30 ⏎ ← キーボードからの入力
　　　　　　40 ⏎
　　　　　　加算結果:70 ← addShow メソッドで表示

アドバイス

引数を使用してメソッドに値を渡します。

【プログラムの説明】

Test704 クラスの 8 行目で二つの int 型の値を渡して Keisan クラスの addShow メソッドを呼び出しています。addShow メソッドは二つの int 型の値を仮引数 x, y で受け取り，加算結果を表示しています。Keisan クラスの 2 行目のメソッドの定義と，Test704 クラスの 8 行目のメソッドの呼出しで引数リストが一致しているのが分かります。

（3） ローカル変数の定義

このプログラムを読んで，「main メソッドで変数 x, y に値を入力していて，addShow メソッドで，同じ名前の変数 x, y の値を加算するのなら，わざわざ引数で渡す必要はないのでは？」と，思った人もいるのではないでしょうか？

しかし，この考えは間違っています。確かにプログラムの main メソッドや addShow メソッドで同じ名前の変数 x, y を使用していますが，この場合は main メソッドの変数 x, y と addShow メソッドの変数 x, y というようにメソッドごと区別されます。つまり，2 種類の変数 x, y が存在することになります。

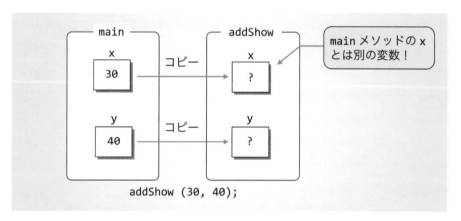

addShow (30, 40);

したがって，メソッドを呼び出すときに "addShow (30, 40);" のように引数として渡す必要があります。

これによって，初めて addShow メソッドの x, y に値が格納されます。

main メソッドで宣言している x, y は main メソッドのブロック{ }内だけで使用できます。また，addShow メソッドの変数 x, y は addShow メソッドのブロック{ }内だけで使用できます。このような変数を「ローカル変数」といいます。

同じ名前の変数でも，まったく別の領域が確保され，値は呼出し元からコピーされることに注意しましょう。また，第 2 章で説明したとおり，ブロック内で同じ名前の変数は宣言できません。つまり，次のような記述はエラーになります。

```
1  class Keisan {
2    void addShow(int x, int y) {
3      int x;        ← エラー
4      int z = x + y;
5      System.out.println("加算結果:" + z);
6    }
7  }
```

このプログラムは, addShow メソッドの仮引数 x と同じ名前の変数を宣言して
いるためエラーとなります(同一メソッド内で同じ名前の変数は宣言できません)。

(4) 実引数と仮引数の名前について

前述したプログラムではメソッドを呼び出すときの実引数と, メソッドで定義
している仮引数で同じ名前を使用していますが, 必ずしも同じ名前を使用する必
要はありません。

次のように異なる名前を記述してもかまいません。

```
1  class Keisan {
2    void addShow(int x, int y) {
          ⋮
6    }
7  }
     ⋮
11   int n1 = Integer.parseInt(br.readLine());
12   int n2 = Integer.parseInt(br.readLine());

13   Keisan k = new Keisan();
                      メソッドの仮引数名とは異なる
14   k.addShow(n1, n2);
```

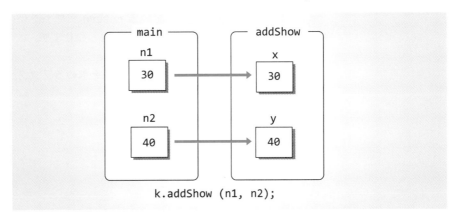

k.addShow (n1, n2);

このプログラムでは, 実引数の n1, n2 をそれぞれ仮引数 x, y に代入していま
す。引数の受渡しは, 引数リストの並びに対応していることに注意しましょう。

（5）　戻り値

戻り値とはメソッドから返る値のことをいいます。メソッドを呼び出すことでメソッド内の処理文が実行され，終了すると呼ばれたところに戻ります。このとき，return 文を使用して一つの値を返すことができます。

Question
複数の値を返すことはできますか？

Answer

　複数のメンバ変数をもつクラスを定義し，クラス自体を戻り値にすることで実現できます。

メソッドを定義するときは，この戻り値の型を指定します。返す値がないときは void 型を指定します（Test704 参照）。

例えば，引数として二つの int 型の値を受け取り，加算した値（int 型）を返す add メソッドは次のように記述します。

```
              戻り値の型(int 型)
int add(int x, int y) {
  int z;
  z = x + y;
  return z;      z の値を返す
}
```

add メソッドの最後に記述している return 文で int 型の変数 z を返しているので，add メソッドの戻り値の型は int 型となります。

では，add メソッドを使用して加算結果を求めるプログラムを次に示します。

■Test705 戻り値があるプログラム

```
1 class Keisan {                          Keisan.java
2   int add(int x, int y) {
3     int z;
4     z = x + y;
5     return z;        ← 加算結果を返す
6   }
7 }
```

```
1 import java.io.*;
2 class Test705{                          Test705.java
3   public static void main(String[] args)
                          throws IOException {
4     BufferedReader br = new
5       BufferedReader(new InputStreamReader(System.in));
6     int x = Integer.parseInt(br.readLine());
7     int y = Integer.parseInt(br.readLine());
8     Keisan k = new Keisan();
9     int z = k.add(x, y);
10    System.out.println("加算結果:" + z);
11  }
12 }
```

第7章 クラス

実行結果▶　30 ⏎
　　　　　　 40 ⏎　←　キーボードからの入力
　　　　　　 加算結果:70

【プログラムの説明】
　キーボードから入力した二つの値を引数として，Keisan クラスの add メソッドに渡しています。プログラムの Test705 クラスの 9 行目で add メソッドの呼出しと，変数 z への代入が一つの文で記述されています。
　この文を実行する順番は次のようになります。

① add メソッドの呼出し。
② add メソッド内の処理，return 文で値を返す。
③ add メソッドからの戻り値を変数 z に代入。

int z = k.add(x, y);

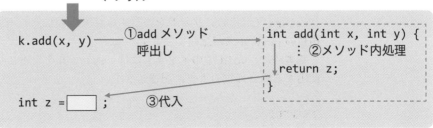

add メソッドから戻る値は int 型なので，代入する側も int 型が代入できる変数で受け取ります。

　また，Test705 クラスの 9 行目〜10 行目を次のように記述することもできます。

```
System.out.println("加算結果:" + k.add(x, y));
```

　この文は println 文の中に add メソッドを呼び出す記述があります。
　この文を実行する順番は次のようになります。

① 　add メソッドの呼出し。
② 　add メソッド内の処理，return 文で値を返す。
③ 　その戻り値を println 文で表示。

```
System.out.println("加算結果:" + k.add(x, y));
```

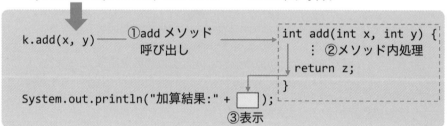

Point

return でメソッドから値を返します。

(6) return 文の記述方法
　プログラムでは return 文で加算結果の値を返していますが，次のように直接式を記述することもできます。この場合は式の評価が戻り値となります。

```
int add(int x, int y) {
  return x + y;
}
```
式の評価が返る

　return 文はそのメソッドを終了する意味をもちます。一つのメソッドの中で，複数の return 文が記述できます。
　基本的に，void 型のメソッドには return 文を記述しなくてもよいのですが，使用する場合は次のように記述します。

```
return;
```

> **return でメソッドの処理を終了します。**

（7） キーワード this の使い方

ここまで，メソッドの使い方は理解できたでしょうか？

次に Pencil クラスにメソッド setColor を定義してみます。

このメソッドでは，仮引数 c として呼出し元から受け取った値をメンバ変数 color に代入しています。

```
class Pencil {          ← メンバ変数
  String color;
    ⋮
  void setColor(String c) {
    color = c;          ← 仮引数
  }
    ⋮
}
```

この場合は仮引数の名前とメンバ変数の名前が違うので，問題なく代入できます。

では，次のようにメンバ変数と仮引数の名前が同じ場合はどうでしょう。次のプログラムでは代入処理で「color = color」と記述していますが，これでは代入処理の左辺，右辺ともに仮引数を指定してしまうことになり，正しくクラスのメンバ変数に値を代入することができません。

アドバイス

Java では，メンバ変数とローカル変数に同じ名前を指定した場合はローカル変数の方を優先してしまいます。
この場合のように，ただ単に「color」と記述すると，仮引数の方が優先されてしまうので，メンバ変数を指定することはできません。

```
class Pencil {          ← メンバ変数
  String color;
    ⋮
  void setColor(String color) {
    color = color;      ← 仮引数
  }
    ⋮
}
```

メンバ変数と仮引数が同じ名前を使用する場合には，次のように this を使用して，明示的にクラスで定義したメンバ変数を指定します。

this

アドバイス

this を付けることで,
自分自身のオブジェ
クトの変数(メンバ変
数)として指定できま
す。

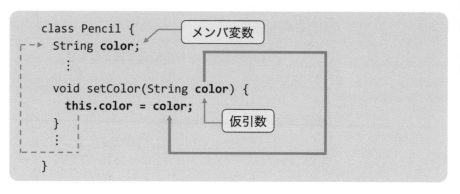

```
class Pencil {            ┌─── メンバ変数
   String color;
      ⋮

   void setColor(String color) {
      this.color = color;
   }                      ┌─── 仮引数
      ⋮
}
```

このようにメンバ変数と仮引数の名前が同じときは,this を使用して,明示的にメンバ変数であることを指定する必要があります。

Point

this を使ってメンバを指定します。

オーバーロード

オーバーロード

　Java では異なる引数リストを記述することでクラス内に同じ名前のメソッドを複数定義することができます。これをメソッドのオーバーロードといいます。

　次のプログラムはクラス内で次の三つのメソッドを定義しています。

> ・setData(String) ………… 変数 color の設定
> ・setData(double) ………… 変数 size の設定
> ・setData(String,double) … 変数 color と size の設定

■Test706　オーバーロードを使用したプログラム

```java
class Pencil {                          Pencil.java
  String color;
  double size;
                                        String 型
  void setData(String color) {
    this.color = color;
  }
                                        double 型
  void setData(double size) {
    this.size = size;
  }
                                        String 型,double 型
  void setData(String color, double size) {
    this.color = color;
    this.size = size;
  }
}
```

```java
class Test706 {                         Test706.java
  public static void main(String[] args) {
    Pencil pen;
    pen = new Pencil();
    pen.setData("black");
    pen.setData(0.5);
    pen.setData("blue", 0.8);
  }
}
```

キーワード

オーバーロード
英単語表記では，overload となり，「積過ぎ」といった意味をもつ。

第7章 クラス

　Pencil クラスでは同じ名前のメソッド（setData）を三つ定義しています。このようにクラス内に同じ名前のメソッドを定義することができます。

メソッドをオーバロードするときは，それぞれのメソッドの引数リストが異なるように定義しなければなりません。

プログラムでは，引数リストが String 型，double 型，String 型と double 型のようにそれぞれ異なる引数リストの setData メソッドを定義しています。

```
setData(String color)
setData(double size)
setData(String color,double size)
```

これによって setData メソッドを呼び出すとき，どのメソッドを呼び出すかを指定することができます。

例えば，次のように setData メソッドを呼び出したとき，引数として String 型の値を指定しているので，Pencil クラスの 4 行目〜6 行目の setData メソッドが呼び出されます。

String 型

```
setData("black");
```

次のように引数なしで setData メソッドを呼び出したときは，引数なしの setData メソッドはないのでエラーとなります。

引数なし

```
setData();
```

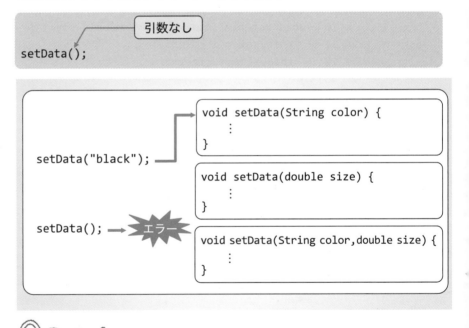

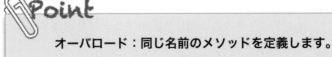

オーバロード：同じ名前のメソッドを定義します。

178

コンストラクタ

　クラスの中には変数やメソッドのほかにコンストラクタを記述することができます。コンストラクタとは，メソッドと同じように処理文を記述することはできますが，メソッドと同じように扱うことはできません。

　コンストラクタで記述した処理文は，new 演算子で，そのクラスのオブジェクトを生成したときに呼ばれる特別なメソッドです。オブジェクト生成時以外でコンストラクタを呼び出すことはできません。オブジェクト生成時に呼び出されるので，通常は変数の初期値設定などで使用します。

キーワード

コンストラクタ

英単語表記では，
Constructor と表記
され「構築する者」と
いう意味をもつ。

構文

```
修飾子 コンストラクタ名（引数リスト）{
        処理文
          ⋮
}
```

＊修飾子は 7.7 で説明します。

（1）　コンストラクタの特徴

　コンストラクタの特徴を次に示します。

> ・new 演算子でオブジェクト生成時に呼び出される。
> ・コンストラクタ名にはクラス名と同じ名前を付ける。
> ・戻り値がない。
> ・オーバロードできる。

　では実際にコンストラクタを使用したプログラムを示します。

■Test707　コンストラクタを使用したプログラム

```
1 class Pencil {                               Pencil.java
2   String color;
3   double size;          コンストラクタ名
                         （クラス名と同じ）
                                              コンストラクタ
4   Pencil(String color, double size) {
5     this.color = color;
6     this.size = size;
7   }
8 }
```

```
1 class Test707{
2   public static void main(String[] args) {   Test707.java
3     Pencil pen;                    コンストラクタ呼出し
4     pen = new Pencil("black", 0.5);
5     System.out.println("色:" + pen.color + "サイズ:" + pen.size);
6   }
7 }
```

実行結果▶ | 色:black サイズ:0.5

第
7
章

ク
ラ
ス

【プログラムの説明】

Pencil クラスの 4 行目～7 行目では，コンストラクタを定義しています。コンストラクタにはクラス名と同じ名前を付ける決りがあります。

Test707 クラスの 4 行目の new 演算子によって Pencil クラスのインスタンスを生成しています。このとき Pencil クラスの 4 行目～7 行目で定義しているコンストラクタが呼び出され，仮引数として受け取った値をメンバ変数 color と size に設定します。

> **コンストラクタ：インスタンス生成時に呼び出されます。**
> **クラス名と同じ名前を使用します。**

コンストラクタはほかのメソッドとは異なり，インスタンス生成時にだけ呼び出されることになります。よって，次のような記述はエラーとなります。

```
                          メソッドを呼び出すようには
                          記述できない
pen.Pencil();
```

(2) デフォルトコンストラクタ

また，プログラムで定義しているコンストラクタは引数として String 型と double 型の値を受け取るように定義しているので，次のように記述したときはエラーとなります。

```
                          引数なしのコンストラクタ呼出し
Pencil pen;               （デフォルトコンストラクタ）
pen = new Pencil();
```

「コンストラクタを記述する前はエラーにならなかったのに？」と思うかもしれません。Pencil クラスの中にコンストラクタを定義していないときは，Java の方で引数なしのコンストラクタが用意されるのでエラーにはなりません。

しかし，コンストラクタを一つ以上定義しているときに，「new Pencil()」でオブジェクトを生成すると，引数なしのコンストラクタは Java が用意しないので，引数なしのコンストラクタを定義しておかないとエラーになってしまいます。この引数なしのコンストラクタのことを「デフォルトコンストラクタ」といいます。

```
┌─ コンストラクタがない場合 ─┐   ┌─ コンストラクタが一つ以上ある場合 ─┐
│                           │   │                                  │
│ class Pencil {            │   │ class Pencil {                   │
│ ┌─────────────┐           │   │   Pencil(String,double) {        │
│ │ Pencil() {  │           │   │       ⋮                          │
│ │ }           │           │   │   }                              │
│ └─────────────┘           │   │       ⋮                          │
│ }                         │   │ }                                │
│    ↑                      │   │                                  │
│  ┌──────────────────┐     │   │     ┌──────────────────┐         │
│  │ デフォルトコンストラ │     │   │     │ デフォルトコンストラクタ │       │
│  │ クタが用意される    │     │   │     │ は用意されない      │       │
│  └──────────────────┘     │   │     └──────────────────┘         │
└───────────────────────────┘   └──────────────────────────────────┘
```

　では，先ほどの Pencil クラスにデフォルトコンストラクタの定義を追加します。デフォルトコンストラクタでは，変数 color には null，size には 0 を代入して初期設定を行います。

```
class Pencil {
  String color;
  double size;
  Pencil() {                              引数なし
    this.color = null;
    this.size = 0;
  }

  Pencil(String color, double size) {     String, double
    this.color = color;
    this.size = size;
  }
}
```

第7章 クラス

（3） コンストラクタのオーバロード

　プログラムでは，クラスの中で同じ名前のコンストラクタを複数定義していま
す。つまりコンストラクタもオーバロードすることができます。

　次のプログラムでは，四つのコンストラクタをオーバロードしています。

> ・Pencil() ……………………… 引数なし（color は null，size は 0）
> ・Pencil(String) …………… Stirng（color を設定，size は 0）
> ・Pencil(double) …………… double（color は null，size を設定）
> ・Pencil(String,double) … String,double（color と size を設定）

Question
コンストラクタをオーバロードするメリットが想像できません。何
か例はありますか？

Answer

　例えば，次のように数値を扱うクラスがあるとします。コンス
トラクタの引数には，文字列である String や整数型の int，実数
型である float が指定できると，柔軟に使えるクラスになります。

```
public class 数値を扱うクラス {

  private double number;

  数値を扱うクラス(String numberAsText)
  {
    numberAsTextで受け取った数字文字列をメンバ変数の
    numberに変換して格納するコード
  }

  数値を扱うクラス(int numberAsInt)
  {
    numberAsIntで受け取った整数値をnumberに変換して格
    納するコード
  }

  数値を扱うクラス(float numberAsFloat)
  }
    numberAsFloatで受け取った実数値をnumberに変換して
    格納するコード
  }
}
```

複数のコンストラクタから，どのコンストラクタを呼び出すかは，new 演算子でインスタンスを生成するときに，引数で指定します。

■Test708　オーバーロードを行うプログラム

```
1  class Pencil {                                    Pencil.java
2    String color;
3    double size;
4    Pencil() {                              引数なし
5      this.color = null;
6      this.size = 0;
7    }
8    Pencil(String color) {
9      this.color = color;                   String
10     this.size = 0;
11   }
12   Pencil(double size) {                   double
13     this.color = null;
14     this.size = size;
15   }
16   Pencil(String color, double size) {   String,double
17     this.color = color;
18     this.size = size;
19   }
20 }
```

```
                                                  Test708.java
1  class Test708 {                        引数が String 型の
2    public static void main(String[] args) {  コンストラクタ呼出し
3      Pencil pen;
4      pen = new Pencil("black");
5      System.out.println("色:"+pen.color+" サイズ:"+pen.size);
6    }
7  }
```

実行結果▶　色:black サイズ:0.0

【プログラムの説明】

プログラムを実行すると，Test708 クラスの 4 行目のインスタンス生成時に，引数が String 型のコンストラクタが呼び出されます。

コンストラクタもオーバロードできることを覚えておきましょう。

（4） コンストラクタから別のコンストラクタを呼び出す

コンストラクタはインスタンス生成時以外に呼び出すことはできませんが，this を使用してコンストラクタから同じクラスのほかのコンストラクタを呼び出すことができます。

ほかのコンストラクタを呼び出すときに記述する this は，そのコンストラクタの先頭に記述しないとエラーになります。

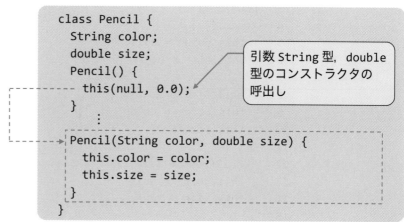

```
class Pencil {
  String color;
  double size;
  Pencil() {
    this(null, 0.0);
  }
        :
  Pencil(String color, double size) {
    this.color = color;
    this.size = size;
  }
}
```

引数 String 型，double 型のコンストラクタの呼出し

この例では「this(null,0.0);」と記述して，引数 String 型，double 型のコンストラクタを呼び出しています。

引数をもつコンストラクタ内に「this()」と記述することで，引数なしのコンストラクタを呼び出すこともできます。

アドバイス

コンストラクタを呼び出せるのは，そのクラスのほかのコンストラクタ内だけです。メソッドからコンストラクタを呼び出すことはできません。

Point

this(・・・)を使って自分自身の別のコンストラクタを呼び出す！

ここでは，修飾子について説明します。

修飾子とは，変数やクラス，またはメソッドなどを定義するときに特定の制約を付けて使用するものです。修飾子には private や public などがあります。

前述したとおりクラスで定義した変数にアクセスするときは，そのクラスのインスタンスを生成してアクセスします。ここで復習しますが，Pencil クラスの変数 size に値 0.5 を代入する場合は次のように記述します。

```
class Pencil {
  String color;
  double size;
}
```

```
Pencil pen = new Pencil();
pen.size = 0.5;
```

この size に設定する処理を考えます。「size は鉛筆の太さを表すものなのでマイナス値は設定しない」としても，size は double 型の変数なので，次のように誤ってマイナス値を代入してしまうこともあり得ます。

```
Pencil pen = new Pencil();
pen.size = -0.5;
```

このように意図しないエラーをなくすために，変数に直接アクセスすることを禁止してメソッドを通して変数にアクセスする方法があります。

このとき修飾子に private を付けて宣言することで，クラス外から直接アクセスすることを禁止することができます。

```
class Pencil {
    ⋮
  private double size;          ← private 変数
    ⋮
  void setSize(double size) {   size 設定メソッド
    if (size <= 0) {
      System.out.println("size が 0 以下です");
      return;
    }
    this.size = size;
  }
}
```

このクラス定義には，修飾子が private になっているメンバ変数 size と，この size の値を更新するためのメソッド setSize が記述されています。

private 変数は，クラス外から直接アクセスすることはできないので，次のようにクラス外からアクセスする記述はコンパイルエラーとなります。

```
Pencil pen = new Pencil();
pen.size = 0.5;
```

このように private 変数はクラス外から直接アクセスすることはできないので，メソッドを呼び出して private 変数にアクセスします。

```
pen.setSize(0.5);
```

setSize メソッドでは仮引数の値を判定し，0 以下の値のときはエラーとし，代入は行わないようにします。

仮引数の値が 0 より大きいときは「this.size = size」によって，変数 size に値を代入します。

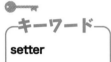

キーワード

setter

メンバ変数に値を代入することを目的としたメソッド

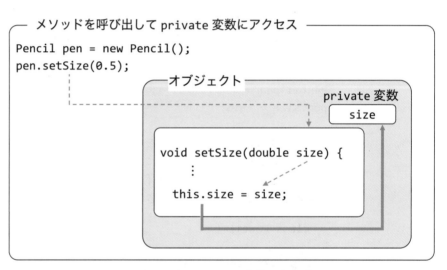

— メソッドを呼び出して private 変数にアクセス —

```
Pencil pen = new Pencil();
pen.setSize(0.5);
```

オブジェクト

private 変数

size

```
void setSize(double size) {
    ⋮
    this.size = size;
}
```

この setSize メソッドのように，メンバ変数に値を代入することを目的としたメソッドを setter と呼びます。

なお，次ページで登場しますが，メンバ変数の値を読み込むことを目的としたメソッドを getter と呼びます。

次のプログラムは変数 color と size を private 変数として宣言し，それぞれの変数にアクセスするメソッドをクラス外からアクセスできる public として定義しています。

■Test709　private 変数へのアクセス

```java
1  class Pencil {                                    Pencil.java
2    private String color;          private 変数
3    private double size;
4    public void setColor(String color) {    color 設定メソッド
5      this.color = color;
6    }
7    public String getColor() {               color 取得メソッド
8      return color;
9    }
10   public void setSize(double size) {       size 設定メソッド
11     if (size <= 0){
12       System.out.println("sizeが0以下です");
13       return;
14     }
15     this.size = size;
16   }
17   public double getSize() {                 size 取得メソッド
18     return size;
19   }
20 }
```

```java
1  class Test709 {                                   Test709.java
2    public static void main(String[] args) {
3      Pencil pen;                        設定メソッド呼出し
4      pen = new Pencil();
5      pen.setColor("black");             取得メソッド呼出し
6      pen.setSize(0.5);
7      System.out.println("色:" + pen.getColor());
8      System.out.println("サイズ:" + pen.getSize());
9    }
10 }
```

実行結果▶
```
色:black
サイズ:0.5
```

キーワード

getter

メンバ変数の値を読み込むことを目的としたメソッド

【プログラムの説明】

プログラムでは，private 変数に直接アクセスできないので，それぞれメソッドを呼び出して設定と取得を行っています。

メソッドを呼び出して private 変数にアクセスします。

private 変数と public 変数

クラスの変数を private として宣言すると，変数はそのクラス内からだけアクセスできます。これに対して public として宣言した場合は，クラス外からでもアクセスできます。これを図で表すと次のようになります。

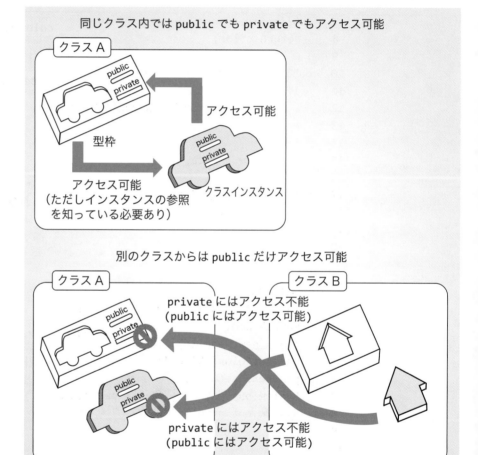

このような private や public のことを修飾子といい，Java ではこのほかにもいくつかの修飾子があります。その中で public, protected, private は変数やメソッドへアクセスできるかどうかを指定する修飾子であるため「アクセス指定子」と呼ばれます。また，変数，メソッドのほかにクラスやコンストラクタにも修飾子を付けることができます。

インスタンス変数
インスタンスメソッド
クラス変数
クラスメソッド
static
static 変数
static メソッド

クラスに定義された変数やメソッドはインスタンスを生成することによって，そのたびに，そのインスタンスに関連付けられた変数やメソッドが作成されます。

このように，インスタンスごとに作成される変数のことをインスタンス変数，メソッドのことをインスタンスメソッドといいます。

Java ではこのインスタンス変数やインスタンスメソッドのほかに，クラスがもつクラス変数やクラスメソッドを定義することができます。

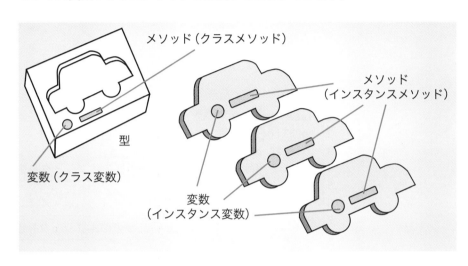

第 7 章の冒頭の例えで言えば，インスタンス変数やインスタンスメソッドが，チョコレート 1 個 1 個がもつ変数やメソッドであるのに対し，クラス変数やクラスインスタンスは型枠自体がもつ変数やメソッドといえます。

（1） クラス変数

クラス変数とはインスタンスごとに作成されるインスタンス変数とは異なり，同じ名前の変数は，クラスに対して一つだけ作成できます。なお，修飾子に private を指定されたクラス変数は同じクラスのインスタンスから参照できます。つまりインスタンス間で共有できる変数となります。

クラス変数を定義するときは次のように修飾子に「static」を付けて宣言します。そのため，クラス変数やクラスメソッドのことをそれぞれ static 変数，static メソッドともいいます。このクラス変数，クラスメソッドは，インスタンスが一つもなくても使うことができます。

```
class Test {
    int a;          ← インスタンス変数
    static int b;   ← クラス変数
        ⋮
}
```

インスタンス変数とクラス変数の違いを次のプログラムで説明します。

■Test710　クラス変数を使ったプログラム

```
1  class Test {              ← インスタンス変数          Test.java
2    int a = 0;
3    static int b = 0;       ← クラス変数
4    void kasan() {
5      a++;
6      b++;
7    }
8  }
```

```
1  class Test710 {                                        Test710.java
2    public static void main(String[] args) {
3      Test p1, p2;
4      p1 = new Test();      ← 一つ目のオブジェクト生成
5      p1.kasan();
6      System.out.println("p1  a:" + p1.a + " b:" + p1.b);
7      p2 = new Test();      ← 二つ目のオブジェクト生成
8      p2.kasan();
9      System.out.println("p2  a:" + p2.a + " b:" + p2.b);
10   }
11 }
```

実行結果▶
```
p1  a:1 b:1     ← aはインスタンス変数
p2  a:1 b:2        bはクラス変数
```

【プログラムの説明】

　Test710 クラスでは Test 型の二つのオブジェクトを生成して，それぞれのオブジェクトから kasan メソッドを呼び出して，変数 a と b をインクリメントしています。

　では，実行結果を確認してください。変数 a はインスタンスごとに作成されるインスタンス変数なので，まったく別の領域に二つの変数が確保されます。よって，それぞれをインクリメントするので値は 1 となります。

　これに対して変数 b は修飾子 static を付けて宣言しているので，クラス変数となり，インスタンス間で共有できる変数となります。

　Test710 クラスの 5 行目と 8 行目の kasan メソッドの呼出しの結果，共有している変数に対して 2 回インクリメントするので値は 2 になります。

クラス変数

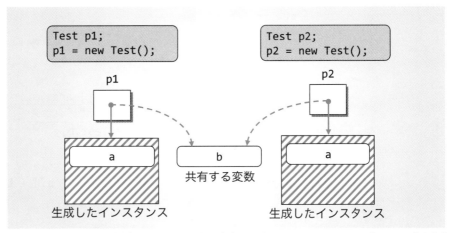

```
┌─ クラス定義 ──────────────
│ class Test {
│   int a;
│   static int b;
│ }
```

```
┌ Test p1;
│ p1 = new Test();
```

```
┌ Test p2;
│ p2 = new Test();
```

p1

p2

a

b
共有する変数

a

生成したインスタンス

生成したインスタンス

＊p1.a と p2.a は別の領域としてメモリ上に存在しますが，Test.b はメモリ上に一つだけ存在します。

（2）クラス変数の生成

インスタンス変数はインスタンスに関連した変数なので，new 演算子でインスタンスを生成した場合に使用できます。

これに対して，クラス変数はプログラムを実行したときに生成されるので，「クラス変数は new 演算子でインスタンスを生成しなくても使用できる」ということになります。

クラス変数へアクセスする記述は次のようになります。

```
┌─ 構文 ──────────────
│ クラス名.変数名
```

```
┌─ クラス定義 ──────────────
│ class Test {
│   static int b;
│ }
```

```
┌─ クラス変数bへのアクセス ──────────────
│ Test.b
```

この記述はクラス変数へアクセスする記述なのでインスタンス変数には使用できません。インスタンス変数は，これまでどおりインスタンスを生成してアクセスします。

次のプログラムはクラス変数 b にインスタンスを生成しないでアクセスしています。

■Test711　クラス変数を使用したプログラム

```
1 class Test {
2   int a = 0;                                    Test.java
3   static int b = 0;
4 }
```

```
1 class Test711 {
2   public static void main(String[] args) {     Test711.java
3     Test.b = 3; ←  クラス変数へのアクセス
4     System.out.println("b:" + Test.b);
5     Test t = new Test();
6     t.a = 5;
7     System.out.println("a:" + t.a + " b:" + t.b);
8   }
9 }
```

実行結果▶
```
b:3
a:5 b:3
```

【プログラムの説明】

Test クラスの中で変数 b は 3 行目で static の付いたクラス変数として宣言されています。クラス変数はプログラム実行時に生成されるので，Test711 クラスの 7 行目のようにインスタンスを生成しなくてもアクセスできます。

また，Test711 クラス 5〜6 行目のように Test クラスのインスタンスを生成してクラス変数にアクセスすることもできます。

（3）　変数の初期値

プログラムではクラス変数 b の初期値として 0 を代入していますが，初期値の代入を省略してもクラス変数 b には初期値として 0 が設定されます。

```
static int b;
```

b
```
0
```

Java で扱う基本データ型をクラス変数や通常の変数（インスタンス変数）で宣言すると，初期値として次の値が設定されます。

データ型	初期値
int	0
short	0
long	0
double	0.0
float	0.0
byte	0
char	\u0000('\0')
boolean	false

基本データ型以外の参照型変数には初期値として null が格納されます。

なお，これらの初期値はメンバ変数に限ったものです。メソッド内で宣言している変数に関しては，初期化をしないでその変数を使おうとするとコンパイルエラーになります。

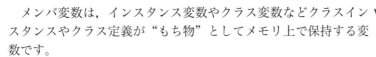

Question

メンバ変数とメソッド内で宣言された変数の違いが分からなくなってしまいました。

メンバ変数は，インスタンス変数やクラス変数などクラスインスタンスやクラス定義が"もち物"としてメモリ上で保持する変数です。

クラスインスタンスのメンバ変数は，そのクラスインスタンスが存続している間有効ですし，クラス変数はプログラムの実行中，ずっと有効です。

一方，メソッド内で宣言された変数は，メソッド終了時になくなってしまう一時的な変数です。

(4) クラスメソッド

次にクラスメソッドについて説明します。クラスメソッドはクラス変数と同様に「インスタンスを生成しなくても呼び出せるメソッド」になります。

インスタンスを生成しなくても呼び出せるメソッドなので，インスタンスメソッドのように，インスタンスに関連したメソッドではなく，クラスに関連したメソッドになります。

クラスメソッドを定義するときは，変数と同じように修飾子に「**static**」を付けて次のように宣言します。

```
構文
クラス名.メソッド名(引数リスト);
```

```
クラス定義
class Test {
  static void showB() {
    System.out.println("メソッド");
  }
}
```

また，クラスメソッドを呼び出すときは，次のように記述します。

┌─クラスメソッド showB の呼出し ──────
│ Test.showB();
└────────────────────────────────

次のプログラムはクラスメソッドを呼び出しています。

■Test712　クラスメソッドを使用したプログラム

```
1 class Test {                          インスタンスメソッド      Test.java
2   public void showA() {
3     System.out.println("this showA");
4   }
5   public static void showB() {
6     System.out.println("this showB");
7   }                                    クラスメソッド
8 }
```

```
1 class Test712 {                                           Test712.java
2   public static void main(String[] args) {
3     Test.showB();                      クラスメソッド呼出し
4     Test t = new Test();
5     t.showA();                         インスタンスメソッド呼出し
6     t.showB();                         クラスメソッド呼出し
7   }
8 }
```

実行結果▶
```
this showB
this showA
this showB
```

【プログラムの説明】
　Test クラスのクラスメソッドである showB は，インスタンスを生成しなくても呼び出すことができます（Test712 クラスの 3 行目）。また，生成したインスタンスを使用してクラスメソッドを呼び出すこともできます（Test712 クラスの 6 行目）。

Point

　　　インスタンスに関係しないクラス変数・クラスメソッド！

194

（5） main メソッドを static で宣言する理由

　これまでのプログラムの main メソッドは必ず static を付けて宣言していました。Java プログラムは main メソッドから実行が開始されます。static でないインスタンスメソッドは new 演算子でインスタンスを生成しないと呼び出すことができません。しかし，static を付けることでプログラム実行時にメソッドが生成されるので，main メソッドが呼び出され実行できるわけです。

（6） クラスメソッドを扱うときの注意

　プログラムでクラス変数やクラスメソッドを扱うときの注意を説明します。
注意するのは，次の二つになります。

> ・クラスメソッドで this は使用できない。
> ・クラスメソッドからインスタンス変数・インスタンスメソッドをアクセスできない。

　メソッド内で，そのクラスの変数にアクセスするときは，this を使用してアクセスしますが，この this をクラスメソッドで使用することはできません。this は自分自身のインスタンスに対して指定するものなので，特定のインスタンスに関連しないクラスメソッドに this を使用することはできません。また，クラスメソッドからインスタンス変数を使用することもできません。

```
class Test {
  int a;            ← インスタンス変数
  static int b;     ← クラス変数
  static void showData() {                          ← クラスメソッド
    System.out.println("a:" + this.a); // エラー
    System.out.println("b:" + this.b); // エラー
    System.out.println("a:" + a);      // エラー
    System.out.println("b:" + b);      // 正しい
  }
}
```

　さらに，クラスメソッドからインスタンスメソッドを呼び出すこともできません。クラスメソッドから呼出しができるのはクラスメソッドだけです。

mainメソッドと同じクラス内で，staticの付かないインスタンス
メソッドを定義してmainメソッドから呼び出すことはできますか。
(次図のような場合)

```
class A {
  void methodA() {
    ⋮
  }
  public static void main (String[] args) {
    ⋮ methodA( );
  }
}
```

クラス変数，クラスメソッドのイメージ図

　インスタンスメソッドはインスタンスが生成されてはじめて呼
び出せます。このため，次のように main メソッド内でクラスイン
スタンスを生成すれば呼び出すことができます。

```
class A {
  void methodA() {
    ⋮
  }
  public static void main (String[] args) {
    ClassA a = new ClassA ( );
    a.methodA( );
  }
}
```

7.9 final 変数

修飾子 final を付けて変数を宣言すると，プログラムの実行中に値を変更できない変数となります。これを final 変数といいます。

プログラムで final 変数は定数として扱います。通常の変数と区別する意味で名前をすべて大文字にするのが一般的です（名前に小文字を使用してもかまいませんが，変数を区別する意味で，大文字で定義した方がプログラムは見やすくなります）。また，定数はインスタンスごとにもつ必要はないので，通常は static も付けてクラス変数とします。

次に final 変数の宣言を示します。

```
class Circle {
  static final double PI = 3.14;
      ⋮
}
```

変数 PI は final 変数なので宣言時に初期化をしていないとエラーになります。また，次のように宣言時以外で値を代入することはできません。

エラー

PI = 3.0;

Point

final 変数で定数を定義します。

Java のバージョン 5.0 から，メソッドやコンストラクタの引数を任意の個数指定できる，可変長パラメタが導入されました。可変長パラメタをメソッドやコンストラクタの引数として指定するには，次のように宣言します。

┌─ 構文 ─────────────────────┐
型名 ... 引数名
└──────────────────────────┘

可変長パラメタは，最後の引数の宣言でだけ使用することができます。型名には，基本データ型を含む任意の型を使用することができます。可変長パラメタは，宣言したメソッド内では，次の配列で宣言した引数と同等です。

型名[ ] 引数名

実際に可変長パラメタを使用したプログラムを次に示します。

■TestEx713　可変長パラメタを使用したプログラム

```java
 1 class TestEx713 {                              TestEx713.java
 2   static void test(String str, int ... a) {
 3     System.out.print(str);
 4     for (int i = 0; i < a.length; i++) {
 5       System.out.print(" " + a[i]);
 6     }
 7     System.out.println();
 8   }
 9   public static void main(String[] args) {
10     test("引数を1個指定：", 1);
11     test("引数を4個指定：", 10, 20, 30, 40);
12   }
13 }
```

実行結果▶ ┌─────────────────────────────┐
　　　　　　│ 引数を 1 個指定：　1   │
　　　　　　│ 引数を 4 個指定：　10 20 30 40   │
　　　　　　└─────────────────────────────┘

【プログラムの説明】

2 行目で test メソッドの引数 a が，可変長パラメタとして宣言されています。そのため，test メソッド呼出し時には，a には任意の個数の引数を指定できます（10，11 行目）。a は単なる int 型の配列と同じであるため，通常の配列と同じやり方で要素を列挙しています（4，5 行目）。

クラスの配列

ここでは new 演算子によって生成したクラスのインスタンスを配列でまとめて扱うことを説明します。

第6章で同じデータ型の変数を，配列としてまとめて定義することができることを説明しましたが，Javaではクラスを一つの型として扱うため，同じクラスのインスタンスを配列にまとめて定義することができます。

次に Pencil クラスのインスタンスを配列で定義しているプログラムを示します。

■Test714　インスタンスクラスを配列で定義するプログラム

```
1  class Pencil {                                    Pencil.java
2    String color;
3    double size;
4    Pencil(String color, double size) {
5      this.color = color;
6      this.size = size;
7    }
8    void show() {
9      System.out.println("COLOR:" + color + "  SIZE:" + size);
10   }
11 }
```

```
1  class Test714 {                                   Test714.java
2    public static void main(String[] args) {
3      Pencil[] pens;                     配列の定義
4      pens = new Pencil[3];
5      pens[0] = new Pencil("Black", 0.5);    インスタンス
6      pens[1] = new Pencil("Red", 0.8);      の生成
7      pens[2] = new Pencil("Green", 1.0);
8      for (int i=0; i<3; i++) {
9        pens[i].show();                  インスタンスのメソッド
10     }                                  呼出し
11   }
12 }
```

実行結果▶
```
COLOR:Black SIZE:0.5
COLOR:Red SIZE:0.8
COLOR:Green SIZE:1.0
```

【プログラムの説明】

配列の定義を思い出してください。配列を定義するときは，配列変数を定義し，new 演算子を使用して値を格納する領域を生成しました。

> 配列の定義 ……… データ型[ ]　配列変数名；
> 領域の生成 ……… 配列変数名 = new データ型[要素数]；

クラスのインスタンスを配列で定義するときも同じように配列の定義，領域の確保を記述します。Test714 クラスの 3 行目で配列の定義を行い，4 行目で領域の生成を行っています。

また，Test714 クラスでは，5 行目〜7 行目で Pencil クラスのインスタンスを生成して，その参照値を配列 pens に格納しています。このときコンストラクタを使用してメンバ変数に値を代入しています。

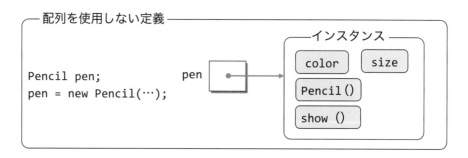

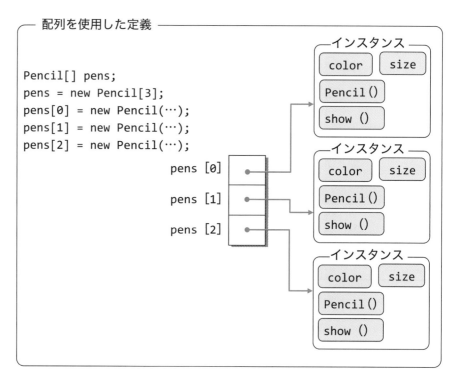

それぞれのインスタンスには変数 color，size と show メソッド，コンストラクタ（Pencil）をもっています。

また，Test714 クラスの 3 行目〜7 行目の部分は次のように初期化をして記述することができます。

```
Pencil[] pens;
pens = new Pencil[3];
pens[0] = new Pencil("Black", 0.5);
pens[1] = new Pencil("Red", 0.8);
pens[2] = new Pencil("Green", 1.0);
```

```
Pencil[] pens = {
  new Pencil("Black", 0.5),
  new Pencil("Red", 0.8),
  new Pencil("Green", 1.0)
};
```

この記述はよく使用されるので理解しておきましょう。

Point

配列でインスタンスを参照！

理解度チェック

この章はたくさんの用語が出てきましたね。
ポイントは頭に入っていますか？
理解できているか Check してみましょう。

check

- ☑ クラス
- ☑ オブジェクト
- ☑ クラスインスタンス
- ☑ オブジェクト変数
- ☑ メンバ
- ☑ メンバ変数，メンバメソッド
- ☑ メソッド
- ☑ ローカル変数
- ☑ 実引数
- ☑ 仮引数
- ☑ オーバロード
- ☑ コンストラクタ
- ☑ this
- ☑ 修飾子
- ☑ インスタンス変数，インスタンスメソッド
- ☑ クラス変数，クラスメソッド
- ☑ オブジェクトの配列

章末問題

問7 − 1 次の語の説明，または関連する語を解答群から選びなさい。

(a) コンストラクタ　　　　　　　　　　(a) ☐

(b) 引数　　　　　　　　　　　　　　　(b) ☐

(c) オーバロード　　　　　　　　　　　(c) ☐

(d) return　　　　　　　　　　　　　　(d) ☐

(e) static変数　　　　　　　　　　　　(e) ☐

解答群
ア　オブジェクト生成時に呼び出される
イ　オブジェクトに関連した変数
ウ　同じ名前のメソッドの定義
エ　クラスに関連した変数
オ　異なるオブジェクトを配列に格納する
カ　メソッドから値を返す
キ　メソッドに渡す値

問7 − 2 次の説明文について，正しければ○，誤っていれば×を付けなさい。

(a) メソッドには型の異なる複数個の値を渡すことができる。　(a) ☐

(b) メソッドから型の異なる複数個の値を返すことができる。　(b) ☐

(c) 一つのクラスの中に同じ名前のメソッドを複数定義することができる。　(c) ☐

(d) メソッドから，式の評価を返すことができる。　(d) ☐

(e) コンストラクタを複数定義することができる。　(e) ☐

(f) クラス変数にアクセスするためには，クラスインスタンスを生成する必要がある。　(f) ☐

問7 － 3 次のプログラムの説明を読んで設問に答えなさい。

【プログラムの説明】
Test クラスは，Pencil クラスのインスタンスを生成して，color と size に値を設定する。

```
1 class Pencil {                          Pencil.java
2   String color;
3   double size;
4 }
```

```
1 class Test {                            Test.java
2   public static void main(String[] args) {
3       [    a    ]
4     p.color = "black";
5     p.size = 0.5;
6     System.out.println([   b   ]);
7     System.out.println([   c   ]);
8   }
9 }
```

実行結果▶
```
COLOR:black
SIZE:0.5
```

設問1 プログラムの空欄に入る正しい答えを解答群から選びなさい。

aの解答群
ア　p = Pencil();
イ　Pencil p = new Pencil;
ウ　Pencil p = new Pencil();
エ　Pencil() p = new Pencil();

(a) [　　　]

b，cの解答群
ア　"COLOR:" + color
イ　"COLOR:" + p.color
ウ　"COLOR:" + p.color()
エ　"SIZE:" + size
オ　"SIZE:" + p.size
カ　"SIZE:" + p.size()

(b) [　　　]

(c) [　　　]

設問2 コンストラクタを呼び出す際に引数で指定された値でメンバ変数の初期化を行うため，プログラムを次のように修正しました。空欄に入る正しい答えを選びなさい。

行番号	修正内容
d	e
Test.javaの3行目～5行目	f

dの解答群
ア　Pencil.javaの3行目と4行目の間
イ　Pencil.javaの4行目の下
ウ　Test.javaの1行目と2行目の間
エ　Test.javaの9行目の下

(d)

eの解答群
ア　Pencil(color, size) {
　　color = color;
　　size = size;
　　}

(e)

イ　Pencil(String color, double size) {
　　color = color;
　　size = size;
　　}

ウ　Pencil(String color, double size) {
　　color = this.color;
　　size = this.size;
　　}

エ　Pencil(String color, double size) {
　　this.color = color;
　　this.size = size;
　　}

fの解答群
ア　Pencil p = Pencil();
イ　Pencil p = new Pencil("black", 0.5);
ウ　Pencil p = new Pencil(0.5, "black");
エ　Pencil p = new Pencil();
　　p.Pencil("black", 0.5);

(f)

問7 - 4　次のプログラムの実行結果を解答群から選びなさい。

```java
class Data {                                               // Data.java
  private int n1;
  private double n2;
  Data(int i, double d) {
    n1 = i;
    n2 = d;
  }
  void setData() {
    n1 = 0;
    n2 = 0.0;
  }
  void setData(int i) {
    n1 = i;
    n2 = 0.0;
  }
  void setData(double d) {
    n1 = 0;
    n2 = d;
  }
  void setData(int i, double d) {
    n1 = i;
    n2 = d;
  }
  void dataShow() {
    System.out.println("N1:" + n1+" N2:" + n2);
  }
}
```

```java
class Test7 {                                              // Test7.java
  public static void main(String[] args) {
    Data data = new Data(0, 0.0);
    double n = 3;
    data.setData(n);
    data.dataShow();
  }
}
```

解答群

ア　**実行結果▶** `N1:0  N2:0.0`

イ　**実行結果▶** `N1:3  N2:0.0`

ウ　**実行結果▶** `N1:0  N2:3.0`

エ　**実行結果▶** `N1:3  N2:3.0`

答え

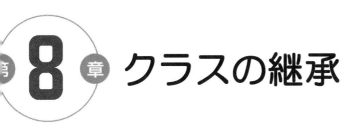

Java
Programming

第 8 章　クラスの継承

　この章では，クラス利用法の応用として「クラスの継承」について説明します。

　既存のクラスをもとに新しいクラスを作成することで，プログラムをさらに効率良く作成することができます。

（1） クラスの継承

　基本的に Java プログラムはクラスを記述して作成します。これまでに説明したプログラムで扱っているクラスは単一のクラスでしたが，Java では，あるクラスをもとに別のクラスを新たに作成することもできます。

　このことを**クラスの継承**といいます。

　クラスの継承はオブジェクト指向プログラミングの基本となる大変重要な項目の一つです。クラスの継承では，継承元であるクラスを**スーパクラス**といい，継承先のクラスを**サブクラス**といいます。
　クラスを継承することでスーパクラスのもつ機能をサブクラスに「受け継ぐ」ことができます。ここでいう「機能」とは，スーパクラスで定義したメンバ，つまり「変数」や「メソッド」のことをいいます。

　クラスの継承を行うには，次のように `extends` を使用してスーパクラスを指定します。

アドバイス

オブジェクト指向におけるオブジェクトの設計では，共通点をまとめることを汎化，違いを見つけて分けることを特化と呼びます。
クラスを継承してサブクラスを定義するのは，このうちの特化に当たります。

```
━ 構文 ━
class サブクラス名　extends スーパクラス名 {
    ⋮
}
```

```
━ クラスを継承した例 ━
class TestA {
  int x;
  public void showX() {
    ⋮
  }
}
class TestB extends TestA {
  int y;
  public void showY() {
    ⋮
  }
}
```

TestA

| x |
| showX() |

スーパクラス

継承　extends

TestB

| x |
| showX() |

| y |
| showY() |

サブクラス

　`TestB` クラスの定義をするときクラス名の後に「`extends TestA`」と記述しています。これは「`TestB` クラスは `TestA` クラスを継承している」という意味になります。この場合は `TestA` がスーパクラスとなり，`TestB` がサブクラスとなります。
　サブクラスはスーパクラスのメンバを受け継ぐので，`TestB` のオブジェクトから `TestA` クラスの変数 `x` と `showX` メソッドを使用できます。

では，実際にクラスの継承を行っているプログラムを次に示します。

■Test801　クラスの継承を行うプログラム

```
1 class TestA {                              TestA.java
2   int x;                                   スーパクラス
3   public void showX() {
4     System.out.println("変数x:" + x);
5   }
6 }
```

```
1 class TestB extends TestA {                TestB.java
2   int y;                      TestA を継承   サブクラス
3   public void showY() {
4     System.out.println("変数y:" + y);
5   }
6 }
```

```
1 class Test801 {
2   public static void main(String[] args) {   Test801.java
3     TestB b = new TestB();          オブジェクト生成
4     b.y = 5;
5     b.showY();                クラス TestB のメンバへのアクセス
6
7     b.x = 8;
8     b.showX();           継承したクラスTestAのメンバへのアクセス
9   }
10 }
```

第8章 クラスの継承

実行結果▶ | 変数 y:5
変数 x:8

【プログラムの説明】
　プログラムの TestB クラスは TestA クラスを継承しています。サブクラスはスーパクラスを継承することで，スーパクラスの変数やメソッド（以下，メンバと呼びます）を使用することができるので，Test801.java の 3 行目で生成した TestB クラスのオブジェクトから TestA クラスのメンバが使用できます。

Point

クラスの継承で，スーパクラスのメンバを使用できる！

（2）　private メンバへのアクセス

　クラスの継承によってスーパクラスのすべてのメンバを使用できるわけではありません。修飾子の private を付けて定義しているメンバは，そのクラス以外からアクセスすることはできません。もちろん，そのクラスを継承させたサブクラスからも同様にアクセスすることはできません。

```
class TestA {                              TestA.java
  private int a;  ← private 変数なので TestA クラス
     ⋮                 内だけアクセスできます。
}
```

```
class TestB extends TestA {                TestB.java
  private int b;
  TestB(int a, int b) {
    this.a = a;  ← スーパクラスの
    this.b = b;      private 変数なのでエラーになります。
  }
     ⋮
}
```

【プログラムの説明】

　TestA クラスの変数 a は private で定義しているので，TestA クラス内だけアクセスできます。TestA クラスを継承させたサブクラスではアクセスすることはできません。

　もちろん，private を付けて定義したメソッドはそのクラス内からは呼び出すことができます。

（3）　protected メンバへのアクセス

　修飾子の protected を付けて定義したメンバは，private と異なりサブクラスからアクセスすることができます。ただし，public を付けて定義したメソッドと違いサブクラス以外からはアクセスできません。

```
class TestA {                              TestA.java
  protected int a;  ← protected 変数はクラス内でも
     ⋮                    アクセスできます。
}
```

```
class TestB extends TestA{                 TestB.java
  private int b;
  TestB(int a, int b){
    this.a = a;  ← protected 変数はサブクラス
    this.b = b;      からもアクセスできます。
  }
     ⋮
}
```

TestA クラスの変数 a は修飾子の protected を付けて宣言しているので,サブクラスから使用できます。また, protected を付けて宣言したメソッドはサブクラスから呼び出すことができます。

Question
public メンバへのアクセスはできますか？

Answer

public メンバは, そのクラス自身やサブクラスに限らず, どのクラスからでもアクセスできます。

アドバイス

・Public メンバはどこからでもアクセス可能です。

・protected メンバはサブクラスからアクセス可能です。

・private メンバはサブクラスからアクセス不可能です。

（4） 連続したクラスの継承

このように Java では一つのクラスを継承して新しいクラスを作成することができます。さらに, この新しいクラスを継承して別の新しいクラスを作成することもできます。この継承は何段階でも行うことができます。

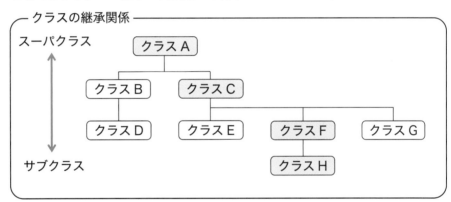

クラスの継承関係

スーパクラス

クラス A

クラス B　　クラス C

クラス D　　クラス E　　クラス F　　クラス G

クラス H

サブクラス

この継承関係では, クラス H はクラス F, クラス C, クラス A の機能を継承することになります。

Question
クラスの継承関係はまるで生物の進化の課程のようですね。

Answer

はい。このようにクラスの継承関係が何段階にもなっていることは, オブジェクト指向の設計がうまく行われていることの表れでもあります。

第8章 クラスの継承

（5） 単一継承と多重継承

　ほかのオブジェクト指向言語（例えば C++）では，複数のスーパクラスを継承（多重継承）できますが，Java では複数のスーパクラスを継承することはできません。これを単一継承といいます。

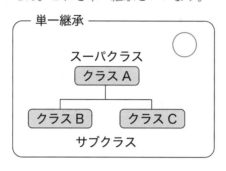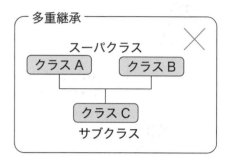

Point

　Java は単一継承！

212

（6）　クラスの継承によるメンバの指定

　ここでは，サブクラスのメソッドから，スーパクラスのメンバにアクセスする方法を説明します。

　サブクラスのオブジェクトを生成することで，スーパクラスのメンバが継承されるので，これまでと同じようにスーパクラスのメンバにアクセスすることができます。

　次のプログラムは，スーパクラスの TestA のメンバをサブクラスの TestB で使用しています。

■Test802　スーパクラスのメンバを指定するプログラム

```java
class TestA {                               TestA.java
  int x;                                    スーパクラス
  public void showX() {
    System.out.println("変数x:" + x);
  }
}
```

```java
class TestB extends TestA {                 TestB.java
  int y;                                    サブクラス
  public void showY() {
    System.out.println("変数y:" + y);
  }
  public void setData(int x, int y) {
    this.y = y;
    this.x = x;       ← スーパクラスの変数アクセス
  }
  public void showXY() {
    this.showY();
    this.showX();     ← スーパクラスのメソッド呼出し
  }
}
```

```java
class Test802 {                             Test802.java
  public static void main(String[] args) {
    TestB b = new TestB();
    b.setData(3, 6);
    b.showXY();
  }
}
```

実行結果▶
```
変数y:6
変数x:3
```

【プログラムの説明】

　サブクラスのオブジェクトを生成することで，変数 x と y はそのオブジェクトに関連したインスタンス変数となるので，スーパクラスの変数 x も this を使用してアクセスできます。

　ここで，this を使用する理由ですが引数とインスタンス変数が同じ名前を使用している際には，引数として解釈されるため，インスタンス変数は自分自身のインスタンスを示す this. を左側に付けて，this.x, this.y と記述しています。

```
                                              TestA
   int x;
                                              TestB
   int y;

   public void setData(int x, int y) {
     this.y = y;
     this.x = x;
   }
```

　また，スーパクラスの変数にアクセスするときは，次のように super を使用してアクセスすることもできます。

```
this.x = x;    ➡    super.x = x;
```

　次にスーパクラスのメソッドの呼出しについて説明します。

　スーパクラスのメソッドもまた，そのサブクラスのオブジェクトに関連したメソッドとなるので showXY メソッドから，スーパクラスの showX メソッドを呼び出すことができます。

```
                                              TestB
                                              TestA
   public void showX() {
     System.out.println("変数 a:" + x);
   }
   public void showY() {
     System.out.println("変数 b:" + y);
   }
   public void showXY() {
     this.showY();
     this.showX();
   }
```

　TestB では，this を使用して，メソッドを呼び出していますが，ここではメソッド showX, showY は this で示されるサブクラスがスーパクラスから継承したメソッド showX, showY 以外にないので，this を使用しなくても同じ結果になります。

```
10 public void showXY() {
11   this.showY();
12   this.showX();
13 }
```

```
10 public void showXY() {
11   showY();
12   showX();
13 }
```

　また，スーパクラスのメソッドを呼び出すときは，変数と同様に super を使用して呼び出すこともできます。

```
this.showX();        super.showX();
```

（7）super

　キーワードの super について説明します。

　super は，スーパクラスのメンバを使用する際に記述します。次の三つの使用法があります。

アドバイス

自分自身のインスタンスをスーパクラスとして参照する際には，super を使います。

使用法	記述例
スーパクラスの変数アクセス	super.変数名
スーパクラスのメソッド呼出し	super.メソッド名(…)
スーパクラスのコンストラクタ呼出し	super(…)

=== 補足 ===

　すでに説明したプログラムTest802のTestB.javaでは，キーワードsuperを使用しなくてもスーパクラスのメンバを指定することができるので，superと付ける必要はありませんが，この後に説明するスーパクラスのコンストラクタの呼出し，オーバライドされたメンバの指定で機能を発揮します。

Question

スーパクラスのインスタンスメンバでなく，クラスメンバにアクセスするにはどうすればよいですか？

Answer

　スーパクラスのクラスメンバにアクセスするには
<スーパクラス名>. <メンバ変数 or メンバメソッド>と記述します。

第8章　クラスの継承

(8) クラスの継承によるコンストラクタ

　ここでは，クラスの継承によるコンストラクタの動作について説明します。コンストラクタとは 7 章で説明したとおり，new 演算子によってオブジェクトを生成するときに呼び出される処理です。

　次のプログラムでは TestB クラスは，TestA クラスを継承しています。

　それぞれのクラスでは，引数をもたないデフォルトコンストラクタを定義しています。

キーワード

デフォルトコンストラクタ

引数をもたないコンストラクタ

■Test803　クラスの継承によるコンストラクタの動作

```java
1  class TestA {
2    TestA() {
3      System.out.println("TestA コンストラクタ");
4    }
5  }
```
TestA.java

デフォルトコンストラクタ呼出し

```java
1  class TestB extends TestA {
2    TestB() {
3      System.out.println("TestB コンストラクタ");
4    }
5  }
```
TestB.java

```java
1  class Test803 {
2    public static void main(String[] args) {
3      TestB b = new TestB();
4    }
5  }
```
Test803.java

実行結果▶
```
TestA コンストラクタ
TestB コンストラクタ
```

【プログラムの説明】

　Test803.java の 3 行目でサブクラスの TestB のオブジェクトを生成すると，TestB のコンストラクタが呼ばれます。TestB は TestA のサブクラスなので，TestB のコンストラクタが実行される前にスーパクラスのデフォルトコンストラクタが呼び出され，その後に TestB のコンストラクタ内の文が実行されます。

　クラスの継承関係におけるコンストラクタの実行順はスーパクラスのコンストラクタから実行されます。

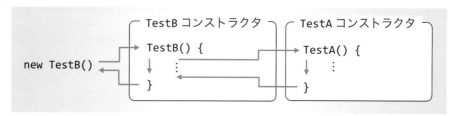

プログラムではサブクラスのコンストラクタからスーパクラスのデフォルトコンストラクタが呼ばれます。クラス TestA にコンストラクタを記述していないときは，自動的にデフォルトコンストラクタが用意されるので問題ありませんが，コンストラクタを一つ以上定義しているときは，デフォルトコンストラクタは用意されないので，次のようなプログラムはエラーになります。

■Test804　クラスを継承してコンストラクタを呼び出すプログラム（エラー）

```
1  class TestA {
2    TestA(String s) {                    String 型引数をとるコンストラクタ       TestA.java
3      System.out.println("TestA コンストラクタ" + s);
4    }                                     エラー：TestA にデフォルト
5  }                                       コンストラクタがない。
```

```
1  class TestB extends TestA {
2    Test B() {                                                              TestB.java
3      System.out.println("TestB コンストラクタ");
4    }
5  }
```

```
1  class Test804 {
2    public static void main(String[] args) {                               Test804.java
3      TestB b = new TestB();
4    }
5  }
```

　このような場合には，明示的にスーパクラスのコンストラクタを呼び出すような記述が必要です。

（9）　明示的にスーパクラスのコンストラクタを指定

　サブクラスから明示的にスーパクラスのコンストラクタを呼び出す方法を説明します。

　次のプログラムはサブクラスのコンストラクタからスーパクラスの引数が int 型コンストラクタを明示的に呼び出しています。

■Test805　スーパクラスのコンストラクタを使用したプログラム

```
1  class TestA {                                    TestA.java
2    int x;
3    TestA(int x) {
4      this.x = x;
5    }
6    public void showX() {
7      System.out.println("変数x:" + x);
8    }
9  }
```

スーパクラスの
コンストラクタ呼出し

```
1   class TestB extends TestA {                      TestB.java
2     int y;
3     TestB(int x, int y) {
4       super(x);
5       this.y = y;
6     }
7     public void showY() {
8       System.out.println("変数y:" + y);
9     }
10  }
```

サブクラスの
コンストラクタ呼出し

```
1  class Test805 {                                   Test805.java
2    public static void main(String[] args) {
3      TestB b = new TestB(3, 6);
4      b.showX();
5      b.showY();
6    }
7  }
```

実行結果▶　変数 x:3
　　　　　　変数 y:6

【プログラムの説明】

　TestB のコンストラクタの 4 行目で，キーワード super を使用してスーパクラス TestA の引数が int 型のコンストラクタを明示的に呼び出しています。

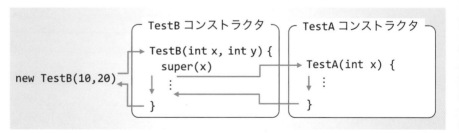

　なお，super は，サブクラスのコンストラクタの先頭に記述しないとエラーになります。

218

メソッドのオーバライド

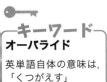

キーワード
オーバライド

英単語自体の意味は，
「くつがえす」

　クラスの継承を利用してスーパクラスがもつメソッドを使用できることは前述したとおりです。では，スーパクラスで定義しているメソッドと名前，引数が同じメソッドをサブクラスの中で定義することはできるでしょうか？答えはクラスの継承においてスーパクラスで定義しているメソッドと同じメソッドをサブクラスでも定義することができます。ただし，P.221 で説明する「変数の隠ぺい」とは異なり，サブクラスで同じメソッドを定義することはスーパクラスのメソッドを再定義するという意味をもちます。

　このことを，メソッドのオーバライドといいます。

　例えば，次のように TestA クラスのメンバに引数なしの show メソッドを定義します。TestA クラスを継承したサブクラス TestB にも show メソッドを定義することができます。

　では，TestB クラスのオブジェクトを生成して，show メソッドを呼び出したときは，どちらの show メソッドが呼び出されるでしょうか。

　プログラムの実行結果を確認してください。

■Test806　オーバライドを使用したプログラム

```java
1 class TestA {                               TestA.java
2   void show() {
3     System.out.println("クラスTestA");
4   }
5 }
```

シグネチャが同じ

```java
1 class TestB extends TestA {                 TestB.java
2   void show() {
3     System.out.println("クラスTestB");
4   }
5 }
```

```java
1 class Test806 {                             Test806.java
2   public static void main(String[]args) {
3     TestA a = new TestB();
4     a.show();
5   }
6 }
```

実行結果▶　クラス TestB

【プログラムの説明】

　プログラムではサブクラス（TestB）のオブジェクトを生成し，Test806.java の4行目でメソッド show を呼び出しています。このとき，オブジェクトは TestA 型の変数に代入していますが，変数の型がたとえスーパクラスのものであっても，サブクラスのメソッド show が呼び出されます。

第8章　クラスの継承

Question
オーバロードとの違いが分からないのですが？

　オーバロードは同じメソッド名だけど違う引数のものを並べること，オーバライドはスーパクラスで定義されたメソッドと同じ名前，同じ引数のメソッドを再定義することです。

（1）　スーパクラスのメンバの指定（super）

　クラスの継承によってオーバライドされたメソッドは，サブクラスのメソッドで再定義されることを説明しました。しかし，実際のプログラミングにおいてはオーバライドされる前のメソッドを呼び出したいときもあります。オーバライドされたスーパクラスのメソッドにアクセスするには，キーワード super を使用します。

　オーバライドしたスーパクラスのメンバにアクセスするプログラムを，次に示します。

■Test807　オーバライドされたメンバにアクセスするプログラム

```
1 class TestA {                                    TestA.java
2   void show() {
3     System.out.println("クラスTestA");
4   }
5 }
```

```
1 class TestB extends TestA {                      TestB.java
2   void show() {
3     super.show();          ← スーパクラスの show()呼出し
4     System.out.println("クラスTestB");
5   }
6 }
```

```
1 class Test807 {                                  Test807.java
2   public static void main(String[] args) {
3     TestB b = new TestB();
4     b.show();
5   }
6 }
```

実行結果▶
```
クラスTestA
クラスTestB
```

【プログラムの説明】

TestB.java の 3 行目の show メソッドでは，スーパクラスの show メソッドを呼び出しています（super.show()）。

（2）変数のオーバライド

メソッドのオーバライドと同様に，スーパクラスで定義した変数と同じデータ型，名前の変数をサブクラスでオーバライドして再定義できます。このとき，スーパクラスのメンバ変数は完全に置き換わってしまうのではなく，隠ぺい化されるだけです。

次のプログラムの実行結果を確認してください。

■Test808　メソッドのオーバライドとメンバ変数の隠ぺい

```
1  class TestA {                                         TestA.java
2    int n = 10;
3    int getN() {
4      return n;
5    }
6    void disp() {
7      System.out.println("クラスTestA:" + n);
8    }
9  }
```

```
1  class TestB extends TestA {                           TestB.java
2    int n = 20;
3    void disp() {
4      System.out.println("クラスTestB:" + n);
5    }
6  }
```

```
1  class Test808 {                                       Test808.java
2    public static void main(String[] args) {
3      TestB objB = new TestB(); // TestBクラスのオブジェクト生成
4      System.out.println("objB.n:" + objB.n);
5      System.out.println("objB.getN():" + objB.getN());
6      objB.disp();
7      TestA objA = objB; // TestA型の変数にオブジェクトの参照値を代入
8      System.out.println("objA.n:" + objA.n);
9      System.out.println("objA.getN():" + objA.getN());
10     objA.disp();
11   }
12 }
```

実行結果▶
```
objB.n:20
objB.getN():10
クラス TestB:20
objA.n:10
objA.getN():10
クラス TestB:20
```

【プログラムの説明】

オーバライドしたメソッドを呼び出すときは，生成したオブジェクトのクラスで定義しているメソッドが呼び出されます。つまり，TestB 型のオブジェクトを TestA 型の変数で参照していても，呼び出されるのは TestB のメソッドが呼び出されるということになります。一方，変数にアクセスするときは，その変数の適用範囲（スコープ）によって決定されます。TestB クラスの範囲内や，TestB 型で変数にアクセスした場合は TestB のものが参照され，TestA の範囲内や TestA 型でのアクセスした場合は TestA のものが参照されます。

（3） オブジェクトのキャスト

サブクラスから生成されたオブジェクトへの参照がスーパクラス型の変数に格納されているとき，サブクラス独自のメソッドを呼び出すことはできません。これは Java がコンパイル時にメソッド呼出しが正しいものであるかどうかを変数の型によってチェックするからです。

サブクラス独自のメソッドを呼び出したいときは，次のプログラムのように型変換（キャスト）をする必要があります。

■Test809　サブクラス独自のメソッド呼出し

```
1 class TestA {                                      TestA.java
2   void disp1() {
3     System.out.println("Disp1 TestA");
4   }
5 }
```

```
1 class TestB extends TestA {                        TestB.java
2   void disp2() {
3     System.out.println("Disp2 TestB");
4   }
5 }
```

```
1 class Test809 {                                    Test809.java
2   public static void main(String []args) {
3     TestA obj = new TestB();
4     ((TestB)obj).disp2();          obj.disp2()は
5   }                                エラーになります。
6 }        TestB 型でキャスト
```

222

実行結果▶ `Disp2 TestB`

【プログラムの説明】

　Test809 の 4 行目でスーパクラスである TestA 型の変数 obj はサブクラスである TestB 型として生成されたオブジェクトを参照していますが, obj.disp2() と記述するとコンパイル時にエラーとなります。これは TestA 型にメソッド disp2 が定義されていないためです。変数 obj をサブクラスの TestB 型でキャストすることで, サブクラスのメソッドを呼び出すことができます。

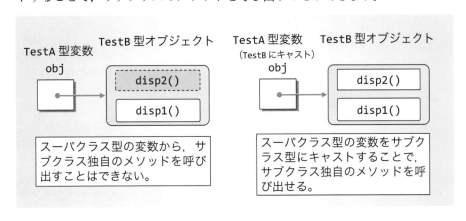

コラム

ポリモルフィズム（多態性，多様性）

オブジェクト指向には「ポリモルフィズム」と呼ばれる概念があります。これは同じ機能（メソッド）を呼び出したつもりでいても，オブジェクトが異なれば，実際に呼び出される機能が異なるというものです。

例えば次のプログラムを見てください。

```
// 何らかの図形を描くメソッド
void drawFigure(Device d) {
  d.drawLine(0,0,100,100); //(0,0)-(100,100)の線を描く
  d.drawCircle(0,0,10);    // 中心(0,0)，半径 10 の円を描く
          ⋮                // 同様の描画処理が続く
}
```

このメソッドは Device というクラスの型の引数 d に設定されたオブジェクトに対していくつかのメソッドを呼び出し，何らかの図形を描いていきます。さて，ここで引数として渡されてくる d とは何クラスのオブジェクトでしょうか？実はこれは「分からない」のです。d は Device をスーパクラス（またはインタフェース）とするあらゆるサブクラスのオブジェクトを引数として受け取ることができます。drawLine や drawCircle というメソッドを画面への描画として動作するように作られたサブクラスも作れますし，プリンタに画像として出力するサブクラスも作れます。

また，別のサブクラスでは，それはプリンタに対するものかもしれません。ただ言えることは，d は Device というクラスまたはインタフェースを継承するクラスから生成されており，Device で宣言されるメソッドを必ずもっているということだけです。drawLine や drawCircle などの各メソッドが，実際に「何に対して」，「どのように」描いていくのかは各サブクラスに一任されており，このプログラムだけを見ても分からないのです。しかし，この「分からない」ということが実はとても重要なことなのです。

オブジェクト指向では，このように実際の出力対象の違いによって処理の仕方を細かく変えることなく，抽象化された「線を描く」，「円を描く」といった単純な機能だけを使ってプログラムを記述していくことができるため，直感的で分かりやすいプログラムを作成することが可能です。また，画面やプリンタ以外の新しい出力対象に対応しなければならない場合でも，新しいサブクラスの追加によって対応できるという拡張性をもっています。その場合，前記のプログラムは何も修正する必要がありません。

何に対して，どんな風に処理してくれるのか「分からない」からこそ，大きな「多様性」をもったプログラミングが可能になるのです。

final 変数
final メソッド
final クラス

第 7 章で値を変更することができない final 変数について説明しました。ここでは final メソッドと final クラスについて説明します。

（1）　final メソッド

クラスの継承によって同じ名前・引数のメソッドはサブクラスでオーバライドされることは説明したとおりです。ただし，スーパクラスのメソッドに修飾子 final を付けて定義すると，サブクラスでオーバライドすることはできません。次のプログラムは TestA クラスの show メソッドを final メソッドとして定義しているので，継承した TestB クラスで show メソッドをオーバライドすることはできません。引数が int 型の show メソッドはオーバロードするので定義できます。

```
class TestA {
  public final void show() {
    ⋮                      final メソッド
  }
}
```

```
class TestB extends TestA {
  public void show() {        ← エラー：オーバライドできない。
    ⋮
  }
  public void show(int n) {    ← 引数が異なるのでオーバロードする。
    ⋮
  }
}
```

（2）　final クラス

また，メソッドだけでなくクラスの定義に final を付けると，そのクラスを継承することができなくなります。

```
final class TestA {
  ⋮                    final クラス
}
```

```
class TestB extends TestA {   エラー：クラスの継承ができない。
  ⋮
}
```

修飾子 final は，それ以上変更ができないものという意味をもちます。

Question
実際に final クラスはどのようなときに使うのですか？

　例えば，Java などのオブジェクト指向言語で定義されたクラスやクラス群を商用のライブラリとしてほかの組織に利用してもらうとします。そのときに，利用者の方で，サブクラスを作って protected メンバにアクセスされてしまうことや，メソッドをオーバライドされることを禁止したいときに final クラスを使用します。

8.4 Object クラス

Object クラス
equals
getClass
toString

ここでは Object クラスについて説明します。

スーパクラスを指定しないで作成したオブジェクトはすべてこの Object クラスのサブクラスとなります。つまり、クラスの継承を行わないで一つだけのクラスで作成するオブジェクトはすべて Object クラスのサブクラスということになります。

第 7 章からクラスについて説明してきましたが、この Object クラスを意識しなくてもオブジェクトを扱うことができます。ここでは Object クラスがもつ機能を整理する意味で理解してください。

例えば、次の TestA クラスのオブジェクトを生成したとき、Object クラスを継承したサブクラスとなります。

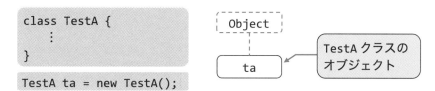

```
class TestA {
    :
}

TestA ta = new TestA();
```

アドバイス
getClass メソッドで、クラスを取得できます。

Object クラスの主なメソッドを次に示します。

メソッド	意味
boolean equals(Object o)	引数 o と同値であるかを判定する。
Class getClass()	オブジェクトのクラスを返す。
String toString()	オブジェクトの文字列表現を返す。

(1) toString メソッド

toString メソッドは「オブジェクトの文字列表現を返す」という意味をもっています。次のように生成したオブジェクト変数名を表示すると、「TestA@···」といった文字列が表示されます。

これは、TestA クラスのオブジェクト ta は、Object クラスを継承しているので、Object クラスの toString メソッドが呼び出された結果となります。

表示結果

```
TestA ta = new TestA();
System.out.println(ta);
```

```
TestA@···
```

ただし、この表示結果では何の意味なのか分かりません。通常、toString メソッドはそのまま使用するのではなく、(作成する)クラスの中でオーバライドし、もっと分かりやすい文字列を返すようにして使用します。

また，toString メソッドを呼び出すときは，オブジェクト変数を記述して呼び出します。

オブジェクトの変数名

```
TestA ta = new TestA();

System.out.println(ta);
```

toString メソッド呼出し
「ta.toString()」

次のプログラムは toString メソッドをオーバライドして，そのオブジェクトの変数を文字列で返すようにしています。

■Test810　toString メソッドを使用したプログラム

```
 1 class TestA {
 2   int no;
 3   String name;
 4   TestA(int no, String name) {
 5     this.no = no;
 6     this.name = name;
 7   }
 8   public String toString() {
 9     return "No:" + no + " NAME:" + name;
10   }
11 }
```

TestA.java

オーバライドした
toString メソッド

```
 1 class Test810 {
 2   public static void main(String[] args) {
 3     TestA ta = new TestA(1, "Taro");
 4     System.out.println(ta);
 5   }
 6 }
```

Test810.java

toString メソッド呼出し

実行結果▶ No:1 Name:Taro

【プログラムの説明】

　クラスの中で toString メソッドをオーバライドするときは，修飾子に public，戻り値に String を指定します。

（2） toString メソッドの暗黙的な呼出し

Test810 で使用されている println 文では，String 型以外のオブジェクトが渡されたときは内部で toString メソッドを呼び出してそのオブジェクトを文字列化します。同様に，＋による文字列の結合においても，String 型以外のオブジェクトの場合は toString メソッドが暗黙的に呼び出されます。

（3） equals メソッド

Java には同値関係を判定する演算子として，"=="があります。しかしこの演算子は二つの数値や論理値の同値判定には使用できますが，オブジェクトの内容が等しいかどうかの判定には使用できません。オブジェクト変数同士に対して"=="を使った場合，それらの変数が参照しているオブジェクトが同一であるかどうかを判定してしまいます。二つのオブジェクトがまったく同じ文字列や日付のデータをもっていたとしても，それらが別々のオブジェクトであった場合には"=="では偽（false）と判定されます。二つのオブジェクトが同じ内容をもっているかどうかを判定するには equals メソッドを使用します。

```
boolean equals(Object obj)
```

しかし，Object クラスに定義されている equals メソッド自体は，単に"=="で比較した結果を返しているだけです。オブジェクトの内容が同値であるかどうかは扱うデータの種類によって大きく異なってくるため，それはサブクラスにおいて適切にオーバライドしなくてはなりません。

例えば次のプログラムでは，二つのオブジェクトの同値関係を名前には関係なく番号だけで判定するように equals メソッドをオーバライドしています。

第8章 クラスの継承

■Test811 equals メソッドを使用したプログラム

```
                                                    TestA.java
1  class TestA {
2    int no;
3    String name;
4    TestA(int no, String name) {
5      this.no = no;
6      this.name = name;
7    }
8    public boolean equals(Object obj) {
9      return ((TestA)obj).no == no;
10   }
12 }
```

```
                                                    Test811.java
1  class Test811 {
2    public static void main(String[] args) {
3      TestA t1, t2, t3;
4      t1 = new TestA(10, "太郎");
5      t2 = new TestA(10, "Taro");
6      t3 = t1;
7      System.out.println("t1 == t2:" + (t1 == t2));
8      System.out.println("t1 == t3:" + (t1 == t3));
9      System.out.println("t1.equals(t2):" + t1.equals(t2));
10     System.out.println("t1.equals(t3):" + t1.equals(t3));
11   }
12 }
```

実行結果▶
```
t1==t2:false
t1==t3:true
t1.equals(t2):true
t1.equals(t3):true
```

【プログラムの説明】

"=="を使用した判定ではオブジェクトの参照先が同じである場合には真（true）が返り，違うときには偽（false）が返ります。

プログラムの実行結果と処理内容を比べながら見ていきましょう。

まず実行結果の1行目ですが，これは Test811.java の7行目の処理による出力です。

t1 と t2 を "==" で比較すると，参照先が異なるので出力は偽（false）になります。

次に，実行結果の2行目ですが，これは Test811.java の8行目の処理による出力です。t3 はプログラムの6行目の代入式によって t1 と同じ参照値となっているため，t3 の参照先は次図のように t1 と同じです。このため真（true）と出力されています。

実行結果の3行目と4行目はメソッド equals による比較結果ですが，クラス TestAのメソッド equals は，クラスメンバ変数noの値を比較するメソッドです。

t1，t2 ともに，この no は 10 なので比較結果は真（true）になります。

　t1，t3 は同じ参照先なので，no はもちろん同じものとなり，こちらも比較結果は真（true）になります。

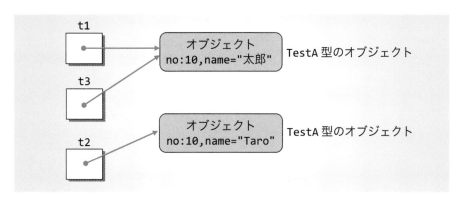

Question

String クラスの equals はこのメソッドをオーバライドしたものですか？

Answer

　そうです。よく気づきましたね。文字列を格納するクラスである String は 4 章で説明したように，オブジェクト参照なので，二つの String クラスの中の文字列が等価かどうか比べるには == ではなく，この equals メソッドを使わなければなりません。その際に呼び出される String クラスの equals は格納された文字列を比べるためにオーバライドされたメソッドなのです。

ここでは，抽象クラスと抽象メソッドについて説明します。

修飾子 abstract を付けてクラスを定義すると，そのクラスは抽象クラスとなります。また，メソッドに修飾子 abstract を付けて定義すると，そのメソッドは抽象メソッドとなります。

次のプログラムに抽象クラス・抽象メソッドの定義を示します。

```java
abstract class Food {          抽象クラス
  String name;
  Food(String name) {
    this.name = name;
  }
  public void nameShow() {
    System.out.println("NAME:" + name);
  }
  abstract void show();        抽象メソッド
}                              処理（文）は記述しない。
```

抽象クラスと抽象メソッドの決りを次に示します。

> **抽象クラス**
> ・修飾子に abstract を付ける。
> ・抽象メソッドを含むクラスは抽象クラスとして定義する。
> ・抽象クラスはオブジェクトを生成できない。（サブクラスに継承させてオブジェクトを生成する）。

> **抽象メソッド**
> ・修飾子に abstract を付ける。
> ・処理（文）は記述しない（サブクラスでオーバライドする）。

抽象クラスは new 演算子でオブジェクトを生成することはできないので，サブクラスに継承させてオブジェクトを生成します。また，抽象メソッドは処理を記述することができないので，必ずサブクラスでオーバライドする必要があります。

```java
abstract class Food {
    ⋮
}
class Fruits extends Food {
    ⋮
}
```

> ─ エラー ─
> Food food = new Food();

> ─ 継承したサブクラスを生成 ─
> Food food = new Fruits();

Question
抽象クラスというのは，いわば作りかけのクラス定義でしょうか？

確かにそのようにとらえることもできます。クラス定義の下準備をしたものともいえますね。
実際の開発業務においては，この抽象クラスによって，共通機能を作っておくという形で利用されます。

■Test812　抽象クラスを使用したプログラム

```java
abstract class Food {            // Food.java 抽象クラス
  String name;
  Food(String name) {
    this.name = name;
  }
  public void nameShow() {
    System.out.println("NAME:" + name);
  }
  abstract void show();          // 抽象メソッド
}
```

```java
class Fruits extends Food {      // 抽象クラスを継承  Fruits.java
  String color;
  Fruits(String name, String color) {
    super(name);
    this.color = color;
  }
  public void show() {           // 抽象メソッドをオーバライド
    System.out.println("NAME:" + name + " COLOR:" + color);
  }
}
```

```java
class Snack extends Food {       // Snack.java
  int calory;
  Snack(String name, int calory) {
    super(name);
    this.calory = calory;
  }
  public void show() {           // 抽象メソッドをオーバライド
    System.out.println("NAME:" + name + " CALORY:" + calory);
  }
}
```

```
1  class Test812 {
2    public static void main(String[] args) {      Test812.java
3      Food[] foods = {
4        new Fruits("リンゴ","赤"),
5        new Snack("チョコ",300),          異なるオブジェクトを
6        new Fruits("バナナ","黄")          Food 型の配列に格納
7      };
8      for(int i = 0; i < 3; i++) {
9        foods[i].nameShow();
10       foods[i].show();          各オブジェクトの
11     }                            メソッド呼出し
12   }
13 }
```

実行結果▶
```
NAME:リンゴ
NAME:リンゴ  COLOR:赤          Fruits オブジェクト
NAME:チョコ
NAME:チョコ  CALORY:300       Snack オブジェクト
NAME:バナナ
NAME:バナナ  COLOR:黄         Fruits オブジェクト
```

アドバイス

抽象クラスは new で
オブジェクトを作れ
ません。

【プログラムの説明】
　Food クラスは抽象メソッドの show メソッドを定義しているので抽象クラスと
なります。よって継承させたサブクラスでオブジェクトを生成しています。この
プログラムでは，Food クラス型の配列 foods にサブクラスの Fruits 型と Snack
型のオブジェクトを格納しています。
　サブクラスでは必ず show メソッドをオーバライドしているので，Food 型の配
列変数 foods で show メソッドを呼び出すとサブクラスの show メソッドが呼び
出されます。
　show メソッドは抽象メソッドとして記述しておき，継承させたサブクラスでそ
のクラスに合った処理をオーバライドして使用します。

理解度チェック

ポイントは頭に入っていますか？
理解できているか Check してみましょう。

- ✔ 継承
- ✔ スーパクラス
- ✔ サブクラス
- ✔ private
- ✔ protected
- ✔ final
- ✔ オーバライド
- ✔ super
- ✔ Object クラス
- ✔ 抽象クラス
- ✔ 抽象メソッド

問8 — 1　次の説明文が正しければ○，誤っていれば×を付けなさい。

(a) 複数のクラスを継承して，新しいクラスを定義でき　**(a)**
る。

(b) サブクラスのオブジェクトからスーパクラスの　**(b)**
publicメソッドを呼び出すことができる。

(c) サブクラスのオブジェクトからスーパクラスの　**(c)**
protected　メソッドを呼び出すことができる。

(d) サブクラスのオブジェクトからスーパクラスの　**(d)**
privateメソッドを呼び出すことができる。

(e) サブクラスでスーパクラスと同じ名前のメソッドを　**(e)**
定義することができる。

(f) 抽象クラスのオブジェクトを生成することができる。　**(f)**

　　　　次のプログラムの空欄に入る正しい答えを解答群から選びなさい。

【プログラムの説明】

　TestA クラスを継承した TestB クラスを作成する。

　TestB のコンストラクタを呼び出し，x と y の初期化を行う。

　TestA には変数 x の値を返す getX メソッド，TestB には変数 y の値を返す getY メソッドを定義する。

```
class TestA {
  int x;
  TestA(int x) {
    this.x = x;
  }
  int getX() {
    return x;
  }
}
```

```
class TestB [   a   ] {
  int y;
  TestB(int x, int y) {
    [   b   ]
    this.y = y;
  }
  int getY() {
    return y;
  }
}
```

(a)の解答群

ア　extends TestA	イ　extends TestA()
ウ　extends class TestA	エ　TestA
オ　TestA()	カ　class TestA

(a) [　　　]

(b)の解答群

ア　this.x = x;	イ　x = this.x;
ウ　super(x);	エ　TestA(x);

(b) [　　　]

問8 − 3　　次のプログラムを実行したときの実行結果を解答群から選びなさい。

```
class TestA {
  public void show() {
    System.out.println("TestAクラス");
  }
}
class TestB extends TestA {
  public void show() {
    System.out.println("TestBクラス");
  }
}
```

```
class Test824 {
  public static void main(String[]args) {
    TestA[] testAs = {
      new TestA(),
      new TestB(),
      new TestA()
    };
    for(int i=0; i<3; i++){
      testAs[i].show();
    }
  }
}
```

解答群

ア　**実行結果▶**
```
TestA クラス
TestA クラス
TestA クラス
```

イ　**実行結果▶**
```
TestA クラス
TestB クラス
TestA クラス
```

ウ　**実行結果▶**
```
TestB クラス
TestA クラス
TestB クラス
```

エ　**実行結果▶**
```
TestB クラス
TestB クラス
TestB クラス
```

答え

Java
Programming

クラスライブラリ

　この章では，Java で提供している「クラスライブラリ」について説明します。

　Java で提供されているクラスを使用することで，より柔軟なプログラムを作成することができます。ここでは，代表的なクラスを説明します。

9.1 クラスライブラリとは

String
StringBuffer
Random
Date
Stack

Java は，第 1 章で見たように機種依存しないプログラミング言語です。とは言いながらも，実際にプログラムを実行する際には，Windows や Linux など各種 OS 上でプログラムが実行されます。このときキーボードからの入力や，画面への出力といった機能，ファイルへの入出力機能は OS が担う機能であり，OS ごとに異なる API（アプリケーションプログラムインタフェース）として機能が提供されています。

例えばファイルを開くための API として，Windows には CreateFile という関数がありますが，Linux には open という関数があり，それぞれ，引数も異なります。

Java では，こうした OS ごとの API の違いを吸収するのは，実行環境である Java VM（Virtual Machine）の役目になります。Java クラスライブラリ（JCL；Java Class Library）では，この VM の機能を利用するための各種クラスをライブラリとして提供しています。

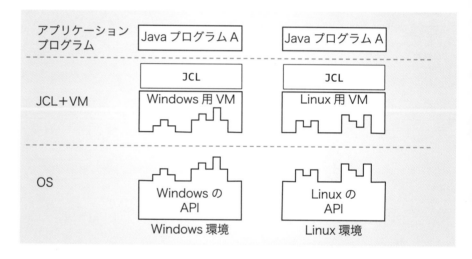

こうした OS の API の違いを吸収するクラス以外にも，標準的に利用されるクラスがクラスライブラリとしてまとめられています。次に Java クラスライブラリとして提供されているクラスのうち，代表的なものを示します。

クラス	説　　明
String	文字列を扱う。
StringBuffer	変更可能な可変長の文字列を扱う。
Random	乱数を生成する。
Stack	LIFO 型スタックを提供する。

この章ではクラスライブラリの中でもよく使用されるものを説明します。

キーワード

LIFO

Last In First Out（後入れ先出し法）。後から入れたものを先に取り出す構造のこと

キーワード

スタック

LIFO を用いたデータ構造

String クラス

これまで String クラスは文字列を扱うクラスとして説明してきました。String 型変数 str を宣言し，文字列"abc"を代入するときは，次のように記述します。

```
String str = "abc";
```

" "によって囲まれた文字列は，実はすでに String オブジェクトが生成され，その参照を示すという意味をもっています。

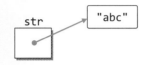

アドバイス

String クラスには，文字列に対するいろいろな処理を行うメソッドが定義されています。

クラスのオブジェクトを生成するときは new 演算子を使用しました。String クラスもまた，new 演算子を使用して次のように記述することができます。

```
String str = new String("abc");
```

どちらを記述しても同じ意味になります。

String クラスで用意されている主なメソッドを次に示します。

メソッド	説　　明
char charAt(int i)	i で指定された位置の文字を返す。
boolean endsWith(String s)	s と同じ文字列で終わっていれば真（true），そうでなければ偽（false）を返す。
boolean equals(Object s)	s が同じ文字列なら true，そうでなければ偽（false）を返す。
boolean equalsIgnoreCase(String s)	equals と同じ，ただし大文字と小文字を区別しない。
int indexOf(int ch)	文字 ch が出現する位置を返す。文字 ch が存在しなければ−1 を返す。
int indexOf(String s)	文字列 s が出現する位置を返す。文字列 s が存在しなければ−1 を返す。
int lastIndexOf(int ch)	文字 ch が最後に出現する位置を返す。文字 ch が存在しなければ−1 を返す。
int length()	文字数を返す。
boolean startsWith(String s)	文字列 s と同じ文字順で始まれば真（true）を返し，そうでなければ偽（false）を返す。
String substring(int start)	start 位置からの部分文字列を返す。
String substring(int start, int end)	start 位置から end 位置直前までの部分文字列を返す。
String toLowerCase()	小文字に変換した文字列を返す。
String toUpperCase()	大文字に変換した文字列を返す。
char[] toCharArray()	文字の配列を返す。

第9章 クラスライブラリ

■Test901　**String クラスのメソッドを使用したプログラム**

```
1  class Test901 {
2    public static void main(String[] args) {
3      String s = "abcDEfg";
4      System.out.println("abcDEfg");
5      System.out.println("charAt(4):" + s.charAt(4));
6      System.out.println("endsWith(\"fg\"):" + s.endsWith("fg"));
7      System.out.println("indexOf('D'):" + s.indexOf('D'));
8      System.out.println("length:" + s.length());
9      System.out.println("substring(1,4):" + s.substring(1,4));
10     System.out.println("toUpperCase():" + s.toUpperCase());
11   }
12 }
```

Test901.java

実行結果▶
```
abcDEfg
charAt(4):E
endsWith("fg"):true
indexOf('D'):3
length:7
substring(1,4):bcD
toUpperCase():ABCDEFG
```

【プログラムの説明】

　String 変数 s には文字列"abcDEfg"を参照しています。文字列を処理するとき先頭文字の'a'を 0 文字目として数えます。

文字順→	0	1	2	3	4	5	6
	"a	b	c	D	E	f	g "

　charAt メソッドは文字列 s から指定された 4 文字目の文字を返すので，文字'E'が返されます。

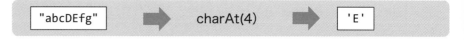

endsWith メソッドは文字列 s が指定された文字列"fg"で終了していれば真（true）を返し，そうでなければ偽（false）を返すのでこの場合は真（true）を返します。

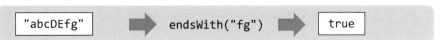

indexOf メソッドは文字列 s から，指定された文字'D'が最初に出現する位置を返すので，3を返します。

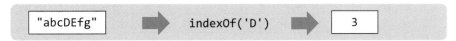

indexOf メソッドは大文字と小文字は区別するので，indexOf('d')では，−1を返します。

length メソッドは文字列 s の文字数を返すので，この場合は7を返します。

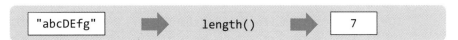

String クラスには2種類の substring メソッドがありますが，プログラムに記述されているのは引数が int 型二つの substring メソッドなので，1文字目から4文字目の直前（3文字目）までの文字列"bcD"を返します。

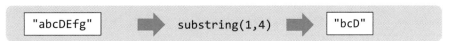

toUpperCaseメソッドは文字列sの小文字を大文字に変換した文字列を返すので，"ABCDEFG"を返します。大文字や数字などの小文字以外の文字はそのままです。

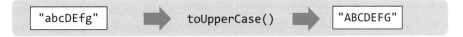

（1） StringBuffer クラス

Java では String クラス以外に文字列を扱える **StringBuffer** クラスがあります。String クラスでは生成した文字列を後から変更することはできませんが，StringBuffer クラスでは，生成した文字列を変更することができます。

StringBuffer クラスには次のコンストラクタがあります。

コンストラクタ	説　明
StringBuffer()	バッファ容量を 16 文字で初期化する。
StringBuffer(int size)	size 数分のバッファサイズで初期化する。
StringBuffer(String s)	文字列 s で初期化する。

StringBuffer クラスで用意されている主なメソッドを次に示します。

メソッド	説　明
StringBuffer append(char c)	c の文字を付加する。
StringBuffer append(int i)	i の文字列表現を付加する。
StringBuffer append(String s)	s の文字列表現を付加する。
int capacity()	文字列バッファの容量を返す。
char charAt(int i)	位置 i の文字を返す。
StringBuffer insert(int i, char c)	位置 i の直前に c を挿入する。
StringBuffer insert(int i, int j)	位置 i の直前に j の文字列表現を挿入する。
StringBuffer insert(int i, String s)	位置 i の直前に s の文字列表現を挿入する。
int length()	バッファの文字数を返す。
StringBuffer reverse()	文字の順序を反転する。
void setCharAt(int i, char c)	位置 i の文字を c にする。
void setLength(int len)	バッファサイズを len にする。
String toString()	文字列を含む String オブジェクトを返す。

キーワード

バッファ

データを一時的に溜めて置く領域

キーワード

バッファサイズ

文字列を格納する領域のサイズ，格納可能な最大文字数

■Test902　StringBuffer クラスを使用したプログラム

```java
 1 class Test902 {
 2   public static void main(String[] args) {
 3     StringBuffer s;
 4     s = new StringBuffer("abcdefg");
 5     System.out.println("append(¥"ABC¥"):"+ s.append("ABC"));
 6     s = new StringBuffer("abcdefg");
 7     System.out.println("append(123):"+ s.append(123));
 8     s = new StringBuffer("abcdefg");
 9     System.out.println("insert(3,¥"AB¥"):"+ s.insert(3,"AB"));
10     s = new StringBuffer("abcdefg");
11     s.setCharAt(3,'A');
12     System.out.println("setCharAt(3,¥'A¥'):"+ s.toString());
13   }
14 }
```

Test902.java

実行結果▶
```
append("ABC"):abcdefgABC
append(123):abcdefg123
insert(3,"AB"):abcABdefg
setCharAt(3,'A'):abcAefg
```

【プログラムの説明】

　StringBuffer クラスのオブジェクトは生成した後で変更できます。

　append メソッドは追加, insert メソッドは挿入, setCharAt メソッドは修正を行うことが可能です。そのほかに指定された位置の文字を取り出す charAt メソッド, 文字数を返す length メソッドなどがあります。

　StringBuffer メソッドの文字列もまた, 最初の文字を 0 文字目としています。

　append メソッドは引数で指定した値を文字列表現に変換し, 既存の文字列("abcdefg") に付加するので, append("ABC")では"abcdefgABC"を返し, append(123)では"abcdefg123"を返します。

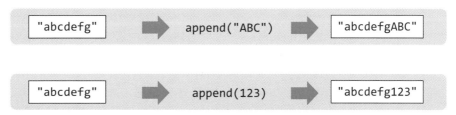

insert メソッドは既存の文字列（"abcdefg"）中の指定した位置の直前に文字列表現した値を挿入するので，insert(3,"AB")では"abcABdefg"が返ります。

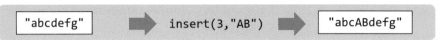

setCharAt メソッドは既存の文字列（"abcdefg"）中の指定した位置の文字に代入するので，setCharAt(3,'A')では，"abcAefg"が返ります。

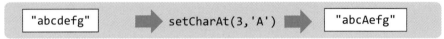

（2） 文字列連結には StringBuffer

String オブジェクトは一度作成すると後から変更できないため，＋演算子による文字列の連結では，"連結前の文字列"，"連結させる文字列"，"連結後の文字列"の三つのオブジェクトの生成が行われてしまいます。

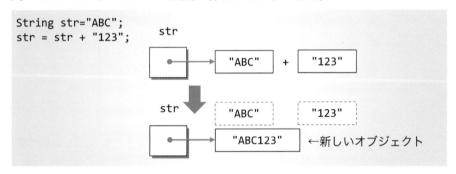

繰返しの文字列連結では StringBuffer を使用することで余分なオブジェクトの生成を抑えることができ，パフォーマンス（処理性能）が向上します。

Question

String クラスだけでも，substring メソッドで一部を抜き出したり，＋演算によって複数の文字列を結合したりできますが，それでも StringBuffer クラスは必要なのでしょうか？

StringBuffer クラスを使わないと絶対に実現できない操作はないかもしれませんが，String クラスだけを使って処理をする場合は，途中で一時的な String クラスが多数生成，解放されることになり，メモリの使用効率が悪くなる欠点があります。StringBuffer クラスはメモリ使用効率を考慮したクラスになっているため，大量の文字列加工を行う場合には，StringBuffer クラスを使いましょう。

9.4 パッケージ（package）

　Java ではクラスやインタフェースをまとめて一つのパッケージとして扱うことができます。

　パッケージを利用することで次の利点があります。

> ・作成したクラスに一意の名前を付けることができる。
> ・クラスにアクセス制限を付けることができる。

　クラスをパッケージに収容すると「パッケージ名.クラス名」で示すことができ，複数のパッケージで同じ名前のクラスがあったとしても使用したい特定のクラスを指定することができます。

　パッケージは入れ子にすることもできるため，「親パッケージ名.子パッケージ名.孫パッケージ名.クラス名」といったように好きな階層で名前付けをすることが可能です。これを名前空間と呼びます。

　Java ソースコードをコンパイルすると，クラス（インタフェース）ごとに class ファイルが作成されますが，これらの class ファイルをまとめて一つのディレクトリ（Windows ではフォルダと呼ばれます）に保存して，その部分をパッケージとして扱います。

（1）　パッケージの名前空間とディレクトリ階層構造

　パッケージはコンピュータ上に保存されるディレクトリ階層構造に対応させて管理します。例えば，パッケージが「sample.pa」，クラス名が「Pack」としたとき，次のような階層構造になります（《　　》はディレクトリ名を表す）。

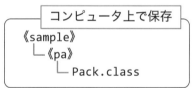

　クラス Pack を示す場合，「パッケージ名」と「クラス名」で指定することができます。この場合パッケージ「sample.pa」がカレントディレクトリの直下に存在する場合はいいのですが，別の場所に保存している場合，パッケージ「sample.pa」がコンピュータ上のどの場所に存在するかを明示的に示さないといけません。パッケージが別の場所に存在するときは，コンパイル時に -classpath オプションでその場所を指定するか，あらかじめ環境変数の CLASSPATH に登録しておく必要があります。

キーワード

パッケージ

クラスをまとめたものをいいます。Java で用意されている代表的なパッケージに「java.io」，「java.util」，「java.lang」などがあります。
また，利用者が作成したクラスをまとめて一つのパッケージを作成することもできる。

package

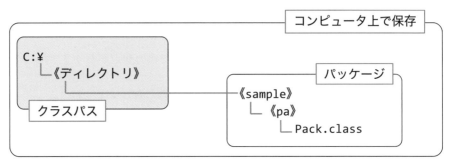

前記の場合「C:¥ディレクトリ」がクラスパスとなります。

（2） パッケージの作成

パッケージを作成するときにはキーワード「**package**」を使用します。

> package パッケージ名;

package は同一パッケージに収容するすべてのクラスのソースコードに記述します。package はソースコード中の先頭に記述しないといけません（コメント行除く）。

次にクラス Pack をパッケージ sample.pa に収容するソースコードを示します。

パッケージを記述する

```
1 package sample.pa;    ← パッケージの記述
2 public class Pack {
3   public void disp() {
4     System.out.println("Packクラス");
5   }
6 }
```

【プログラムの説明】

クラス Pack をほかのパッケージのクラスからアクセスできるようにするためには修飾子に public を指定します。

コンパイル後に作成される Pack.class をディレクトリ sample¥pa に保存します（ディレクトリ sample までは CLASSPATH に登録されているものとします）。

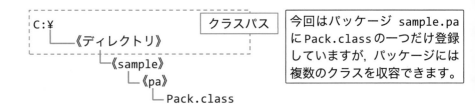

今回はパッケージ sample.pa に Pack.class の一つだけ登録していますが，パッケージには複数のクラスを収容できます。

(3) パッケージを使用する（インポート）

パッケージを使用するときは，キーワード「import」を使用します。

```
import  パッケージ名.クラス名またはインタフェース名;
```

では，sample.pa パッケージに収容している Pack クラスを使用するプログラムを次に示します。

パッケージを使用（インポート）する

```
1 import sample.pa.*;        ← パッケージのインポート
2 class TestA{
3   public static void main(String [] args) {
4     Pack p = new Pack();
5     p.disp();
6   }
7 }
```

> import sample.pa.*;
> と記述することで，パッケージ sample.pa のすべてのクラスをインポートできます。

=== 補足 ===

import 文を使用しなくても，クラスを指定するとき「パッケージ名.クラス名」とすることで，そのクラスを使用することができます。クラス名は，実はパッケージ名を付加したものが正しい名称なのですが，import 文はそのパッケージ名の部分を省略するものと考えることができます。

> パッケージ名:sample.pa

sample.pa.Pack p = new **sample.pa**.Pack();

(4) パッケージのアクセス制限

クラスを定義するときに修飾子 public を指定することでパッケージ外からもアクセスできます。通常，修飾子を指定しない場合は，パッケージ内からはそのクラスにアクセスできますが，パッケージ外からはアクセスできません。

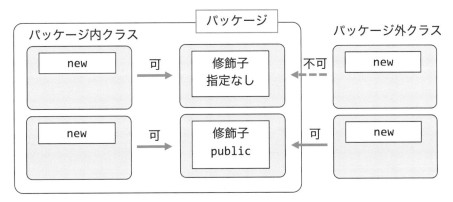

コンストラクタやメソッドの修飾子に public を指定するとパッケージ外からアクセスすることができます。

従来の Java では，クラスメソッドやクラス変数の使用の際，クラス名は必ず前に付加する必要がありました。例えば，Math クラスで定義されてるクラスメソッド sin と，クラス変数（final 変数）PI を使用する際には必ず，

```
double d = Math.sin( Math.PI );
```

のように記述する必要がありました。しかし，Java のバージョン 5.0 から **static インポート**という機能が導入され，次のようにクラス名を省略して記述することが可能となりました。

```
double d = sin( PI );
```

static インポートは，従来のパッケージのインポートと同様，import キーワードを使用してプログラムの最初に次のように記述します。

─ 構文 ─
```
import static パッケージ名.クラス名.識別名;
```

識別名には，クラスメソッド名またはクラス変数名が入ります。また，すべての static メンバをインポートしたい場合は，次のように*を使用します。

─ 構文 ─
```
import static パッケージ名.クラス名.*;
```

static インポートでは，パッケージ名は省略できません。したがって，パッケージ化されていないクラスの static メンバはインポートできません。先程のMath クラスの全 static メンバをインポートする場合は，「import static java.lang.Math.*;」と記述します。

■Test903　static インポートを使用したプログラム

```
1 import static java.lang.Math.PI;                    Test903.java
2 class Test903 {
3   public static void main(String[] args) {
4       System.out.println("円周率の値は" + PI + "です。");
5   }
6 }
```

実行結果▶ 円周率の値は 3.141592653589793 です。

　試験問題で登場するクラスは，Java のクラスライブラリの中でも広く知られているものですが，自分が知らないクラスであったり，細かい仕様まで覚えていなかったりというケースはよくあります。試験問題でもプログラムのロジックを問う設問が多く，各クラスのメソッドの仕様に焦点を当てているわけではありません。

　このため，試験問題冊子の巻末には，"■Java プログラムで使用する API の説明"として，次のようにクラスリファレンスという各クラスとメソッドの仕様が明記されています。この形式について慣れておきましょう。

```
                  パッケージ            クラスの修飾とクラス名

java.lang
  public final class String            クラスの概要説明
     クラス String は，文字列を表す。
メソッド                                          クラスがもつ
  public boolean startsWith(String prefix)        メソッドの役
     この文字列が指定された接頭辞で始まるかどうかを判定する。  割，引数，戻
     引数：prefix － 接頭辞                         り値の説明
     戻り値：この文字列が指定された接頭辞で始まれば true
            それ以外は false
  public String[] split(String regex)
     この文字列を指定された正規表現に一致する位置で分割する。
     正規表現に一致する部分の文字列は，分割後の文字列には含まれない。分割後
   の文字列の並びが空文字列で終わるときは，その空文字列は破棄する。
     例えば，正規表現"/+"は，一つ以上の連続する"/"の並びと一致するので，
   "abc/def///gh/".split("/+")は，配列{"abc", "def", "gh"}を返す。
     引数：regex － 正規表現
     戻り値：正規表現に一致する位置で分割された文字列の配列
            この文字列が正規表現に一致しないときはこの文字列だけを要素にも
            つ配列
```

　上の例では，String クラスが定義されています。ここで String クラスの左上には「java.lang」とありますが，これは String クラスが属するパッケージ名です。

　また String クラスの修飾は，「public final class」となっています。ここから String クラスはサブクラスを定義することができないと分かります。

　さらにその下を見ると「メソッド」という行の下に，メソッドの定義が続いています。String クラスには，メンバメソッドとして startsWith というメソッドと，split というメソッドの二つが定義されています。そして各メソッドの役割や，引数，戻り値について定義されています。

　この例では String クラスのメソッドが二つだけ定義されていますが，実際の String クラスには，もっとたくさんのメソッドがあります。試験問題冊子の巻末に掲載されるクラスリファレンスには，問題中に登場するメソッドだけが示されます。

第9章 クラスライブラリ

ポイントは頭に入っていますか？
理解できているか Check してみましょう。

check

- [x] クラスライブラリ
- [x] String クラス
- [x] StringBuffer クラス
- [x] パッケージ
- [x] static インポート
- [x] クラスリファレンスの読み方

問9 — 1 　次のプログラムの空欄に入る正しい答えを，解答群の中から選びなさい。

《二つの文字列が同じ文字列かを判定する》

```java
void  strCheck1(String s1, String s2) {
  if (      a     ) {
    System.out.println("同じ文字列です。");
  } else {
    System.out.println("違う文字列です。");
  }
}
```

解答群
ア　s1 = s2
イ　s1 == s2
ウ　s1.equals.s2
エ　s1.equals(s2)

(a)

《二つの文字列の長さが同じかどうかを判定する》

```java
void  strCheck2(String s1, String s2) {
  if(      b     ) {
    System.out.println("同じ長さです。");
  } else {
    System.out.println("違う長さです。");
  }
}
```

解答群
ア　s1.length = s2.length
イ　s1.length == s2.length
ウ　s1.length() = s2.length()
エ　s1.length() == s2.length()

(b)

《文字列中から指定した位置（n文字目〜最後まで）の文字列を取り出す》

```
String  getStr(String s1, int n) {
  return    c
}
```

解答群

ア　substring(s1, n);
イ　substring(n, s1);
ウ　s1.substring(n);
エ　s1.substring(s1, n);

(c) ☐

《文字列s1の指定した位置iに文字列s2を追加した文字列を返す》

```
String setStr(String s1, int i, String s2) {
  StringBuffer sb = new StringBuffer(s1);
      d
  return  sb.toString();
}
```

解答群

ア　sb = insert(s1, i, s2);
イ　sb = insert(sb, i, s2);
ウ　sb = sb.insert(i, s2);
エ　sb = sb.insert(s2, i);

(d) ☐

Java Programming

第10章 インタフェースと Enum

この章では，「インタフェース」と「Enum（列挙型）」について説明します。

インタフェースは，クラスの入出力形式を定義するためのものです。

Enum は，複数の定数値を定義するための型です。

インタフェース
実装
interface

インタフェースは，メソッドをもつという点や，定義文の書式からクラスに似ています。

インタフェースでも変数とメソッドが定義できますが，クラスの定義とは異なり，変数は必ず final 変数（定数）となり，メソッドは必ず抽象メソッドとなって処理を記述することができません。また，コンストラクタを定義することはできません。基本的にインタフェースとは，クラスの入出力の形式を定義するためのもので，具体的な動作内容を定義するためのものではありません。

Question

説明が難しいのですが，一言でいうとどういうことですか？

Answer

Java のインタフェースはクラスのインタフェース仕様です。

インタフェースは抽象クラスがオブジェクトで生成できないのと同じようにオブジェクトを生成することができないので，ほかのクラスに実装させて使用します。実装させたクラスでインタフェース内のメソッドをオーバライドして処理を定義します。

クラスは，複数のクラスを継承することはできませんが，複数のインタフェースを実装することができます。

インタフェースからオブジェクトを生成することはできませんが，変数や配列の型として使用することはできます。

次にインタフェースの定義を示します。

構文

```
interface インタフェース名 {
  型　変数名 = 式;
  戻り値の型　メソッド名(引数リスト);
}
```

アドバイス

クラスは，extends で継承，インタフェースは，implements で実装します。

インタフェースの特徴

・interface で定義する。
・変数は final 変数となる（初期化する）。
　　public static final 変数
・メソッドは抽象メソッドとなる（処理が記述できない）。
　　public abstract メソッド
・コンストラクタはない。
・オブジェクトを生成できない（クラスに実装させる）。

インタフェースを実装するときは次のようにクラスを定義します。

> ┌ 構文 ─────────────────────────────
> ```
> class クラス名 implements インタフェース名 {
>     ⋮
> }
> ```

インタフェースを実装したクラスでは，インタフェースで定義しているメソッドを定義しなくてはいけません。

では，実際にインタフェースを使用したプログラムを次に示します。

■Test1001　インタフェースを使用したプログラム

```
1 interface Food {          抽象メソッド          Food.java
2   void show();                                インタフェース
3 }
```

```
1 class Fruits implements Food {                  Fruits.java
2   String name;
3   Fruits(String name) {
4     this.name = name;
5   }
6   public void show() {                        オーバライド
7     System.out.println("Fruits Name:" + name);
8   }
9 }
```

```
1 class Snack implements Food {                   Snack.java
2   String name;
3   Snack(String name) {
4     this.name = name;
5   }
6   public void show() {                        オーバライド
7     System.out.println("Snack Name:" + name);
8   }
9 }
```

```
1 class Test1001 {                                Test1001.java
2   public static void main(String[] args) {
3     Food[] foods = {
4       new Fruits("リンゴ"),
5       new Snack("チョコ"),        Food型の配列に
6       new Fruits("バナナ")        オブジェクトを格納
7     };
8     for(int i=0; i<3; i++) {
9       foods[i].show();          show メソッド呼出し
10    }
11  }
12 }
```

第10章　インタフェースと Enum　257

```
Fruits Name:リンゴ
Snack Name:チョコ
Fruits Name:バナナ
```

【プログラムの説明】

　Fruits クラスと Snack クラスではクラスの定義で「implements Food」を付けて定義しています。これによって，そのクラスはインタフェース Food を実装することになります。

　Food 型の配列は，インタフェースを実装した Fruits クラスと Snack クラスのオブジェクトを格納できます。その配列から show メソッドを呼び出すことで，それぞれのクラスにあった show メソッドが呼び出されています。

　インタフェースは抽象クラスと同じ働きをもっています。ただし，抽象クラスのように値を変更できる変数を定義したり，処理を記述しているメソッドは定義できません。インタフェースで定義できるのは，final 変数と抽象メソッドとなります。

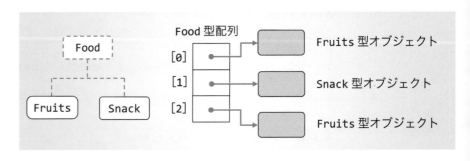

Answer

インタフェースは，その名のとおりですが，モジュール間のインタフェース定義に利用されます。例えば，次のようなライブラリがあるとします。例として，あるデータを印刷する処理を担当するライブラリだとします。処理の実行には時間がかかるため，印刷の要求メソッドである `printPage()`というメソッドを呼び出すと，印刷するデータをいったん内部のスプールファイルに蓄積した段階で，呼出し元に制御を戻すものとします。

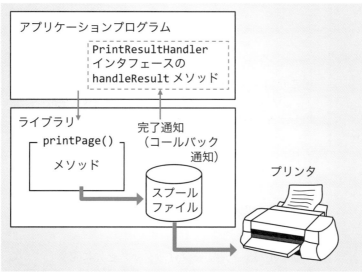

アプリケーションプログラムによっては，印刷結果の完了をログに出力したり，ポップアップ画面を使って利用者に通知したい場合も出てくるため，このライブラリでは，印刷完了時にコールバック通知することを考えました。そのためには，呼出し元のアプリケーションプログラム側で呼んでもらいたいメソッドを用意し，その位置をあらかじめ，ライブラリ側に教えておく必要があります。このコールバック通知用のメソッドの形は，ライブラリ側を先に開発する場合，ライブラリ側で定義しておく必要があります。このときにインタフェースを使うと，例えば次のように定義できます。

ライブラリ側でのインタフェース定義

```
interface PrintResultHandler {
  void handleResult(String result);
}
```

アプリケーションプログラム側でのインタフェースを実装したクラスの定義と，それを使った印刷メソッドの呼出し

```
class PrintResultHandlerA implements PrintResultHandler {
  void handleResult(String result) {
    System.out.printf("印刷結果: %s¥n", result);
  }
}
...
```

```
どこかのメソッド内のコード
// 印刷結果を受けるクラスのインスタンスを生成
PrintResultHandlerA printResultHandler
  = new PrintResultHandlerA();
//印刷結果を受けるクラスの登録
LibraryA.registerPrintResultHandler(printResultHandler);
// 印刷実行
LibraryA.printPage("Hello");
...
```

　コールバック通知を受けるクラスを先に定義してから，それを前提としてページを印刷するコードを書くため，前後関係がややこしいですが，「受け皿を準備してから実行している」と思うと，分かりやすいかと思います。

インタフェースの多重実装

　Java のクラスは二つ以上のインタフェースを実装することができます。一つの
クラスで複数のインタフェース機能を実現できる場合に使います。

構文

```
class クラス名  implements インタフェース名1,…,インタフェース名2{
   ⋮
}
```

インタフェース
の多重実装

　実際に二つのインタフェースを実装するプログラムを次に示します。

■**Test1002　複数のインタフェースを実装したプログラム**

```
1 interface Name {                           Name.java
2   void nameShow();
3 }
```

```
1 interface Price {                          Price.java
2   void priceShow();
3 }
```

二つのインタフェースを実装

```
1 class Product implements Name, Price {      Product.java
2   String name;
3   int price;
4   Product(String name, int price) {
5     this.name = name;
6     this.price = price;
7   }
8   public void nameShow() {                    オーバライド
9     System.out.println("Name:" + name);
10  }
11  public void priceShow() {                   オーバライド
12    System.out.println("Price:" + price);
13  }
14 }
```

```
1  class Test1002 {
2    public static void main(String[] args) {
3      Product product = new Product("液晶テレビ", 80000);
4      product.nameShow();
5      product.priceShow();
6    }
7  }
```

Test1002.java

実行結果▶

```
Name:液晶テレビ
Price:80000
```

アドバイス
インタフェースはコンマで区切っていくつでも実装可能です。

【プログラムの説明】

　プログラムでは，二つのインタフェース Name と Price を実装したクラス Product を定義しています。そのためクラス Product では，nameShow メソッドと priceShow メソッドをオーバライドします。

インタフェースの継承

　インタフェースは，ほかのインタフェースを継承することができます。インタフェースを継承させるときは，クラスの継承と同じく **extends** を使用します。継承元のインタフェースをスーパインタフェースといい，継承先のインタフェースをサブインタフェースといいます。

　Javaではクラスの継承を行う場合，一つのクラスだけという制約がありますが，インタフェースの継承の場合はそのような制約はありません。複数のインタフェースを継承させることができます。

　ここで，インタフェースの実装と継承の違いに注意してください。インタフェースを継承できるのは，インタフェースだけです。クラスにインタフェースを継承させることはできませんが，クラスにインタフェースを実装させることはできます。

> ・継承するインタフェース間で同じ名前の変数を定義している場合は「インタフェース名.変数名」で指定する。
> ・継承するインタフェース間で，同じ名前と引数をもつメソッドが定義されているときは，戻り値の型も同じでなければならない。

構文
```
interface インタフェース名1 extends
                    インタフェース名2,…,インタフェース名3 {
    型    変数名  = 式;
    戻り値の型    メソッド名(引数リスト);
}
```

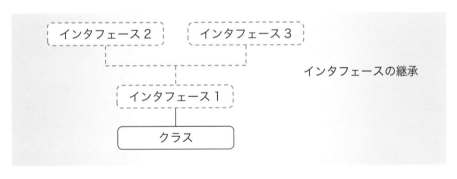

インタフェースの継承

　複数のインタフェースを継承するとき，次のことに注意しなければなりません。

> ・継承するスーパインタフェース間で同じ名前の変数は定義できない。
> ・継承するスーパインタフェース間で同じ名前のメソッドは定義できるが，そのとき，戻り値を同じにしなくてはならない。

実際にインタフェースを継承させたプログラムを次に示します。

■Test1003　インタフェースを継承させたプログラム

Name.java
```
1  interface Name {
2    void nameShow();
3  }
```

Price.java
```
1  interface Price extends Name {
2    void priceShow();       インタフェースの継承
3  }
```

Product.java
```
1  class Product implements Price {
2    String name;
3    int price;
4    Product(String name, int price) {
5      this.name = name;
6      this.price = price;
7    }
8    public void nameShow() {
9      System.out.println("Name:" + name);
10   }
11   public void priceShow() {
12     System.out.println("Price:" + price);
13   }
14 }
```

Test1003.java
```
1  class Test1003 {
2    public static void main(String[] args) {
3      Product product = new Product("液晶テレビ", 80000);
4      product.nameShow();
5      product.priceShow();
6    }
7  }
```

実行結果▶
```
Name:液晶テレビ
Price:80000
```

【プログラムの説明】

　インタフェースを継承するときは extends を使用しますが，インタフェースを実装するときは implements を使用します。

　プログラムではインタフェース Name を継承して Price を作成しています。インタフェース Price を実装した Product クラスでは，インタフェース Name と Price で定義しているメソッド（nameShow()，priceShow()）を定義しなければなりません。

Question
抽象クラスとインタフェースは何が違うのですか？

Answer

　まずプログラミング言語の文法的な面から説明すると，次の点が挙げられます。

・抽象クラスは実際のメソッドや変数をもつこともできるが，インタフェースはできない。

　※Java8 からは，インタフェースも static メソッドを持つことができるようになっています。これはインスタンスの生成をしなくても呼び出すことができるメソッドで，クラスでいうクラスメソッドに当たるものです。

・あるクラスが，インタフェースを多重実装することはできるが，抽象クラスを多重継承することはできない（つまり，インタフェースの機能を抽象クラスで代替できない）。

　一方，役割の違いから説明すると，抽象クラスはクラスのひな形として共通部分を実際に定義することも可能であるのに対して，インタフェースはあくまでもクラスの入出力インタフェースの定義にすぎないものであるといえます。

Enum

従来の Java では，定数宣言には final 変数が使用されてきました。例えば，曜日を示す定数の宣言は次のように行われます。

```java
// 曜日を表す定数を宣言するクラス
class DayOfWeek {
  public static final int SUN = 0;
  public static final int MON = 1;
  public static final int TUE = 2;
  public static final int WED = 3;
  public static final int THU = 4;
  public static final int FRI = 5;
  public static final int SAT = 6;
}
```

このように宣言しておき，各定数は DayOfWeek.SUN のように使用します。しかし，各定数は，結局 int 型の整数であるため，これらの定数を引数で受けるメソッドの宣言では，引数の型は int で宣言しなければなりません。そのため，引数に−1 や 7 などといった宣言外の整数値を指定することもできてしまいます。また，こうした定数はコンパイル時に元の整数値に変換されて各 class ファイルに埋め込まれてしまうため，DayOfWeek クラスを変更したときは，DayOfWeek を利用するすべてのクラスをコンパイルしなおさなければならないという問題もあります。

こうした問題に対応するため，Java のバージョン 5.0 から Enum が新たに導入されました。Enum による定数宣言の構文は次のとおりです。

アドバイス
Enum は，「列挙する」を意味する英単語 Enumerate の略です。

> ─ 構文 ─
> enum 型名 {定数名 1, 定数名 2, …}

Question
Enum はどう読むのですか？

Answer
　これと決まったものはないのですが，一般的には「イーナム」と読みます。

Answer

　Enum は Java だけのものではなく，多くのプログラミング言語で定義されています。Java に近い言語でいうと C 言語や C++でも以下の形式で Enum を定義します。かなり Java の文法に似ていますね。

C 言語や C++での定義文

```
enum Color { red, green, blue };
```

　Enum を利用することで，ある変数に代入する値がどこにも定義されていない変な値になってしまっている不具合をコンパイル時にチェックすることができるので，Java 以外でも重要な概念になっているわけです。

　Enum を使用すると，先の DayOfWeek の定数宣言は，次のように簡潔になります。

```
// 曜日を表す列挙定数を宣言
enum DayOfWeek {SUN, MON, TUE, WED, THU, FRI, SAT}
```

アドバイス

Java で enum を定義する文の終わりには;が付きません。

　Enum で宣言された各定数は，final 変数のときと同様に DayOfWeek.SUN のように使用することができます。ただし，各定数は int 型などではなく，DayOfWeek 型のオブジェクトとなります。そのため，定数を引数で受け取るメソッドでは，引数の型として DayOfWeek 型を指定します。

```
String dayOfWeekString(DayOfWeek d) {
        ⋮
}
```

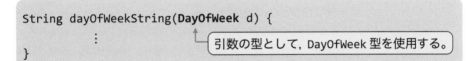
引数の型として，DayOfWeek 型を使用する。

　Enum の導入に伴い，switch 文も，Enum に対応するように変更が加えられています。switch 文は，従来の整数型，文字型に加えて，Enum の列挙定数を case 定数として利用できるようになりました。ただし，case 定数として列挙定数を指定するときは，"case DayOfWeek.SUN:"のようにするのではなく，"case SUN:"のように型名を付加せずに使用します。

　Enum を使用したプログラムを次に示します。

```
1  enum DayOfWeek{ SUN, MON, TUE, WED, THU, FRI, SAT }
2  class Test1004 {                               Test1004.java
3    static String workDay(DayOfWeek dayOfWeek) {
4      String ret = "";
5      switch(dayOfWeek) {
6        case MON:
7        case TUE:
8        case WED:
9        case THU:
10       case FRI:
11         ret = "営業日";
12         break;
13       case SAT:
14       case SUN:
15         ret = "休日";
16         break;
17     }
18     return ret;
19   }
20   public static void main(String[] args) {
21     System.out.println("月曜日は" + workDay(DayOfWeek.MON) + "です.")
22     System.out.println("土曜日は" + workDay(DayOfWeek.SAT) + "です.")
23   }
24 }
```

実行結果▶ 月曜日は営業日です。
土曜日は休日です。

【プログラムの説明】

1 行目で enum DayOfWeek の宣言を行い，workDay メソッド内の switch 文の case 定数として使用されています。workDay メソッドは，DayOfWeek.SUN，DayOfWeek.SAT が引数で与えられると "休日"，それ以外のときは "営業日" という文字列を返すメソッドです。21，22 行目で月曜日（DayOfWeek.MON）と土曜日（DayOfWeek.SAT）について workDay メソッドの呼出しを行い，戻り値を表示しています。

（1） Enum クラス

Enum の導入に伴い，Java のバージョン 5.0 では，新たに Enum クラスが追加されました。Enum の宣言は，実はコンパイルのときに Enum クラスのサブクラスに変換されています。そして，宣言された内部の各定数は，そのサブクラスのオブジェクトとして生成されています。したがって，Enum の列挙定数は，そのサブクラスの変数に対して代入を行うこともできます。

```
DayOfWeek day1 = DayOfWeek.SUN; // DayOfWeek 型変数に代入
Enum day2 = DayOfWeek.MON;        // Enum 型変数への代入も可能
```

　Enum は結局は単なるクラスにすぎません。ただし，new 演算子で直接オブジェクトを生成したり，Enum クラスを継承したクラスを作成することはできません。Enum クラスには，name(　) メソッドが定義されており，定数名を返すように実装されています。また，toString(　) メソッドも定数名を返すようにオーバライドされています。これらのメソッドを使用すれば，次のように定数名を表示させることができます。

```
System.out.println(DayOfWeek.SUN.name()); //"SUN" が表示される
System.out.println(DayOfWeek.MON);         //"MON" が表示される
```

(2)　values メソッド，valueOf メソッド

　Enum 型定数を宣言した際，Enum 型のクラスには次のクラスメソッドが自動的に作成されます。

メソッド	説明
static 型名[] values()	その Enum 型で宣言されているすべての Enum 定数を要素にもつ配列を返す。
static 型名 valueOf(String name)	引数で指定された定数名をもつ Enum 定数を返す。

　これらのメソッドを使用することにより，次のように定数名から Enum 型に対応する定数を取得したり，型名に対応する全定数を列挙することができます。

```
// 定数名から enum 定数を取得
DayOfWeek day = DayOfWeek.valueOf("SUN");
// DayOfWeek で宣言されている定数の配列を取得
DayOfWeek[] days = DayOfWeek.values();
```

ポイントは頭に入っていますか？
理解できているか Check してみましょう。

- [x] インタフェース
- [x] 実装
- [x] 多重実装
- [x] Enum（列挙型）

問10 − 1　次の説明文で正しければ○，誤っていれば×を付けなさい。

(a) インタフェースを定義するときは，implementsを
使用する。

(a) ☐

(b) インタフェース型の変数を宣言できる。

(b) ☐

(c) インタフェース型のオブジェクトを生成できる。

(c) ☐

(d) インタフェースを継承して，新しいインタフェースを
定義できる。

(d) ☐

(e) 複数のインタフェースを実装することができる。

(e) ☐

問10 − 2　次のプログラムの空欄に入る正しい答えを解答群から選びなさい。
《Foodインタフェースを実装したFruitsクラスを定義する》

```
     a      Food {
  void show();
}
class Fruits    b    Food {
  String name;
  Fruits(String name) {
    this.name = name;
  }
  public void show() {
    System.out.println("Name:" + name);
  }
}
```

解答群

ア　class 　　　　　　イ　extends
ウ　implements 　　　エ　interface
オ　throws

(a) ☐

(b) ☐

問10 － 3　　Enumの定義の際に，各値の区切り文字には，何を使いますか？

解答群
　ア　．（ピリオド）　　　　　　イ　，（コンマ）
　ウ　：（コロン）　　　　　　　エ　；（セミコロン）

答え _____

Java
Programming

第 11 章　例外処理

　この章では，プログラムによるエラーに対処する方法である「例外処理」について説明します。
　例外処理を理解することで，エラー処理を徹底したプログラムを作成することができます。

例外

例外とは，プログラム実行中に発生するエラーのことです。例えば，次のような例外が考えられます。

> ・配列の範囲を超えた要素番号を指定した。
> ・ゼロで除算した。
> ・数字以外の文字列を整数に変換した。

例えば，次の処理を実行すると配列の範囲を超えた要素をアクセスしているので，例外が発生します。

アドバイス

例外処理とは，エラーが発生した際に行う処理のことです。

```java
int[] array = new int[3];

array[0] = 10;
array[1] = 20;
array[2] = 30;
array[3] = 40;  ──→ 例外発生
```

配列領域外へのアクセスが発生

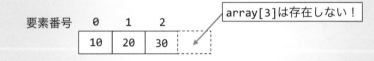

array[3]は存在しない！

要素番号	0	1	2	
	10	20	30	

Java ではエラーが発生した際の処理を例外処理と呼び，この章で説明する **try-catch** 文という構造で処理内容を記述します。

このような仕組みがないプログラミング言語では，処理中にエラーが発生したかどうかのチェック方式が統一されていなかったり，発生し得るエラーに対する処理があってもなくても良かったりといったあいまいさがあるため，プログラムの品質がプログラムを書く人やチームによってバラついてしまいます。Java の例外処理は，このような問題を解決するためのものです。

Question
例外処理の内容がイメージできないのですが？

例外は上記のようなプログラム上のバグによるものから，通信障害などさまざまなので一概に例外処理の内容を伝えることはできませんが，最も単純で一般的な例外処理はエラーログの出力や，エラー画面の表示といったものが例としてあげられます。

例外処理のクラス

　Java では例外処理のクラスの Throwable クラスを継承したいくつかのクラスが用意されています。このクラスの種類が例外の種類に対応しています。

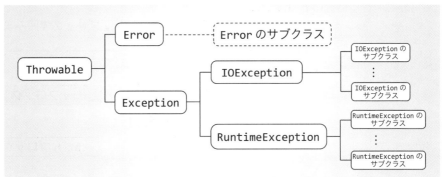

　Error クラスを継承したサブクラスは JVM で検出される重要なエラーを検出します。つまり，メモリ不足，内部エラー，不正アクセスなどのハードウェアに関するエラーとなります。このテキストでは Error クラスについては省略します。

　通常，Exception クラスで例外処理を行います。Exception クラスのサブクラス IOException は入出力操作中に発生する例外を検出します。また，サブクラス RuntimeException は不正変換や配列外参照などの例外を検出します。

　次に Exception クラスのサブクラスを示します。

クラス	説　　明
ClassNotFoundException	クラスが見つからない。
IllegalAccessException	クラスに不正にアクセスした。
InstantiationException	インタフェースまたは抽象クラスのオブジェクトを生成しようとした。
InterruptedException	スレッドに割込みが入った。
NoSuchFieldException	クラスで未定義の変数にアクセスした。
NoSuchMethodException	クラスで未定義のメソッドにアクセスした。
RuntimeException	実行中に例外が発生した。

　次に RuntimeException クラスのサブクラスを示します。

クラス	説　　明
ArrayIndexOutOfBoundsException	配列で存在しない要素をアクセスした。
ArithmeticException	算術例外が発生した（ゼロで除算など）。
ClassCastException	不正なキャストを行った。
NegativeArraySizeException	配列サイズで負値を使用した。
NullPointerException	null のオブジェクト変数にアクセスした。
NumberFormatException	整数の値が不正だった。
SecurityException	セキュリティ違反のため操作が拒否された。
StringIndexOutOfBoundsException	文字列のインデックスが領域を越えた。

キーワード

スレッド

単一プロセス内で複数の処理が並列実行される場合における，個々の処理単位のこと（第 12 章で説明）

キーワード

キャスト

指定した型に明示的に変換すること（第 3章 3.6 キャスト演算子（型変換）で説明）

第11章 例外処理

Java では，try ブロックと catch ブロックを使って，例外に対応したコードを記述します。

(1) try ブロック

例外が発生する可能性がある文を try ブロックで囲みます。

```
構文
try {
    例外が発生する可能性のある文          try ブロック
      ⋮
} catch (例外クラス　変数名) {
    例外発生時に処理する文               catch ブロック
      ⋮
} finally {
    例外に関係なく処理される文           finally ブロック
      ⋮
}
```

(2) catch ブロック

catch ブロックの( )には try ブロックで発生する可能性がある例外クラスを記述します。

例えば，配列の範囲を超えた要素をアクセスする可能性があるときは，ArrayIndexOutOfBoundsException を記述します。また，不正な整数変換を行う可能性があるときは NumberFormatException を記述します。この catch ブロックはブロックごとに複数記述できます。

catch 文の( )の中に記述した例外クラスの後に変数を記述します。例外が発生すると，この変数に発生した例外クラスのオブジェクトが入ります。

```
try {
    例外発生の可能性のある処理
      ⋮                    配列外参照例外        例外オブジェクト変数
} catch(ArrayIndexOutOfBoundsException e) {
    配列外参照例外時の処理
      ⋮                         不正整数変換例外
} catch (NumberFormatException e) {
    不正整数変換例外時の処理
      ⋮
}
```

では，実際に例外処理を行うプログラムを次に示します。

■Test1101　例外処理を使用したプログラム

```
1  class Test1101 {
2    public static void main(String[] args) {          Test1101.java
3      try {
4        int[] array = new int[3];
5        array[0] = 10;
6        array[1] = 20;
7        array[2] = 30;
8        array[3] = 40;                                    例外発生
9        System.out.println("正しく配列に代入しました。");
10     } catch (ArrayIndexOutOfBoundsException e) {
11       System.out.println("配列を超えた要素をアクセスしました。");
12     }
13     System.out.println("終了します。");
14   }
15 }
```

アドバイス

tryとcatchはセット
になっています。

実行結果▶ 配列を超えた要素をアクセスしました。
終了します。

【プログラムの説明】

　try ブロックの中の処理で例外が発生すると，発生した例外と一致する catch ブロックが処理されます。catch ブロックの処理が終了したら，try-catch 文の後の処理が実行されます。

　プログラムでは 8 行目で「配列外参照例外」が発生し，その例外を 10 行目の catch 文（ArrayIndexOutOfBoundsException e）で検出します。catch ブロックの 11 行目の文が実行され，try 文の後の 13 行目の処理が実行されます。

Question

一つのメソッド内に，try-catch 文を複数記述することもできますか？

Answer

　はい，一つのメソッド内に，複数の try-catch 文を記述することも可能です。

try ブロックの中で発生した例外を検出するためには，catch 文の( )の中に
その例外処理に対応するクラス名を記述しないと検出することはできません。つ
まり，次のような記述では正しく配列外参照例外を取り出すことはできません。

```
try {
  int[] array = new int[3];
  array[3] = 40;  ← 配列外参照例外

                        不正整数変換例外
} catch (NumberFormatException e) {
    ⋮
}
```

(3) try ブロック内でのメソッド呼出し

次のように try ブロック内で呼び出したメソッドで発生した例外を検出するこ
ともできます。

■Test1102　呼び出したメソッドで例外を検出するプログラム

```
1  class Test1102 {
2    public static void main(String[] args) {          Test1102.java
3      try {
4        int[] array = new int[3];
5        setArray(array);
6      } catch (ArrayIndexOutOfBoundsException e) {
7        System.out.println("配列を超えた要素をアクセスしました。");
8      }
9      System.out.println("終了します。");
10   }
11   public static void setArray(int[] array) {
12     array[0] = 10;
13     array[1] = 20;
14     array[2] = 30;
15     array[3] = 40;                              例外発生
16     System.out.println("正しく配列に代入しました。");
17   }
18 }
```

実行結果▶ 配列を超えた要素をアクセスしました。
終了します。

【プログラムの説明】

プログラムでは try ブロックの中で setArray メソッドを呼び出しています。setArray メソッドの中で例外が発生した場合，そのメソッド内に例外と一致する catch 文がないときは，呼ばれた場所に戻って発生した例外と一致する catch 文を探し出します。

発生した例外と一致する catch 文がないときは，プログラムは異常終了してしまいます。

(4) finally ブロック

例外の発生する可能性のある文を try ブロックで囲み，例外に対応した処理を catch ブロックで記述します。

try 文にはそのほかに finally ブロックを記述できます。finally ブロックは，例外の発生に関係なく必ず実行されるブロックです。

Question

例えばどんな処理が finally ブロックに記述されるのですか？

Answer

一部抽象的な表現ですが，次のようなコードが分かりやすいと思います。

```
try {
  ファイルを開く
  1 行読み込む
  読み込んだ文字列を整数に変換する
} catch （数字列ではない例外） {
  数字ではない旨，エラー表示する
} finally {
  ファイルを閉じる
}
```

この例では，ファイルから 1 行の文字列を読み込んで，その文字列を整数に変換します。このとき，整数への変換が成功しても失敗しても，ファイルは閉じないといけません。

こうした場合，try ブロックと catch ブロックの両方にファイルを閉じる処理を記述するよりも finally ブロックに記述する方が効率的です。

finally ブロックを使用したプログラムを次に示します。

■Test1103　finally ブロックを使用したプログラム

```java
class Test1103 {
  public static void main(String[] args) {      Test1103.java
    try {
      int[] array = new int[3];
      array[0] = 10;
      array[1] = 20;
      array[2] = 30;
      array[3] = 40;
      System.out.println("正しく配列に代入しました");
    } catch (ArrayIndexOutOfBoundsException e) {
      System.out.println("配列を超えた要素をアクセスしました。");
    } finally {
      System.out.println("配列への代入を終了します。");
    }
    System.out.println("終了します。");
  }
}
```

finally ブロック

実行結果▶
配列を超えた要素をアクセスしました。
配列への代入を終了します。
終了します。

【プログラムの説明】

　finally ブロックには例外に関係なく実行される処理を記述できます。このブロックは例外が発生しなくても実行されます。また，発生した例外と一致する catch 文がないときも，finally ブロックは必ず実行されます。

　例外が発生すると try ブロックの処理が中断してしまうので，finally ブロックには，最後に必ず行うような処理を記述します。

11.3 独自の例外クラス

　プログラムで例外が発生したときに，その例外を検出して対処する方法を説明しました。発生する例外の種類はあらかじめいくつか用意されていますが，Javaでは例外もクラスとして実装されています。これは何を意味するかというと，独自の例外パターンが定義できるということです。

　例えば，自分で作成したクラスの定義をほかの人が利用するときや，そのクラスを利用するときに発生し得る例外を独自に定義することができます。

　独自の例外を発生させるには例外クラスの定義が必要です。自分で例外クラスを定義するときは，Exception を継承させます。

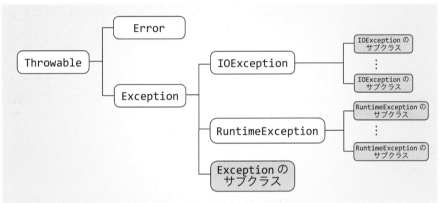

＊ [　　　] は独自の例外クラス

　構文
```
class 例外クラス名 extends Exception {
    ⋮
}
```

アドバイス

例外もクラスではありますが，例外処理に使うための特殊なものなので，通常クラス名の末尾は Exception とします。

第11章　例外処理

では，実際に独自の例外を発生させるプログラムを次に示します。

■**Test1104 独自の例外を発生させるプログラム**

```
1  class PencilException extends Exception {    PencilException.java
2    PencilException() {
3      super("データが無効です。");          独自の例外クラス
4    }
5  }
```

```
1  class Pencil {                                    Pencil.java
2    String color;              PencilException 例外が発生
3    double size;               する可能性があることを示す。
4    void setData(String color, double size)
5                        throws PencilException {
6      if(size <= 0) {                    例外オブジェクト生成
7        throw new PencilException();     例外のスロー
8      }
9      this.color = color;
10     this.size = size;
11   }
12 }
```

```
1  class Test1104 {
2    public static void main(String[] args) {      Test1104.java
3      try {
4        Pencil pen = new Pencil();
5        pen.setData("Blue", -0.5);
6      } catch (PencilException e) {    例外を検出
7        System.out.println(e);
8      }
9    }
10 }
```

実行結果▶ PencilException: データが無効です。

【プログラムの説明】

プログラムではクラス Pencil の変数 size に代入する値を判定し，0 以下のとき例外を発生させています。

通常，このような「0 以下のとき例外発生」などの例外クラスは用意されていないので，クラス Exception を継承した独自の例外クラス PencilException を定義します（PencilException.java）。

また，setData メソッドでは PencilException 例外が発生する可能性がありますが，Java ではそのようなメソッドは「throws」によって発生する可能性のある例外を明示しなければなりません（ただし，例外が RuntimeException や Error のサブクラスの場合には，throws による明示は必要ありません）。

throw

構文

戻り値の型　メソッド名(引数型 引数名, …) throws 例外クラス型, …

---

setData メソッドでは変数 size に代入する値が 0 以下のとき，例外を発生さ
せるために PencilException クラスのオブジェクトを生成し，キーワード
「throw」を使用して呼ばれた場所に例外オブジェクトを送っています。

構文

throw 例外オブジェクト参照式

これが例外を発生させることになります。例外が発生すると，Test1104.java
の 6 行目の catch 文で，その例外を検出します。

```
                    ┌─────────────────────────┐    ┌──────────────────────┐
                    │ Exception クラスのコントラクタ │    │ PencilException からの │
                    └─────────────────────────┘    │ メッセージはスーパクラ  │
                                                    │ スの変数に格納されます。│
  class PencilException extends Exception {         └──────────────────────┘
    PencilException() {
      super("データが無効です。) ";
    }
  }
  ┌────────────────────────────────────┐
  │ PencilException クラスのコンストラクタ呼出し │
  └────────────────────────────────────┘
    void setData(String color, double size)
                            throws PencilException {
        if(size <= 0) {
          throw new PencilException();
        }
  ┌──────────┐
  │ setData   │  try {
  │ メソッド    │      Pencil pen = new Pencil();
  │ 呼出し      │      pen.setData("Blue", -0.5);          ┌─────────────┐
  └──────────┘  } catch (PencilException e) {             │ 例外のスロー  │
                    System.out.println(e);                └─────────────┘
                }
```

第11章　例外処理

（1） 例外クラスごとに catch ブロックを複数記述

前述したとおり，try 文の中に複数の例外を対処するように記述できます。つまり一つの try 文の中に複数の catch 文を記述できます。

例えば，次のような例外が発生する可能性があるとします。
・IOException（キーボードからの値入力時のエラー）
・NumberFormatException（数字以外の文字を含む文字列を整数に変換した）

このような場合は次のように try 文の中に二つの catch ブロックを記述します。

```
try {
  BufferedReader br =
    new BufferedReader(new InputStreamReader(System.in));
  String s = br.readLine();      ← 入力時に例外が発生する可能性あり
  int x = Integer.parseInt(s);
  int z = x * 10;                  整数変換時例外が発生する可能性あり
  System.out.println("10 倍した値"+ z);
} catch(IOException e) {          キーボードからの値
  System.out.println("例外が発生しました。");   入力時のエラー
} catch(NumberFormatException e) {     数字以外の文字を含む
  System.out.println("例外が発生しました。");   文字列を整数に変換した
}
```

この処理はキーボードから入力した値を 10 倍して表示するものです。このとき，二つの例外が発生する可能性があります。

一つがキーボードから値を入力するので「IOException」，もう一つが入力した文字列を整数に変換するため「NumberFormatException」です。

例えば，キーボードから"12A"と入力したとき，この文字列は整数に変換できないので「NumberFormatException」となります。

実行結果▶
```
12A
例外が発生しました。
```

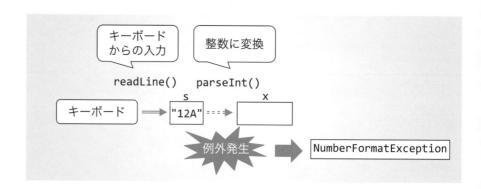

（2）　一つのcatchブロックで複数の例外を処理

次に一つのcatchブロックで複数の例外を検出できることを説明します。

前述したプログラムでは“入出力例外”と“不正整数変換例外”を処理していました。この二つの例外はExceptionクラスのサブクラスになります。

次のようにcatch文にExceptionと記述することで，これらの二つの例外を検出することができます。

```
try {
  BufferedReader br =
    new BufferedReader(new InputStreamReader(System.in));
  String s = br.readLine();          ← 入力時に例外が発生する可能性あり
  int x = Integer.parseInt(s);       ← 整数変換時例外が発生する可能性あり
  int z = x * 10;
  System.out.println("10倍した値"+ z);
} catch(Exception e) {                              Exception例外
  System.out.println("例外が発生しました。");
}
```

catch文にスーパクラスを指定することで，そのスーパクラスのサブクラスの例外を検出することができます。

（3）　例外クラスの継承関係

catch文は上から順に実行し，発生した例外に合うcatch文が見つかると，それ以降のcatch文は実行しません。つまり，上位のcatch文にスーパクラスであるExceptonを指定したときは，それ以降にNumberFormatExceptionなどのサブクラスを記述しても検出されません（書き方①）。逆にこのことを利用して，「NumberFormatExceptionのとき」の例外処理と，「それ以外のとき」の例外処理を分岐するように記述することが可能です（書き方②）。

書き方①

NumberFormatExceptionを含むすべての例外を検出する。

```
try {
  ⋮
} catch(Exception e) {
  ⋮
} catch(NumberFormatException e) {
  ⋮
}
```

このcatch文は実行されない。

書き方②

```
try {
  ⋮
} catch(NumberFormatException e) {
  ⋮
} catch(Exception e) {
  ⋮
}
```

NumberFormatException以外の例外のとき実行される。

Javaでは例外処理を，例外クラスの定義と try-catch 文による処理構造の記述で行う点を説明してきました。この点に関して Java は厳格な仕組みをもっており，次のようにあるクラスのあるメソッドが，さらにメソッドを呼び出すような連鎖構造をもつ場合，呼出し先のメソッドが throws 句で定義している「発生する可能性がある例外クラス」を，コンパイラがチェックし，これを呼出し元のメソッドが処理する構造をもっていないと，コンパイルエラーになります。これによって例外処理が必要な処理を必ず記述することを求めています。

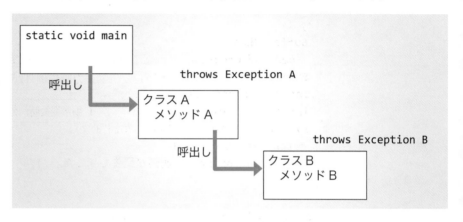

このとき，例外クラスを処理する方法は2通りあります。一つ目は try-catch 文で自分のメソッド内で例外処理内容を記述する方法。二つ目は，メソッド定義の throws 句を使って自分の呼出し元であるメソッドに例外処理をお願いしてしまう方法です。

しかし，故意に例外発生を無視する次の例のような記述をすることも可能です。せっかく Java が用意してくれた例外処理の仕組みを台無しにしてしまう悪い例なので，こうしたコードを記述しないように注意しましょう。

【例外が発生しても無視するコード例（悪い例）】

```
try {
  処理;
} catch(Exception ex) {
  // 何もしない
}
```

Question
すべてのメソッドで，throws 句を使って，例外処理を呼出し元にお願いしてしまうと，どうなるのですか？

　そうすると，最上位のメソッドである static void main メソッドでも例外処理が行われず，JVM 自体が例外を catch し，発生した例外クラスについてエラーメッセージを出力したのち，プログラムが異常終了する仕組みになっています。

ポイントは頭に入っていますか？
理解できているか Check してみましょう。

check

- ✔ 例外処理
- ✔ 例外クラス
- ✔ try
- ✔ catch
- ✔ finally
- ✔ throws
- ✔ throw
- ✔ 独自例外クラス

問11 — 1 次の例外クラスに関連している例外を解答群から選びなさい。

(a) IOException

(a) [　　　　]

(b) ArrayIndexOutOfBoundsException

(b) [　　　　]

(c) NumberFormatException

(c) [　　　　]

(d) ArithmeticException

(d) [　　　　]

解答群

ア　不正整数変換例外　　　　イ　算術例外

ウ　入出力例外　　　　　　　エ　配列外参照例外

オ　不正キャスト例外

問11 － 2 　次のプログラムの空欄に入る正しい答えを解答群から選びなさい。

【プログラムの説明】

キーボードから入力した値をint型の配列に格納する。

例外処理が発生したら，エラーメッセージを表示してプログラムを終了する。

表示するエラーメッセージは発生した例外の種類に関係なく同じメッセージで

よい。

```java
import java.io.*;
class Test11 {
  public static void main(String[] args)  [ a ]  {
    int[] tbl = new int[5];
    try {
      BufferedReader br = new BufferedReader
        (new InputStreamReader(System.in));
      for (int i = 0; i < tbl.length; i++) {
        tbl[i] = Integer.parseInt(br.readLine());
      }
    } catch( [ b ] ) {
      System.out.println("ファイルからの入力処理で例外が発生しました。");
    } catch( [ c ] ) {
      System.out.println("整数値の読込み処理で例外が発生しました。");
      [ d ]  new Exception("例外が発生したため処理を終了します。");
    }
  }
}
```

aの解答群

ア　throw Exception

イ　throw new Exception

ウ　throws Exception

エ　throws new Exception

(a) [　　　]

b, cの解答群

ア　ArithmeticException e

イ　ArrayIndexOutOfBoundsException e

ウ　IOException e

エ　NumberFormatException e

(b) [　　　]

(c) [　　　]

dの解答群

ア　catch

イ　throw

ウ　throws

エ　try

(d) [　　　]

Java
Programming

第12章 スレッド

この章では，「スレッド」について説明します。
これまでのプログラムでは処理の流れが一つだけ
でしたが，Java では「スレッド」を使うことで
複数処理を並行して実行することができます。
複数の処理を動かす方法を理解しましょう。

スレッドとは

　コンピュータの中では，複数のプログラムが並行して同時に実行されていますが，プログラムごとにデータを保持する「変数領域（データ部）」と処理内容である「命令領域（コード部）」をもちます。このうち命令領域はプログラムの処理内容である命令が処理の順番に合わせて並んでいます。また，この変数領域は一つのプログラムが実行される単位で一つ作成されます。この実行単位を「プロセス」と呼びます。同じプログラムでも2回起動すれば2プロセスできるともいえます。

　シンプルなプログラムでは，命令領域に並んだ命令は直列に進められます。しかし複数の要求を同時に処理するサーバプログラムなどでは，同時に複数の命令を並行して進める必要があります。このために作られた仕組みが「スレッド」というもので，「軽量プロセス」とも呼ばれます。スレッドは一つのプロセスの中に複数存在することができる命令を処理する単位です。同じプロセス内に存在するため，変数領域を共有することができます。

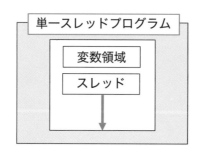

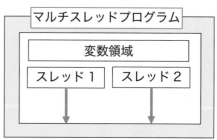

　プロセス内部にスレッドが一つしかないプログラムを「シングルスレッドプログラム」，複数スレッドが存在するプログラムを「マルチスレッドプログラム」と呼びます。

Question
スレッドはJava 特有の機能ですか？

　いいえ，スレッドはもともとOS のもつ機能なので，プログラミング言語に関係なく使われるものです。ただしOS の種類ごとにスレッドの作り方が異なるので，Java では言語処理体系として，そうした差異を吸収しており，どのOS 上でも同じようにマルチスレッドプログラムを実行することができるようになっています。

(1) スレッドの作成（Thread クラス）

Java ではスレッドを使った処理もクラスを使って記述します。スレッドは Thread クラスを継承したクラスのオブジェクトを生成することで作成できます。

Thread クラスを継承したクラスは次のように記述します。

```
─ 構文 ─────────────
class クラス名 extends Thread {
  public void run() {
    // スレッドの処理
  }
}
```

アドバイス

Thread クラスを継承させてスレッド処理を記述します。

Thread クラスを継承したクラスでは，必ず run メソッドをオーバライドする必要があります。そしてこの run メソッドの中でスレッドの処理内容を記述します。

Thread クラスの主なインスタンスメソッドを次に示します。

メソッド	説　　明
public int getPriority()	スレッドの優先順位を返す。
public void join()	現在のスレッドが破棄されるまで，呼出し元を待機させる。
public void run()	スレッドの処理を記述する。
public void setPriority(int p)	スレッドの優先順位を p にする。
public void start()	スレッドを開始する。

第12章 スレッド

Thread クラスを使用してスレッド処理を行うプログラムを次に示します。

■Test1201　Threadクラスを使用したプログラム

```
1  class ThreadA extends Thread {          ThreadA.java
2    int num;
3    ThreadA (int num) {                ThreadA クラス
4      this.num = num;
5    }
6    public void run() {                run メソッド
7      for(int i = 0; i < 3; i++) {
8        System.out.println("スレッド" + num);
9      }
10   }
11 }
```

```
1  class Test1201 {                      Test1201.java
2    public static void main(String[] args) {
3      ThreadA t1 = new ThreadA(1);      オブジェクト生成
4      t1.start();              スレッド 1 開始
5      ThreadA t2 = new ThreadA(2);      オブジェクト生成
6      t2.start();              スレッド 2 開始
7      System.out.println("mainメソッド終了");
8    }
9  }
```

実行結果▶

```
main メソッド終了          main メソッドでの表示
スレッド 1
スレッド 1                  スレッド 1 での表示
スレッド 2
スレッド 1
スレッド 2                  スレッド 2 での表示
スレッド 2
```

＊実行するたびに結果は違います。

【プログラムの説明】

　main メソッドでは ThreadA クラスの二つのオブジェクトを生成し，start メソッドを呼び出してスレッドを開始しています。実は JVM の中で start メソッドの呼出しを受け付けると，呼出し元のスレッドとは別のスレッドを生成し，新しいスレッドの処理として run メソッドの処理を実行させているのです。

　ThreadA クラスの run メソッドでは，println 文を 3 回実行しています。実行結果を見ると，「スレッド 1」と「スレッド 2」が順不同に表示されているのが分かります。

　Test1201 では二つのスレッドが開始されているので，それぞれのスレッドにリソース（CPU 時間）が割り当てられたときに，そのスレッドが動作します。このため，再度プログラムを実行しても，同じ結果を得るとは限りません。

　また，実行結果の 1 行目で main メソッドの最後の println 文（"main メソッド終了" の表示）が実行されています。つまり，main メソッドが終了しても，「スレッド 1」と「スレッド 2」が処理されているのが分かります。このように main メソッドと各スレッドは切り離されて処理されます（main メソッドの処理も一つのスレッドです）。

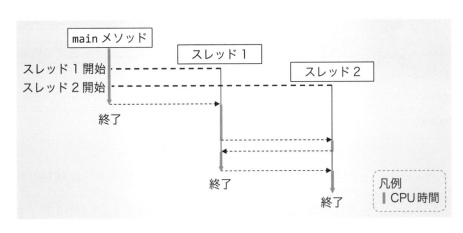

アドバイス

作成したスレッドの run メソッドを呼んではいけません。

Question

Thread クラスの run メソッドと start メソッドは何が違うのですか？

Answer

　スレッド生成元のスレッドが new 句を使って新しいスレッドクラスを生成したのち，そのクラスインスタンスの run メソッドを呼び出すと，一見 start を呼び出した場合と同じ動作をしますが，呼出し元スレッドとして run メソッド内に記述された処理を実行してしまいます。つまり，run メソッド内の処理が終わるまで，次の処理を実行しなくなってしまいます。

（2） join メソッド

　main メソッドとスレッドは切り離して処理されることは説明したとおりですが，join メソッドを記述することで，スレッドの呼出し元である main メソッドは，スレッドが終了するまで待機させることができます。

　プログラム Test1201.java の 6 行目の下に次の文を追加して実行します。

> Test1201 の 6 行目の下に追加

```
try {
  t1.join();  ← スレッド 1 に対しての join メソッド
  t2.join();  ← スレッド 2 に対しての join メソッド
} catch(InterruptedException e) {
   ：
}
```

　join メソッドを追加したときの，実行結果を次に示します。

join メソッドでほかのスレッドの終了を待ちます。

実行結果▶

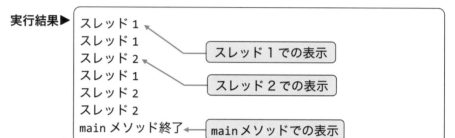

```
スレッド 1
スレッド 1 ← スレッド 1 での表示
スレッド 2 ← スレッド 2 での表示
スレッド 1
スレッド 2
スレッド 2
main メソッド終了 ← main メソッドでの表示
```
＊実行するたびに結果は違います。

【プログラムの説明】

　実行結果を見ると，main メソッドの最後の println 文が最後に表示されています。

　これは，「スレッド 1」と「スレッド 2」の処理が終了するまで main メソッドの処理が待機され，二つのスレッドが終了したとき，待機していた main メソッドの処理が再開された結果です。

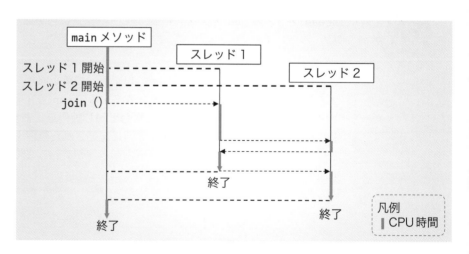

Runnable インタフェース　　前節までで，Thread クラスを継承する方法による，スレッド処理の記述方法を説明しました。ここではもう一つの方法を紹介します。

インタフェースを利用したスレッド作成

　ここでは，インタフェースを利用したスレッドの作成について説明します。スレッドの処理を行うときは，Thread クラスを継承したクラスを作成します。第8章で説明したとおり，Java では複数のクラスを継承することができないので，あるクラスを継承したサブクラスに Thread クラスを継承させることはできません。

　このような場合は，サブクラスに対して Runnable インタフェースを実装させます。

アドバイス

スレッド処理は，インタフェースを使って記述することも可能です。

構文
```
class クラス名  implements Runnable {
  public void run() {
    // スレッドの処理
  }
}
```

　Runnable インタフェースを使用してスレッドを開始するプログラムを次に示します。

■Test1202　Runnable インタフェースを使用したプログラム

```
1  class ThreadA implements Runnable {          ThreadA.java
2   int num;
3   ThreadA(int num) {        Runnable インタフェース実装
4     this.num = num;
5  }
6   public void run() {       run メソッド
7     for (int i=0; i<5; i++) {
8       System.out.println("スレッド" + num);
9     }
10  }
11 }
```

```
1  class Test1202 {
2   public static void main(String[] args) {    Test1202.java
3     ThreadA td1 = new ThreadA(1);
4     Thread t1 = new Thread(td1);          スレッド1
5     t1.start();
6     ThreadA td2 = new ThreadA(2);
7     Thread t2 = new Thread(td2);          スレッド2
8     t2.start();
9     System.out.println("mainメソッド終了");
10  }
11 }
```

実行結果▶
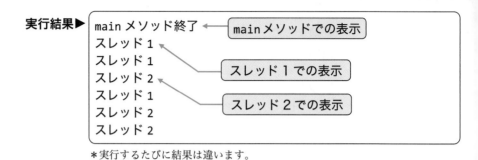

*実行するたびに結果は違います。

実行結果は Test1201 と同じような結果になります。

【プログラムの説明】

プログラムの ThreadA クラスは Runnable インタフェースを実装したクラスです。Runnable インタフェースを実装したクラスは必ず run メソッドを実装しなければなりません。

Test1202.java プログラムの 3 行目と 4 行目で「スレッド 1」のオブジェクトを生成しています。まず、ThreadA オブジェクトを生成し、そのオブジェクトから Thread オブジェクトを生成しています。

この二つの作業が必要となります。

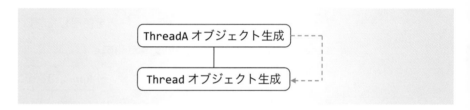

あとは、Thread クラスを継承したときと同じく start メソッドを呼び出し、スレッドを開始させます。

12.4 マルチスレッドと排他制御

(1) マルチスレッドでのデータを共有する

複数のスレッドから，一つの変数を共有するときに発生する問題について説明します。次にプログラムを見てください。

キーワード

マルチスレッド

複数のスレッドを取扱うことを指す。

■Test1203　複数のスレッド間でデータを共有するプログラム（問題あり）

```java
1  class Count {
2    int num = 0;
3    void add(int num) {
4      this.num += num;        ← 加算
5    }
6  }
```
Count.java
Count クラス

```java
1  class ThreadA extends Thread {
2    Count count;              ← Count オブジェクト参照値
3    ThreadA(Count count) {
4      this.count = count;     ← Count オブジェクト参照値の代入
5    }
6    public void run() {
7      for (long i=0; i<1000000; i++) {
8        count.add(1);         ← add メソッド呼出し
9      }
10   }
11 }
```
ThreadA.java
ThreadA クラス

```java
1  class Test1203 {
2    public static void main(String[] args) {
3      Count count = new Count();      ← Count オブジェクトの生成
4      ThreadA[] ta = new ThreadA[5];
5      for (int i = 0; i < 5; i++) {
6        ta[i] = new ThreadA(count);   ← 五つのスレッドの開始
7        ta[i].start();
8      }                                  Count オブジェクト参照値
9      for (int i=0; i<5; i++) {
10       try {
11         ta[i].join();
12       } catch(InterruptedException e) {
13         System.out.println("InterruptedException例外");
14       }
15     }
16     System.out.println("トータル:" + count.num);
17   }
18 }
```
Test1203.java

第12章 スレッド

トータル：3702899

＊ 実行するたびに結果は違います。

【プログラムの説明】

　プログラムでは，五つのスレッドを開始し，各スレッドでは一つの Count オブジェクトに対して処理を行っています。

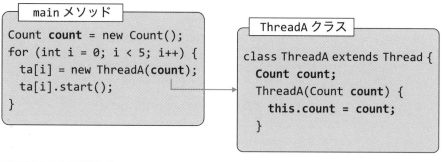

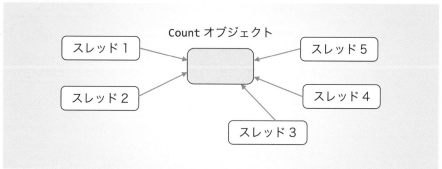

　Count クラスの add メソッドでは，仮引数で受け取った値を変数 num に加算しています。この変数 num がスレッド間で共有するデータになります。

　各スレッドでは，Count クラスの add メソッドに引数 1 を渡して 1,000,000 回呼び出しています。プログラムでは 5 個のスレッドを開始しているので，合計 5,000,000 回 add メソッドが呼び出されます。

　引数 1 を渡して add メソッドが 5,000,000 回呼び出されるということは，変数 num の値は 5,000,000 になるはずですが，実行結果は 5,000,000 ではありません。

　これが，複数のスレッドで共有データを扱うときの問題となります。原因として，複数のスレッドが同時期に同じメソッドを呼び出していることが問題になります。

　例えば，変数 num に値 100 が格納されているとします。スレッド 1 が add メソッドを呼び出し，変数 num に 1 を加算し，値を 101 としたあとにほかのスレッドに処理が移るように順に処理される場合はよいのですが，次のような場合は問題となります。

　スレッド 1 が add メソッドを呼び出し，変数 num に 1 を加算する前に，ほかのスレッドに処理が移り，add メソッドが呼ばれて変数 num の値に 1 を加算し，値を 101 としたあとにスレッド 1 に処理が移り，1 を加算し，値を 101 としてしまう場合があります。このとき変数 num の値は 1 の誤差が生じます。

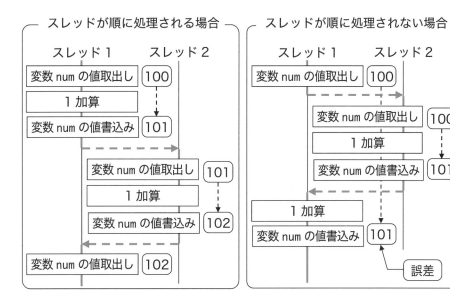

（2） synchronized 修飾子

　この問題を解決する方法として，synchronized 修飾子を使用してスレッドを同期させる方法があります。

　synchronized 修飾子を付けて定義したメソッドは，スレッドによって呼び出されたときに，ほかのスレッドから呼び出されないようにオブジェクトをロックします。メソッドの処理が終了すると自動的にロックが解除されます。

　ロックされているオブジェクトのメソッドをほかのスレッドが呼び出そうとすると，現在のスレッドがロックを解除するまで待たせます。これによって，複数のスレッドが同時期に同じオブジェクトのメソッドを呼び出すことを防ぐことができます。

アドバイス

synchronized で排他制御！

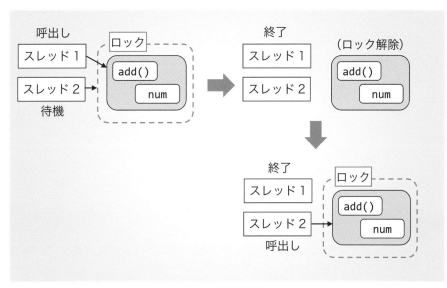

> ═══ 補足 ═══
>
> 　ただし，今述べたことはsynchronized修飾子を付けたメソッドだけに限ることに注意してください。ロックされたオブジェクトであっても，synchronizedのないメソッドや変数には複数のスレッドから自由にアクセスすることができます。

　プログラムの Count クラスの add メソッドを次のように synchronized 修飾子を付けて定義します（Test1203 の Count.java　3行目を変更）。

```
1 class Count {
2   int num = 0;          ← synchronized 修飾子
3   synchronized void add(int num) {
4     this.num += num;
5   }
6 }
```

　これによって，複数スレッドでデータを共有するときの問題を解決できます。

（3）　synchronized 文

　複数スレッドでデータを共有するもう一つの方法に synchronized ブロックの使用があります。

```
─ 構文 ─
synchronized(obj) {
  //処理
}
```

　Count クラスの add メソッド内を次のように synchronized ブロックを付けて記述します。

```
Test1203 の Count.java　1 行目〜6 行目を変更

class Count {
  int num = 0;
  void add(int num) {
    synchronized(this) {    ← synchronized ブロック
      this.num += num;
    }
  }
}
```

　synchronized ブロックを記述すると，変数にアクセスするとき，その変数があるオブジェクトをロックします。

(4) デッドロック

　デッドロックとは複数のスレッドがお互いにロックの解除を待ち続けている状態のことをいいます。

　例えば，二つのスレッド 1，2 と二つのオブジェクト A，B が存在するとします。スレッド 1 がオブジェクト A の synchronized ブロック内でオブジェクト B の synchronized ブロックに入って処理を行うロジック，一方のスレッド 2 がオブジェクト B の synchronized ブロック内でオブジェクト A の synchronized ブロックに入って処理を行うロジックだとします。これを Java のコードで表現すると，次のようになります。

```
スレッド 1
synchronized(A) {
  synchronized(B) {
    ⋮
    何らかの処理
    ⋮
  }
}
```

```
スレッド 2
synchronized(B) {
  synchronized(A) {
    ⋮
    何らかの処理
    ⋮
  }
}
```

　この二つのスレッドがたまたまほぼ同時に実行されると，スレッド 1 は，オブジェクト A をロックしたあと，オブジェクト B のロック待ちになり，スレッド 2 はオブジェクト B をロックしたあと，オブジェクト A のロック待ちになり，互いのロック解除を待ち合う状態に陥ってしまいます。この場合は，どちらのスレッドも処理を先に進めることができず，永久的に待ち続けることになります。

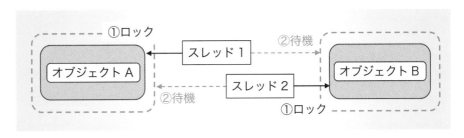

　デッドロックの問題には絶対的な回避方法は存在せず，デッドロックを起こさないように設計段階から注意してプログラムを作成しなければなりません。具体的には同期を取るオブジェクト A, B, C があった場合，それらに順序関係を設け，A→B→C の順序でのメソッド呼出しは可能であるが，B→A や C→B といった順序でのメソッド呼出しは禁止するという規約を設けるなどの対策が必要です。

ポイントは頭に入っていますか？
理解できているか Check してみましょう。

check ✎

- ☑ スレッド
- ☑ マルチスレッド
- ☑ run メソッド
- ☑ start メソッド
- ☑ Runnable インタフェース
- ☑ synchronized
- ☑ 排他制御
- ☑ ロック
- ☑ デッドロック

問12 - 1　次の説明文が正しければ○，誤っていれば×を付けなさい。

(a) スレッド処理を行うときは，Runnableクラスを継承したクラスを定義します。

(a) [　　　]

(b) スレッド機能をもつクラスのオブジェクトを生成すると，スレッドが起動されます。

(b) [　　　]

(c) 起動させたスレッドの終了を待つときは，synchronizedを使用します。

(c) [　　　]

(d) スレッド間で値を共有するときは，joinメソッドを使用して，同期を取らせます。

(d) [　　　]

問12 - 2　次のプログラムを読んで設問に答えなさい。

```java
1 class Figure extends Thread {          Figure.java
2   int num;
3   int sum;
4   Figure(int num) {
5     this.num = num;
6   }
7   public void run() {
8     sum = 0;
9     for(int i = 1; i <= num; i++) {
10      sum += i;
11    }
12  }
13 }
```

```java
1 class Test {                           Test.java
2   public static void main(String[] args) {
3     Figure f1 = new Figure(3);
4     f1.start();
5     Figure f2 = new Figure(5);
6     f2.start();
7     try {
8       f1.join();
9       f2.join();
10    } catch(InterruptedException e) {
11    }
12    int sum = f1.sum + f2.sum;
13    System.out.println("結果:" + sum);
14  }
15 }
```

設問1 プログラムの出力内容として正しい答えを解答群から選びなさい。

解答群

ア　実行結果▶ 結果：13

イ　実行結果▶ 結果：15

ウ　実行結果▶ 結果：21

エ　実行結果▶ 結果：22

答え

設問2 Test.javaの7〜11行目を削除して実行しました。

実行結果を確認すると，値が0として表示されるときがありました。エラーの原因を解答群から答えなさい。

解答群

ア　InterruptedException例外を削除するので，正しくスレッドが起動されないため。

イ　InterruptedException例外を削除するので，各スレッドの終了を待たず，mainメソッドの処理が実行されるため。

ウ　joinメソッドを削除するので，正しくスレッドが起動されないため。

エ　joinメソッドを削除するので，各スレッドの終了を待たず，mainメソッドの処理が実行されるため。

答え

Java
Programming

第13章 ファイル入出力と
キーボード入出力

　この章では，ファイル入出力や，キーボード，
コマンドラインといったプログラム外部とのデー
タ入出力について説明します。
　その前提となるストリームという概念から見て
いきましょう。

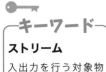

キーワード

ストリーム
入出力を行う対象物
を抽象化したもの

(1) ストリーム

Javaではファイルからデータを入力したり，ファイルにデータを出力する入出力処理を行うためにストリームという概念を用います。

ストリームとはキーボードや画面，またはファイルなど入出力を行う対象物とプログラムを結び付ける抽象的な概念です。

入力ストリームではキーボードやファイルなどからの入力を行い，出力ストリームでは画面やファイルなどへの出力を行うことができます。

ストリームは大きく"バイトストリーム"と"文字ストリーム"の2種類に分類されます。

アドバイス

バイトストリームは画像データや音楽データなどバイナリデータを扱うためのストリーム，文字ストリームはテキストデータなどの文字データを扱うためのストリームです。

(2) バイトストリーム

バイトストリームでは，ファイルに対してバイナリデータの入力，および出力を行うことができます。バイナリデータとは2進数の数値データを指します。実際には後述する文字データもコンピュータ内部では2進数の数値ですが，数値のまま扱うデータをバイナリデータと呼びます。

例えば，int型の10進数1234は16進表記で$4D2_{16}$となり，4バイトのint型では次のように格納されます。

(3) 文字ストリーム

文字ストリームでは，ファイルに対して文字および文字列の入力，および出力を行うことができます。

例えば，文字列の"1234"とは10進数の数値1234ではなく，文字の'1'，'2'，'3'，'4'が組み合わさったものです。文字ストリームで入出力を行うデータは数値ではなく文字として扱われる点に注意してください。

バイトストリーム
InputStream
available
close
read

（1）　バイト入出力ストリーム

　バイトストリームを使用したファイルの入出力処理を説明します。バイトストリームでファイルの入出力を行うときは，次のクラスを使用します。

　Java で提供されている（java.io）バイトストリームクラスを次に示します。

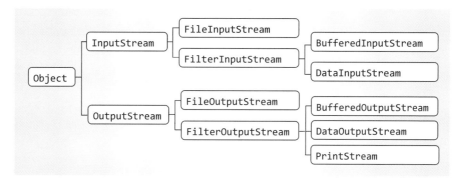

（2）　InputStream クラス

　InputStream クラスにはバイト入力ストリームに利用できる機能を定義しています。

　次に InputStream クラスの主なメソッドを説明します。

メソッド	説　　明
int available()	現時点で読取りに利用できるバイト数を返す。
void close()	入力ストリームをクローズする。
int read()	入力ストリームから 1 バイト読み込む。
int read(byte[] buff)	buff.length バイト分 buff に読み込み，読み込めたバイト数を返す。

Question

available メソッドの説明にある「現時点で読取りに利用できる」とはどういうことですか？

Answer

　ストリームでは，InputStream クラスの read メソッドのように，読取りを行うと，次の読取りではその先のデータを読み取ります。このため，read メソッドを呼び出すごとに，available メソッドで得られるバイト数は減少していきます。

　ファイルの最後まで読取りを行うと残りのバイト数は 0 になります。

第13章　ファイル入出力とキーボード入出力

（3） OutputStream クラス

`OutputStream` クラスでは，バイト出力ストリームに利用できる機能を定義しています。

次に `OutputStream` クラスの主なメソッドを説明します。

メソッド	説　　明
void close()	出力ストリームをクローズする。
void write(int i)	出力ストリームに i の下位 8 ビットを書き込む。
void write(byte[] buff)	出力ストリームに buff を書き込む。

Question

`InputStream` クラスや `OutputStream` クラスに close メソッドはありますが，open メソッドはありませんね？

Answer

　`InputStream` クラス，`OutputStream` クラスは，コンストラクタを使用してクラスインスタンスを生成すると，そのファイルへの入出力ができる状態となるため，いわゆるオープン処理となります。close メソッドがあってオープンメソッドがないのはコンストラクタがその代用をするからですね。

（4） FileInputStream と FileOutputStream

`FileInputStream` クラスと `FileOutputStream` クラスを使用することで，ファイルから 1 バイトごとデータを入力，および出力を行うことができます。

まず，`FileInputStream` クラスと `FileOutputStream` クラスから説明します。

（5） FileInputStream クラス

`FileInputStream` は `InputStream` クラスを継承したクラスで，ファイルからバイナリデータを入力できます。

`FileInputStream` のコンストラクタを次に示します。

```
FileInputStream(String filepath)
```

`filepath` は入力するファイルのパス名になります。

（6） FileOutputStream クラス

`FileOutputStream` は `OutputStream` クラスを継承したクラスで，ファイルにバイナリデータを出力します。

`FileOutputStream` のコンストラクタを次に示します。

```
FileOutputStream(String filepath)
```

`filepath` は出力するファイルのパス名になります。

(7) ファイルに出力するサンプルプログラム（FileOutputStream を使用）

FileOutputStream クラスを使用してファイルにバイナリデータを出力するプログラムを次に示します。

■Test1301　FileOutputStream を使用したプログラム

```java
1  import java.io.*;                                              Test1301.java
2  class Test1301 {
3    public static void main(String[] args) {
4      int c;                                              出力ファイル名
5      try {
6        FileOutputStream fos = new FileOutputStream("Data1.txt");
7        for (int i = 0; i < 10; i++) {
8          fos.write(i);                          １バイト出力
9        }                            クローズ
10       fos.close();                          IOException 例外
11     } catch(IOException e) {
12       System.out.println("入出力エラーです。");
13     }
14   }
15 }
```

【プログラムの説明】

プログラムは FileOutputStream を使用して値 0〜9 のバイナリデータをファイルに出力します。

Java で入出力操作を行うときは、「java.io.*」パッケージをインポートしなくてはいけません（1 行目）。

また、入出力に関係するすべてのクラスは入出力エラーのときに IOException 例外を発生するので、try 文で例外処理を記述するか、メソッドの定義で「throws IOException」を記述しなければなりません。

では、プログラムの動作について説明します。

6 行目で FileOutputStream のコンストラクタに出力するファイル名を指定し、オブジェクトを生成しています。

8 行目の write メソッドを使用して int 型変数 i の値をストリームに出力します。なお、write メソッドは 1 バイト分を出力するので、int 型変数の下位 8 ビットが出力されます。

ファイル入出力操作が終了したら、ストリームをクローズします（10 行目）。write メソッドによる出力では、即座にファイルにデータが出力されず、いったんメモリ上のバッファに蓄えられます。ストリームをクローズすることで、バッファの内容がファイルに出力されます。

FileInputStream
read

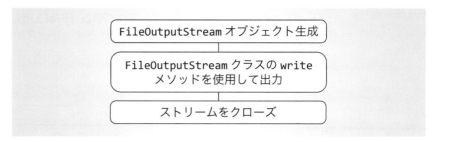

(8) ファイルから入力するサンプルプログラム(FileInputStream を使用)

FileInputStream を使用してファイルからバイナリデータを入力するプログラムを次に示します。

■Test1302　FileInputStream を使用したプログラム

```
 1 import java.io.*;
 2 class Test1302 {
 3   public static void main(String[] args) {
 4     int c;
 5     int kei = 0;
 6     try {
 7       FileInputStream fis = new FileInputStream("Data1.txt");
 8       while ((c = fis.read()) != -1) {
 9         kei += c;
10       }
11       System.out.println("合計:" + kei);
12       fis.close();
13     } catch(IOException e) {
14       System.out.println("入出力エラーです。");
15     }
16   }
17 }
```

Test1302.java

入力ファル名

1 バイト入力

クローズ

実行結果▶ 合計:45

【プログラムの説明】

　プログラムは FileInputStream クラスを使用して，Test1301 で作成した "Data1.txt"ファイルからバイナリデータを 1 バイトずつ入力し，加算した合計を表示しています。

　プログラムの動作について説明します。

　7 行目で FileInputStream のコンストラクタで入力するファイル名を指定し，オブジェクトを生成します。

　8 行目の read メソッドで読み込んだ 1 バイト分の値を，int 型変数 c に代入しています。read メソッドでは，それ以上データが存在しないとき，-1 を返すので，-1 以外の間，入力を繰り返します。

　すべてのデータを読み込んだら，ストリームをクローズします。

312

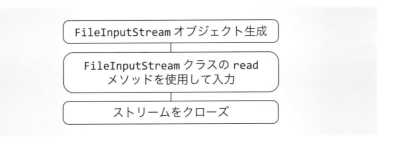

(9) DataInputStream と DataOutputStream

次に DataInputStream クラスと DataOutputStream クラスを使用したプログラムを説明します。

前述したプログラム（Test1301, Test1302）は, FileOutputStream クラス, FileInputStream クラスを使用して 1 バイトごとにファイルに出力, 入力を行っていました。

この DataInputStream クラス, DataOutputStream クラスを使用することで, Java で扱う基本データ型, および String 型のバイナリデータをファイルに出力, 入力を行うことができます。

(10) DataInputStream クラス

DataInputStream は FilterInputStream クラスを継承したクラスで, DataInput インタフェースを実装しています。入力バッファから, 基本データ型の値を読み込むことができます。

```
DataInputStream(InputStream is)
```

is は入力ストリームになります。

(11) DataInput インタフェース

次に DataInput インタフェースに定義されている主なメソッドを説明します。

メソッド	説　明
boolean readBoolean()	ストリームから boolean 型を読み込む。
byte readByte()	ストリームから byte 型を読み込む。
char readChar()	ストリームから char 型を読み込む。
double readDouble()	ストリームから double 型を読み込む。
float readFloat()	ストリームから float 型を読み込む。
int readInt()	ストリームから int 型を読み込む。
long readLong()	ストリームから long 型を読み込む。
short readShort()	ストリームから short 型を読み込む。
String readUTF()	ストリームから文字列を読み込む。

(12) DataOutputStream クラス

DataOutputStream は FilterOutputStream クラスを継承したクラスで, DataOutput インタフェースを実装しています。出力バッファに, 基本データ型の値を書き込むことができます。

DataOutput
write
writeBoolean
writeByte
writeChar
writeChars
writeDouble
writeFloat
writeInt
writeLong
writeShort
writeUTF
DataOutputStream

```
DataOutputStream(OutputStream os)
```

os は出力ストリームになります。

(13) DataOutput インタフェース

次に DataOutput インタフェースに定義されている主なメソッドを説明します。

メソッド	説　　明
void write(int i)	ストリームに i を書き込む。
void writeBoolean (boolean b)	ストリームに b を書き込む。
void writeByte(byte i)	ストリームに i の下位 8 ビットを書き込む。
void writeChar(int i)	ストリームに i の下位 16 ビットを書き込む。
void writeChars(String s)	ストリームに s を書き込む。
void writeDouble (double d)	ストリームに d を書き込む。
void writeFloat(float f)	ストリームに f を書き込む。
void writeInt(int i)	ストリームに i を書き込む。
void writeLong(long l)	ストリームに l を書き込む。
void writeShort(short s)	ストリームに s を書き込む。
void writeUTF(String s)	ストリームに s を書き込む。

(14) ファイルに出力するサンプルプログラム（DataOutputStream を使用）

DataOutputStream を使用して基本データ型のバイナリデータをファイルに出力するプログラムを次に示します。

■Test1303　DataOutputStream を使用したプログラム

```
1  import java.io.*;
2  class Test1303 {                                    Test1303.java
3    public static void main(String[] args) {
4      try {                                            出力ファイル名
5        FileOutputStream fos = new FileOutputStream("Data2.txt");
6        DataOutputStream dos = new DataOutputStream(fos);
7        dos.writeBoolean(true);      boolean 型出力
8        dos.writeInt(1000);          int 型出力
9        dos.writeDouble(13.2);       double 型出力
10       fos.close();
11     } catch(IOException e) {
12       System.out.println("入出力エラーです。");
13     }
14   }                                   fos を close すると
15 }                                     dos も close されます。
```

【プログラムの説明】

まず FileOutputStream コンストラクタで出力ファイル名を指定し，そのオブジェクトから DataOutputStream オブジェクトを生成しています。

プログラムの5行目と6行目を次のように記述することもできます。

```
DataOutputStream dos =
  new DataOutputStream(new FileOutputStream("Data2.txt"));
```

DataOutputStream の各メソッドを使用して，各種の基本データ型の値をファイルに書き込んでいます。

writeInt メソッドを使用して int 型のデータをファイルに書き込むと4バイト分のデータを書き込むことになります。

```
┌─────────────────────────────────┐ ┄┄┄┐
│ FileOutputStream オブジェクト生成 │    │
└─────────────────────────────────┘    │
            ↓                           │
┌─────────────────────────────────┐ ←┄┄┘
│ DataOutputStream オブジェクト生成 │
└─────────────────────────────────┘
            ↓
┌─────────────────────────────────┐
│ DataOutputStream クラスの        │
│ メソッドを使用して出力           │
└─────────────────────────────────┘
            ↓
┌─────────────────────────────────┐
│ ストリームをクローズ             │
└─────────────────────────────────┘
```

(15) ファイルから入力するサンプルプログラム（DataInputStream を使用）

DataInputStream を使用して基本データ型のデータが格納されているファイルから入力するプログラムを次に示します。

■Test1304　DataInputStream を使用したプログラム

```java
1  import java.io.*;
2  class Test1304 {
3    public static void main(String[] args) {
4      try {
5        FileInputStream fis = new FileInputStream("Data2.txt");
6        DataInputStream dis = new DataInputStream(fis);
7        boolean b = dis.readBoolean();
8        int i = dis.readInt();
9        double d = dis.readDouble();
10       System.out.println("boolean:" + b);
11       System.out.println("int:" + i);
12       System.out.println("double:" + d);
13       dis.close();
14     } catch(IOException e) {
15       System.out.println("入出力エラーです。");
16     }
17   }
18 }
```

Test1304.java

入力ファイル名

基本データ型
ごとに入力

アドバイス

DataInputStream ，
DataOutputStream
を使うことで，いろいろな型としてデータの入出力が行えます。

第13章　ファイル入出力とキーボード入出力

第13章　ファイル入出力とキーボード入出力　315

```
boolean:true
int:1000
double:13.2
```

【プログラムの説明】

　プログラムは Test1303 で作成した"Data2.txt"ファイルから基本データ型の
バイナリデータを入力し，対応した基本データ型に代入しています。

　プログラムの動作について説明します。
　5 行目 FileInputStream のコンストラクタで入力ファイル名を指定し，その
オブジェクトから DataInputStream オブジェクトを生成します。
　この 5 行目と 6 行目を次のように記述できます。

```
DataInputStream dis =
  new DataInputStream(new FileInputStream("Data2.txt"));
```

　DataInputStream のメソッドを使用してバイナリデータを入力します。このと
き Test1303 では，boolean 型，int 型，double 型の順にファイルに出力してい
るので，入力するプログラムもこの順に入力しなければなりません。

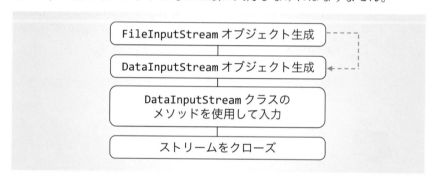

(1) 文字入出力ストリーム

文字ストリームを使用したファイルの入出力処理を説明します。

文字ストリームでファイルの入出力を行うときは，次のクラスを使用します。Java で提供されている（`java.io`）文字ストリームクラスを次に示します。

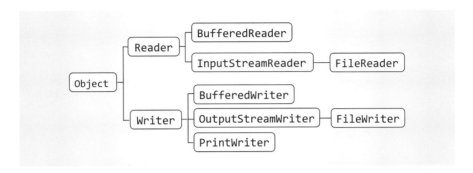

(2) Reader クラス

抽象クラス `Reader` は，すべての文字入力ストリームで利用できる機能が定義されています。

`Reader` クラスの主なメソッドを次に示します。

メソッド	説　　明
`void close()`	入力ストリームをクローズする。
`int read()`	ストリームから文字を読み取る。

(3) FileReader クラス

`FileReader` は `InputStreamReader` クラスを継承したクラスです。

次に `FileReader` クラスのコンストラクタを示します。

```
FileReader(String filepath)
FileReader(File obj)
```

`filepath` は入力するファイルのパス名になります。`obj` は入力ファイルを表す `File` オブジェクトになります。

(4) BufferedReader クラス

`BufferedReader` は `Reader` クラスを継承したクラスです。

次に `BufferedReader` クラスのコンストラクタを示します。

```
BufferedReader(Reader r)
BufferedReader(Reader r, int bufSize)
```

このクラスは，改行までの文字列を読み込む `readLine` メソッドをもちます。

readLine メソッドは行末の改行文字を除いた文字列を返します。また，入力するデータがないときは null を返します。

(5) ファイルから入力するサンプルプログラム(BufferedReader を使用)

BufferedReader を使用してファイルから文字列を読み込むプログラムを次に示します。

文字ストリームを使用して入力するデータはすべて文字（文字列）となります。

■Test1305　BufferedReader を使用したプログラム

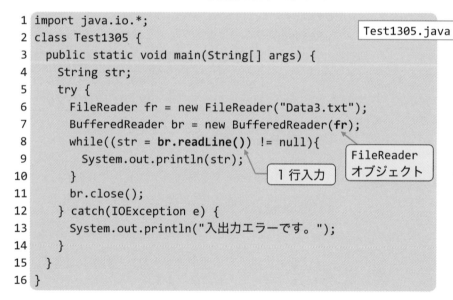

```java
import java.io.*;
class Test1305 {                                    Test1305.java
  public static void main(String[] args) {
    String str;
    try {
      FileReader fr = new FileReader("Data3.txt");
      BufferedReader br = new BufferedReader(fr);
      while((str = br.readLine()) != null){
        System.out.println(str);
      }
      br.close();
    } catch(IOException e) {
      System.out.println("入出力エラーです。");
    }
  }
}
```

このプログラムを実行すると"Data3.txt"から行単位でデータを読み込みます。

実行結果▶
```
1234
ABC
アイテック
```

【プログラムの説明】

FileReader コンストラクタで出力ファイル名を指定し，そのオブジェクトから BufferedReader オブジェクトを生成します。

この6行目と7行目を次のように記述することができます。

```java
BufferedReader br =
  new BufferedReader(new FileReader("Data3.txt"));
```

BufferedReader クラスの readLine メソッドを使用して，文字列を入力します。readLine メソッドは改行文字を終端とした文字列を入力し，改行文字を破棄して String 型変数に代入します。入力するデータがなくなったら null を返すので null 以外の間反復します。

すべての入力が終了したら，最後にクローズします。

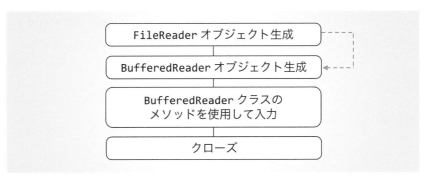

（6）Writer クラス

抽象クラス Writer は，すべての文字出力ストリームで利用できる機能が定義されています。

Writer クラスの主なメソッドを次に示します。

メソッド	説　　明
void close()	出力ストリームをクローズする。
void write(int c)	ストリームに c を書き込む（下位 16 ビット）。
void write(String s)	ストリームに s を書き込む。

（7）FileWriter クラス

FileWriter は OutputStreamWriter クラスを継承したクラスです。
次に FileWriter クラスのコンストラクタを示します。

```
FileWriter(String filepath)
FileWriter(String filepath, boolean append)
FileWriter(File obj)
```

filepath は出力するファイルのパス名になります。obj は入力ファイルを表す File オブジェクトになります。append が真（true）のときは出力するファイルに追加となり，偽（false）のときは上書きになります。

（8）BufferedWriter クラス

BufferedWriter は Writer クラスを継承したクラスです。
次に BufferedWriter クラスのコンストラクタを示します。

```
BufferedWriter(Writer r)
BufferedWriter(Writer r, int bufSize)
```

このクラスは，改行文字を出力する newLine メソッドをもちます。

Question
Writer クラスにも write メソッドがありますが，BufferedWriter
クラスを利用する理由はなんですか？

　実際のファイルへの書出しは，ある程度のデータが溜まった段階
で行った方がディスク装置の動作などにむだが出ません。
　このため，BufferedWriter クラスのもつバッファを利用しなが
ら出力する方が効率が良くなります。

(9)　クラスファイルに出力するサンプルプログラム（BufferedWriter を使用）

　BufferedWriter を使用して文字列をファイルに書き込むプログラムを次に示
します。

■Test1306　BufferedWriter を使用したプログラム

```
1 import java.io.*;
2 class Test1306 {                           Test1306.java
3   public static void main(String[] args) {
4     try {                                   出力ファイル名
5       FileWriter fw =  new FileWriter("Data3.txt");
6       BufferedWriter bw = new BufferedWriter(fw);
7       bw.write("1234");                            FileWriter
8       bw.newLine();            1行目             オブジェクト
9       bw.write("ABC");
10      bw.newLine();            2行目
11      bw.write("アイテック");
12      bw.newLine();            3行目
13      bw.close();
14    } catch(IOException e) {
15      System.out.println("入出力エラーです。");
16    }
17  }
18 }
```

【プログラムの説明】

　FileWriter のコンストラクタで出力するファイル名を指定し，そのオブジェ
クトから BufferedWriter オブジェクトを生成します。
　この5行目と6行目は次のように記述できます。

```
BufferedWriter bw =
  new BufferedWriter(new FileWriter("Data3.txt"));
```

　BufferedWriter クラスの write メソッドを使用して，文字列をストリームに出力します。write メソッドは改行文字は付加されませんので，newLine メソッドで改行文字を出力します。

　なお，次のように write メソッドで改行文字も含めて出力することもできます。

　すべての出力が終了したら，最後にクローズします。

```
┌────────────────────────┐       ┆
│  FileWriter オブジェクト生成  │ ─ ─ ─ ┆
└────────────────────────┘       ┆
┌────────────────────────┐       ┆
│ BufferedWriter オブジェクト生成 │ ◀─ ─ ┘
└────────────────────────┘
┌────────────────────────┐
│  BufferedWriter クラスの    │
│   メソッドを使用して出力     │
└────────────────────────┘
┌────────────────────────┐
│        クローズ          │
└────────────────────────┘
```

　このプログラムを実行すると"Data3.txt"には，次の文字列が出力されます。

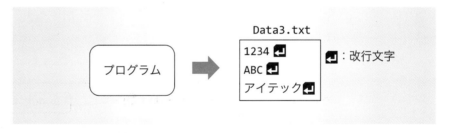

　文字ストリームを使用して出力するデータは文字（文字列）が対象です。

InputStreamReader
System.in
readLine

ここでは，標準入力であるキーボードからの入力の仕組みを説明します。
このキーボードからの入力にも入力ストリームを使用します。

（1） キーボードからの入力値を String 型変数に代入

次のプログラムは InputStreamReader クラスと BufferedReader クラスを使用して文字列をキーボードから入力するものです。

■Test1307　キーボードから文字列を入力するプログラム

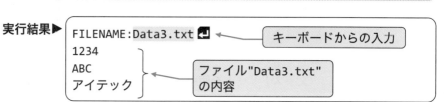

```java
 1 import java.io.*;                                    Test1307.java
 2 class Test1307 {
 3   public static void main(String[] args) {
 4     String fileName, str;
 5     try {
 6       System.out.print("FILE NAME:");
 7       BufferedReader ibr =               標準入力
 8         new BufferedReader(new InputStreamReader(System.in));
 8       fileName = ibr.readLine();      キーボードからの入力
 9       BufferedReader br =             （文字列）
         new BufferedReader(new FileReader(fileName));
10       while ((str = br.readLine()) != null) {
11         System.out.println(str);
12       }
13       br.close();
14     } catch(IOException e) {
15       System.out.println("入出力エラーです。");
16     }
17   }
18 }
```

実行結果▶

```
FILENAME:Data3.txt ⏎        キーボードからの入力
1234
ABC                  ファイル"Data3.txt"
アイテック            の内容
```

【プログラムの説明】

標準入力である「System.in」を入力ストリームとして，InputStreamReader クラスのコンストラクタを呼び出します。そのオブジェクトから BufferedReader オブジェクトを生成します。

これによって，BufferedReader クラスの readLine メソッドで標準入力のキーボードから文字列を入力することができます。

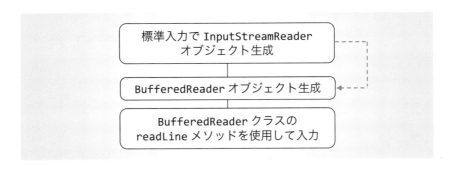

(2)　キーボードからの入力値を int 型変数に代入

　`BufferedReader` は文字ストリームのクラスなので，入力するのは必ず文字列となります。よって，入力した値を int 型などの基本データ型に代入するためにはラッパクラスという別のクラス（詳細は第 14 章で説明します）のメソッドを使用して，文字列をその基本データ型に変換する必要があります。

　キーボードから入力した値を int 型変数に代入する処理を次に示します。

```
String s = ibr.readLine();  ← 文字列入力
int num = Integer.parseInt(s);  ← 整数変換
```

　また，この処理を次のように記述できます。

```
int num = Integer.parseInt(ibr.readLine());
```

Question
ここで出てきたクラスとメソッドは暗記する必要がありますか？

　いいえ，試験問題として出題される場合でも，実務でもリファレンスを参照することは可能なので，暗記は必要ありません。
　バイトストリームとして扱うクラス群と，文字ストリームとして扱うクラス群があるということを覚えておけば十分です。

13.5 コマンドライン引数

コマンドライン引数
args

最後に**コマンドライン引数**について説明します。

これまで説明したストリームとは直接関係ありませんが，入出力処理として，この章で説明します。

コマンドライン引数とは，Java プログラムを実行するときに入力した値をプログラムで受け取る引数をいいます。

―キーワード―

コマンドライン

コマンドラインとは，OS がもつキャラクタベースの UI のこと。Windows では，「コマンドプロンプト」，Linux では「端末」や「ターミナル」と呼ばれる。

Java プログラムを実行するときは，コマンド「java クラスファイル名」で実行できますが，このときプログラムに渡す値を入力できます。

―構文―
```
java クラスファイル名　引数 [引数]
```

例えば，次のページで詳しく紹介する Test1308 のプログラムを実行させるときに"Data3.txt"を引数として渡す記述は次のようになります。

コマンドライン引数は main メソッドの引数として定義されます。

―構文―
```
public static void main(String[] args){
}
```

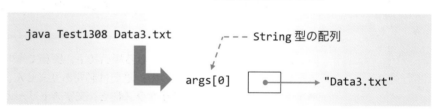

コマンドライン引数は String 型の配列 **args** で受け取るので，第1引数は args[0]，第2引数は args[1]に格納されます。

コマンドライン引数を使用したプログラムを次に示します。
プログラムでは，入力ファイル名をコマンドライン引数で入力しています。

■Test1308　コマンドライン引数を使用したプログラム

```
1  import java.io.*;                              Test1308.java
2  class Test1308 {
3    public static void main(String[] args) {
4      String str;                正しく引数が入力されているかのチェック
6      try {
7        if(args.length != 1) {
8          System.out.println("ファイル名を指定してください。");
9          System.exit(0);       プログラム終了
10       }
11       BufferedReader br =
           new BufferedReader(new FileReader(args[0]));
12       while((str = br.readLine()) != null) {       コマンドラ
13         System.out.println(str);                   イン引数
14       }
15       br.close();
16     } catch(IOException e) {
17       System.out.println("入出力エラーです。");
18     }
19   }
20 }
```

【プログラムの説明】

　コマンドライン引数は String 型の配列 args に格納されるので，7 行目〜10
行目では，配列の大きさを求める length を使用して正しく引数が入力されてい
るかをチェックしています。

　次のようなコマンドでは，引数が一つではないため，7 行目のチェックで引っ
掛かってしまい，8 行目のエラー出力の後，9 行目により終了してしまいます。

・引数を指定しない　　…　java Test1308　　　　　　　　空白文字
・引数を二つ指定する　…　java Test1308 Data3.txt Data4.txt

　正しく引数が入力されていたら，その引数を入力ファイル名として
FileReader のコンストラクタで使用します。

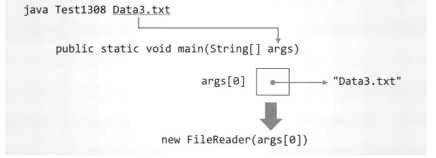

第
13
章

ファイル入出力とキーボード入出力

理解度チェック

ポイントは頭に入っていますか？
理解できているか Check してみましょう。

- ☑ ストリーム
- ☑ バイトストリーム
- ☑ 文字ストリーム
- ☑ キーボードからの入力
- ☑ コマンドライン引数

問13 - 1 次の文章中の空欄に入る正しい答えを解答群から選びなさい。

ストリームは大きく，文字としてデータを扱うための ┌─ a ─┐ と，2進数の数値としてデータを扱うための ┌─ b ─┐ に分けられます。

解答群

ア Readerクラス　　イ Writerクラス
ウ コマンドライン　　エ バイトストリーム
オ 文字ストリーム

(a) ┌──────┐
　　└──────┘

(b) ┌──────┐
　　└──────┘

問13 - 2 次のプログラムの説明を読んで設問に答えなさい。

【プログラムの説明】

入力ファイルから，入力した文字列中の英小文字を英大文字に変換して出力ファイルに出力するプログラムである。

入力ファイル名と出力ファイル名は，コマンドラインより入力する。第1引数に入力ファイル名，第2引数に出力ファイル名を入力する。

設問 プログラムの空欄に入る正しい答えを解答群から選びなさい。

```java
import java.io.*;
class Test {
  public static void main(String[] args) {
    String str;
    try{
      if(args.length != 2) {
        System.out.println("ファイル名を指定して下さい。");
        System.exit(0);
      }
      BufferedReader br =
        new BufferedReader(     a     );
      BufferedWriter bw =
        new BufferedWriter(     b     );
      while (     c     ) {
        bw.write(str.toUpperCase());
        bw.newLine();
      }
        br.close();
        bw.close();
    } catch(IOException e) {
      System.out.println("入出力エラーです。");
    }
  }
}
```

(a)，(b)の解答群

ア　new FileReader()
イ　new FileReader(args[0])
ウ　new FileReader(args[1])
エ　new FileWriter()
オ　new FileWriter(args[0])
カ　new FileWriter(args[1])

(a)

(b)

(c)の解答群

ア　(str = br.readLine()) == -1
イ　(str = br.readLine()) != -1
ウ　(str = br.readLine()) == null
エ　(str = br.readLine()) != null

(c)

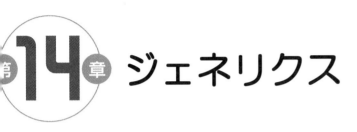

Java Programming

第14章 ジェネリクス

　この章では，柔軟なデータ格納を可能とするジェネリクスという仕組みについて学習します。
　ジェネリクスを利用することで，リスト構造やハッシュ表と連携させてデータの保持を簡単に実現することができます。

14.1 ジェネリクスとは

アドバイス

ジェネリクスは「一般的なもの」,「包括的なもの」という意味の英語ですので意味が抽象的です。さまざまなクラスを包括的にリスト構造やマップ構造として取り扱うためのものだと覚えておいてください。

Java のクラスはすべて,第8章で見てきたように Object というクラスの派生形です。このことを利用して,Object クラスの派生形であるさまざまなクラスを配列として格納したり,リスト構造や木構造,ハッシュテーブルとして格納したりするための便利な仕組みが作られました。これをジェネリクスと呼びます。

ジェネリクスはインタフェースとして定義されていますが,この章では代表的なものを紹介します。

(1) List

List はリスト構造を扱うためのものです。Java の純粋な配列とは違い,要素の追加や削除をすることで,サイズが変わります。次の操作が可能です。

- add メソッドを使った要素の追加
- iterator を使った内容の参照
- size メソッドを使った要素数の取得

(2) Set

アドバイス

List と Set は似ていますが,Map はキーと値という2要素を格納する点で List や Set とは違います。

Set は List 同様,リスト構造を扱うためのものですが,List と違い,重複した要素の追加はできず無視されます。List 同様要素の追加や削除をすることで,サイズが変わります。次の操作が可能です。

- add メソッドを使った要素の追加
- iterator を使った内容の参照
- size メソッドを使った要素数の取得

(3) Map

Map は,ハッシュテーブルなど,キーと値をペアで格納するためのものです。要素の追加や削除をすることで,サイズが変わります。次の操作が可能です。

- push メソッドを使った要素の追加
- keySet メソッドを使ったキー一覧の取得
- size メソッドを使った要素数の取得

アドバイス

List は重複する要素を複数格納します。set は重複を回避し,一つだけ格納します。

Question
このほかにもジェネリクスはありますか？

Answer

このほかには,キューを表す Queue などがありますが,特に上で紹介した List,Set,Map がよく利用されています。また,独自のジェネリクスを定義することもできます。

(4) ジェネリクス定義の形式

ジェネリクスを用いて，変数を宣言する際には次の図のように実際に格納するデータの型を型パラメータとして<>で囲みます。

```
List<String> testDataList;      ← String型クラスのリスト
Set<String> testDataSet;        ← String型クラスのセット
Map<Date, String> testDataMap;  ← キーがDate型，値がString型のマップ
```

ジェネリクスは，もともと，さまざまなクラスの集まりをリスト構造や木構造，ハッシュテーブルなどの形式で格納するための仕組みです。Java5.0以前の古いJavaコンパイラでは，ジェネリクスを利用する際に，型パラメータが不要でした。このため，実際に格納するデータの型がコンパイル時にはチェックされない形でした。しかし，これでは実行時に初めて格納されるクラスの型が決まるため，ジェネリクスに格納された変数の中身によって，例外の発生有無が左右されてしまうようになり，コンパイル型言語の利点が活かせませんでした。

これを改善するため，Java5.0からは，ジェネリクスに型パラメータが必須となりました。これによって，ジェネリクスに代入するクラスの型はコンパイル時にチェックされるようになりました。

(5) ジェネリクスのインスタンス生成

ジェネリクスとして利用される，List，Set，Mapはインタフェースでした。したがって，実際にジェネリクスに基づくクラスの集まりを扱う場合には，これらのインタフェースを実装するクラスインスタンスを生成する必要があります。

各ジェネリクスインタフェースに対応する，代表的なジェネリクスクラスは次のとおりとなります。

表　インタフェースと実装クラス

インタフェース	クラス	クラスの特徴
List	ArrayList	内部的に配列になっているリスト
	LinkedList	内部的に双方向リストになっているリスト
Set	HashSet	ハッシュテーブルとしてデータを格納するセット
	TreeSet	木構造でデータを格納するセット
Map	HashMap	キーをハッシュテーブルにしてデータを格納するマップ
	TreeMap	キーを木構造にしてデータを格納するマップ

次のプログラムは，インタフェース List とクラス ArrayList を利用したサンプルプログラムです。

```java
import java.util.ArrayList;
import java.util.List;

public class Demo {
  public static void main(String[] args) {
    List<String> testData = new ArrayList<String>();

    testData.add("A");
    testData.add("B");
    testData.add("C");

    System.out.printf("size = %d¥n", testData.size());
  }
}
```

実行結果▶ size = 3

もう一つのプログラムとして，インタフェース Map とクラス HashMap を利用したサンプルプログラムを紹介します。Map はデータをキーと値のペアで格納するためのインタフェースです。次のプログラムではキー "A" の値として 1，キー "B" の値として 2，キー "C" の値として 3 を格納しています。

```java
import java.util.HashMap;
import java.util.Map;

public class Demo {
  public static void main(String[] args) {
    Map<String, Integer> testData = new HashMap<String, Integer>();

    testData.put("A", 1);
    testData.put("B", 2);
    testData.put("C", 3);

    System.out.printf("size = %d¥n", testData.size());
  }
}
```

実行結果▶ size = 3

なぜ，インタフェースとクラスが別々に用意されているのですか？

　利用する側はインタフェースを使って実装することで，実際のジェネリクスクラスの内部動作や，呼出し先がどのジェネリクスクラスを使用しているかを考えずに，内容の参照，内容の追加，削除を行うコードを記述することができます。

　例えば，呼出し元が Map<String>型のデータを参照，更新するクラスの場合，呼出し先が内部で，HashMap<String>型でデータを扱っているか，TreeMap<String>型でデータを扱っているか，考えなくてよいのです。

(6)　ジェネリクスとイテレータ

　List や Set に格納されたクラスを順に参照する場合，イテレータというものを利用します。イテレータは，hasNext メソッドと，next メソッドをもっています。イテレータにも型パラメタがあります。次に，イテレータを用いて List の内容をすべて出力するサンプルプログラムを示します。

キーワード

イテレータ

「反復子」とも訳され，配列やリストなど連続するデータを取出す際に使われるもの

```java
import java.util.ArrayList;
import java.util.Iterator;
import java.util.List;

public class Demo {
  public static void main(String[] args)
  {
    List<String> testData = new ArrayList<String>();

    testData.add("A");
    testData.add("B");
    testData.add("C");

    Iterator<String> it = testData.iterator();
    while(it.hasNext())
    {
      String value = it.next();
      System.out.println("value = " + value);
    }
  }
}
```

第14章　ジェネリクス

実行結果▶
```
value = A
value = B
value = C
```

　なお，List や Set の内容を順に参照する際には，14.3 で紹介する拡張 for 文を使う方法もあり，その方が簡単です。

ジェネリクスとラッパクラス

ラッパクラス
Boolean
Byte
Short
Integer
Long
Float
Double
Character

（1） ラッパクラス

Javaでは int 型や char 型などの基本データ型はオブジェクトとして使用することができません。しかし，List や Set，Map のようにオブジェクトの集合を扱うクラスを使うときなどでは，どうしても基本データ型のデータをオブジェクトに変換して扱いたい場合があります。Javaではそのようなときに使用する目的でラッパクラスというものが用意されています。ここでのラッパのスペルは wrapper（包むもの）なのでラッパクラスは「包むためのクラス」ともいえます。

次にラッパクラスを示します。

表　基本データ型とラッパクラス

基本データ型	ラッパクラス
boolean	Boolean
byte	Byte
short	Short
int	Integer
long	Long
float	Float
double	Double
char	Character

アドバイス

ジェネリクスには，基本データ型が入らないので，代わりにラッパクラスを利用します。

ラッパクラスのオブジェクトは次のように，基本データ型のデータをコンストラクタに渡して生成します。生成されたオブジェクトの参照は，Object 型の変数に格納することが可能になります。

```
Object data;
int num1 = 10;
data = num1;←  エラーになります。
Integer num2 = new Integer(num1);
data = num2;← data には  num2 の参照が設定されます。
```

ラッパクラスには，基本データ型のデータをオブジェクトとして扱う以外に，文字列から基本データ型を返す static メソッドや，対応する基本データ型の範囲を示す定数など，基本データ型に関するさまざまな機能が提供されています。

（2）　数値基本データ型を返すメソッド

数値を扱うラッパクラスには文字列から int や double などの数値型を返すメソッド（parseXXX()）をもっています。

次に文字列"123"から int 型を返す記述を示します。

```
int num = Integer.parseInt("123");  // int ←  String
```

第14章 ジェネリクス

parseXXX()はstaticメソッドなので,「クラス名.parseXXX()」で呼び出せます。

次に文字列からそれぞれの基本データ型を返すメソッドを示します。

基本データ型	ラッパクラス	メソッド
byte	Byte	static byte　　parseByte(String s)
short	Short	static short　parseShort(String s)
int	Integer	static int　　　parseInt(String s)
long	Long	static long　　parseLong(String s)
float	Float	static float　parseFloat(String s)
double	Double	static double　parseDouble(String s)

文字列の形式が正しくない場合はNumberFormatExceptionが送られます（スローされる）。

また,数値を扱うラッパクラスには,そのオブジェクトがもつ値を int や, double などの数値型を返すメソッド（xxxValue()）をもちます。

次に Integer オブジェクトの値から double 型の値を返す記述を示します。

```
Integer num = new Integer("123");  // Integerオブジェクト生成
double d = num.doubleValue();      // double ← Integer
```

xxxValue()は static メソッドではないのでオブジェクトを生成してから呼び出します。また前記の記述を次のように記述することもできます。

```
double d = new Integer("123").doubleValue();
```

次に数値を扱うラッパクラスのオブジェクトがもつ値から,各基本データ型(数値)を返すメソッドを示します。

変換する基本データ	メソッド	
byte	byte	byteValue()
short	short	shortValue()
int	int	intValue()
long	long	longValue()
float	float	floatValue()
double	double	douleValue()

各メソッドでは,扱うオブジェクトより領域の小さいデータ型を返す場合は,そのデータ型にキャストします。例えば,Integer クラスオブジェクトの byteValue()メソッドを呼び出すとデータは Integer より小さいデータ型である byte 型になります。

（3） ラッパクラスのフィールド

Boolean 以外のラッパクラスは，その対応する基本データ型で扱える数値の最大値（MAX_VALUE）と最小値（MIN_VALUE）のフィールドをもっています。

ラッパークラス	MAX_VALUE	MIN_VALUE
Byte	127	-128
Short	32767	-32768
Integer	2147483647	-2147483648
Long	9223372036854775807	-9223372036854775808
Float	3.4028234663852886E38f	1.401298464324817E-45f
Double	1.7976931348623157E308d	4.9E-324d
Character	65535	0

各ラッパクラスでもつ MAX_VALUE, MIN_VALUE は定数（static でかつ final）です。

（4） Character クラスの主なメソッド

次に Character クラスの主なメソッドを説明します。

メソッド	説　　明
static boolean isDigit(char ch)	指定された文字が，数字かどうかを判定します。
static boolean isLowerCase(char ch)	指定された文字が，小文字かどうかを判定します。
static boolean isUpperCase(char ch)	指定された文字が，大文字かどうかを判定します。
static boolean isLetterOrDigit(char ch)	指定された文字が，汎用文字または数字かどうかを判定します。
static boolean isSpace(char ch)	指定された文字が，空白文字かどうかを判定します。

　ジェネリクスのうち，List，Set は，第5章で紹介した for 文の変形版である拡張 for 文という構文を使って，各要素にアクセスすることができます。

> 構文
> ```
> for (型名 変数名 ： コレクション) {
>   処理
>     ：
> }
> ```

　上の構文を拡張 for 文と呼び，コレクションの中にある要素ひとつひとつを変数名で指定した変数に代入しながらコレクションの要素数分繰返し処理を行います。

　拡張 for 文を使用すれば，コレクションや配列の要素を列挙して処理するプログラムを，従来より簡潔に記述できるようになります。

　拡張 for 文を使用して，ArrayList の要素を列挙するプログラムを次に示します。

アドバイス
List，Set 内の各要素へのアクセスは拡張 for 文が便利です。

■Test1401　拡張 for 文を使用したプログラム（コレクション）

```
1  import java.util.ArrayList;                    Test1401.java
2
3  class Test1401 {
4    public static void main(String[] args) {
5      ArrayList<String> list = new ArrayList<String>();
6      list.add("A");
7      list.add("B");
8      list.add("C");
9      list.add("D");
10     for (String str : list) {
11       System.out.println(str);
12     }
13   }
```

実行結果▶
```
A
B
C
D
```

【プログラムの説明】

　6～9 行目で，String を要素型とした ArrayList オブジェクトに文字列を 4 個追加した後，要素を列挙しています。P.333 のイテレータを使った繰返し処理と同様に，ArrayList 内の各要素は 1 回の繰り返しごとに，String 型変数 str に順次代入されて，{～}の中の処理文が実行されていきます。

オートボクシング／オートアンボクシング

オートボクシング
オートアンボクシング

　前節で説明したとおり，Java の int 型や char 型などの基本データ型はオブジェクトとしては使用できません。オブジェクトとして扱いたい場合には，ラッパクラスを利用します。例えば int なら Integer クラス，double なら Double クラスといった，それぞれの基本データ型に対応するクラスのオブジェクトを生成することによって，基本データ型のデータをオブジェクトに変換することが可能です。また，intValue( )などのメソッドを使用して，ラッパクラスのオブジェクトから，元の基本データ型のデータを取得することも可能です。しかし，このようにメソッドを呼び出さないといけないというのも面倒です。

```
Integer num1 = new Intger(10); // int 型データ → Integer オブジェクト
int b = num1.intValue(); // Integer オブジェクト → int 型データ
```

アドバイス

ラッパクラスに入れるのがオートボクシング，反対がオートアンボクシングです。

　このため，現在使われている Java のバージョン 5.0 以降の言語仕様では，ラッパクラスと対応する基本データ型との間の型変換が自動で行われるようになっています。この機能をオートボクシング／オートアンボクシングと呼びます。基本データ型を自動的にラッパクラスのオブジェクトに変換することをオートボクシング，ラッパクラスのオブジェクトを自動的に基本データ型に変換することをオートアンボクシングといいます。

Question
面白い用語ですね。

Answer

　ここでの「ボクシング」は，スポーツのボクシングではなく，箱（box）に詰める動作を指す名詞です。なので，自動的に箱詰めしたり，箱から取り出したりする機能です。
　また，この機能は，サンプルのプログラムを見ても分かるとおり，無意識のうちに利用できるものですから，こんな機能があるというレベルで押さえておけば十分です。

　この機能を使用すると，先ほどのプログラムは次のように記述できます。

```
Integer num2 = 10;     // オートボクシング（int → Integer）
int b = num2;          // オートアンボクシング（Integer → int）
```

　このように，基本データ型のデータをラッパクラスの変数に代入しようとすると，自動的にラッパクラスのオブジェクトが生成されて代入されます。また，ラッパクラスのオブジェクトを基本データ型の変数に代入しようとすると，自動的に基本データ型のデータが取得されて変数に代入されます。

次のように，`Object` 型の変数に整数を代入するような場合でも，オートボクシング機能によって自動的に `Integer` オブジェクトが生成され，変数に代入されます。

```
Object obj = 10;  //  Integer オブジェクトが生成されて代入される。
```

理解度チェック

ポイントは頭に入っていますか？
理解できているか Check してみましょう。

- ☑ ジェネリクス
- ☑ ラッパクラス
- ☑ イテレータ
- ☑ 拡張 for 文
- ☑ オートボクシング／オートアンボクシング

第14章 ジェネリクス

問14 - 1 次の空欄に入る正しい答えを解答群から選びなさい。

```
Set<Integer> intValues =        a        ;
List<Long> longValues =        b        ;

intValues.add(1);
intValues.add(1);
intValues.add(2);
intValues.add(3);

longValues.add(new Long(1));
longValues.add(new Long(1));
longValues.add(new Long(2));
longValues.add(new Long(3));

for (Integer i : intValues) {
  System.out.println("intValues contains" + i);
}

for (Long l : longValues) {
  System.out.println("longValues contains" + i);
}
```

実行結果▶

c

(a)の解答群

ア　HashSet<Integer>()　　　　イ　new HashSet<Integer)>

ウ　new HashSet<Integer>()　　エ　new Set<Integer)>

オ　new Set<Integer>()　　　　カ　Set<Integer>()

(a)

(b)の解答群

ア　ArrayList<Long>()　　　　　イ　List<Long>()

ウ　new ArrayList<Long()>　　　エ　new ArrayList<Long>()

オ　new List<Long()>　　　　　カ　new List<Long>()

(b)

(c)の解答群

ア
```
intValues contains 1
intValues contains 1
intValues contains 2
intValues contains 3
longValues contains 1
longValues contains 1
longValues contains 2
longValues contains 3
```

イ
```
intValues contains 1
intValues contains 1
intValues contains 2
intValues contains 3
longValues contains 1
longValues contains 2
longValues contains 3
```

ウ
```
intValues contains 1
intValues contains 2
intValues contains 3
longValues contains 1
longValues contains 1
longValues contains 2
longValues contains 3
```

エ
```
intValues contains 1
intValues contains 2
intValues contains 3
longValues contains 1
longValues contains 2
longValues contains 3
```

(c)

問14 - 2 オートボクシングをしているコードはどれですか。

解答群
ア int I = 3;   イ int i = new Integer(3);
ウ Integer i = 3;   エ Integer I = new Integer(3);

答え _____

Java
Programming

第15章　午後試験問題の対策と演習

　この章ではまず 15.1 で基本情報技術者試験の
午後の言語問題の解法についてのテクニックを例
題で解説し，その後で演習問題を掲載しています。
考え方や解き方は別冊の解答・解説で詳しく解説し
ました。
　演習方法としては，単に解説を最初から読むと
いうことはせず，問題文を見て，自分でまず処理
内容を調べ，結果を考えてから解説を読むことを
おすすめします。この繰返しで解法力を付けるこ
とができます。
　本試験では 40 分程度の時間で解答を出すこと
が要求されますが，最初は多くの時間をかけて考
えて解いても構いません。試験が近づいてきたら
この時間内で解くように心がけてください。

注　問題文や解説中の'\'は'¥'と同じコードです。
　　'\n'や'\0'は，'¥n'や'¥0'と解釈してください。

(1) 解き方のテクニック

午後の言語問題でJavaを選択する人は，すでに教育機関や企業でJavaを学んできた方が多いと思います。また，これから就職する人で，企業でJavaを使うので学習するという学生の方も多いかと思います。

過去に出題されたJavaの問題を見ると，クラス定義におけるスーパクラスの指定（extends），インタフェースの実装(implements)，例外に関する記述（try-catch や，throws，throw）など，文法にまつわる設問や，if文の穴埋め，変数の型を問うもの，代入する変数・定数を問うものといった，処理内容にまつわる設問の他，プログラムコードとして示されたプログラムを実行した際の結果をトレースさせる設問に大きく分けられます。

今までに出題された問題の一部を演習問題として 15.2 以降に掲載していますが，中には一筋縄ではいかない難易度の高い問題も含まれています。これらの問題は，文法を学習しただけの知識では簡単には解けません。それではどのようにすれば合格ラインに達することができるでしょうか。

(2) 試験対策の要点

実際に試験を受けて合格に結び付けるための対策の要点は次の2点です。

> ① Javaはオブジェクト指向の言語なので，プログラムコードもクラスかインタフェースという単位に分かれていること
> ② List，Set，Mapがかなりの頻度で登場すること

文法に関連する設問については，どうしても暗記が必要です。過去問題を解いたり，自分でも簡単なプログラムを書いてみるといった手法で，覚えましょう。

if文の穴埋め，変数の型を問うもの，代入する変数・定数を問うものといった，処理内容に関連する設問を解く上では，基本的なアルゴリズムのパターンを覚えておくことが非常に重要です。これはトレース力の増強と併せて鍛えることができます。典型的なアルゴリズムである整列処理や探索処理を Java で実際にプログラミングし処理結果を自分で理解することによって，考える力を養いましょう。

キーワード

アルゴリズム
問題を解決するための手順

(3) 問題文の解読方法

次に問題文を解読するよい方法を紹介します。実際に試験場に行って問題を読んだときには，時間の制限もあり，十分に問題を理解することはできません。特に何ページにも渡る長い問題では読むだけで時間がかかってしまいます。

その場合はまず設問を先に読み，設問で問われていることは何なのかを早く理解するようにします。穴埋め問題ならその空欄に相当する〔プログラムの説明〕の部分があるはずです。空欄の前後をよく読み，〔プログラムの説明〕の該当箇所にアンダーラインを引いておきましょう。

選択肢を一つ一つ検討し，何が当てはまるかを調べます。選択肢の中には紛らわしいものも含まれているので，問題で示されたプログラムとよく対比して選択を間違わないことが大切です。

選択肢の中に添字を含む問題では，添字を i とすると，選択肢の中に i か i+1 か i-1 が入っていることがあります。このような問題で正解を導くためには，添字の値をトレースすることも必要です。

　最近の問題では，設問の中に「プログラムの〜部分を何回通るか」というように実行回数を要求するものもあります。この場合もプログラムを正しくトレースできるようになっていないと正解が導けません。

　なお，設問が複数に分かれている場合，その中にはプログラムを読まなくても解けるようなサービス問題が含まれていることがあります。その場合には〔プログラムの説明〕に書かれている処理内容をよく読んで解答してください。これで正解率を上げることができます。中には後の方の設問で，このようなサービス問題が含まれていることがあるので，設問1が分からなかったからといってあきらめず，次の設問を考えるようにしてください。

（4）　実際の試験問題を解く様子

　ここまで説明した試験テクニックの紹介に続き，ここでは，実際に出題された情報処理技術者試験の問題を例にして，どのような順序で，論理を組み立てて問題を解いていけばよいか，例題を使って解説します。

　例題の解説を読んで学習した後は，演習問題を自分で考えてください。問題文を読んですぐに全体の処理内容を把握することは難しいので，個々の処理内容を一つずつ把握していきましょう。

(H25 秋-FE　午後問 11)

問 11　次の Java プログラムの説明及びプログラムを読んで，設問1〜3に答えよ。
（Java プログラムで使用する API の説明は，この冊子の末尾を参照してください。）

〔プログラムの説明〕

　ディレクトリパス（以下，パスという）から木構造を生成するプログラムである。

　パスは，木構造をもつファイルシステムにおいてディレクトリを特定するために利用される文字列であり，ディレクトリの名前を"/"で区切って並べて表す。"/"で始まるパスを絶対パスという。絶対パスはルートディレクトリを起点として表したパスである。"/"で始まらないパスを相対パスという。相対パスは任意のノードを起点として表したパスである。

　このプログラムが生成する木構造中の各ノードは，それぞれが一つのディレクトリを表し，ルートノードはルートディレクトリを表す。

　図1に木構造の例を示す。図1中の楕円一つはノード一つに対応し，"　と　"で囲まれた文字列はノードの名前を表す。ルートノードの名前は空文字列とする。例えば，ノード usr を特定する絶対パスは"/usr"であり，ノード usr を起点とする相対パス"local/lib"が特定するノードは，絶対パス"/usr/local/lib"が特定するノードと同じノード lib である。

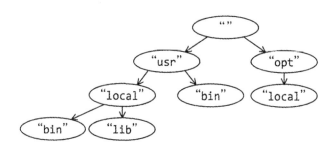

図1　木構造の例

　クラス DirectoryNode は木構造を構成するノードを表すクラスであり，一つのインスタンスが一つのノードを表す。フィールド name はノードの名前を，フィールド parent は親ノードへの参照を，フィールド children は子ノードのリストを保持する。引数を取らないコンストラクタはルートノードを生成する。

　クラス DirectoryNode は次のメソッドをもつ。

(1)　public DirectoryNode add(String path)

　　引数 path で与えられたパスが，このノードを起点に一つのノードを特定でき

るように木構造を拡張し，パスが特定するノードを返す。引数 path が空文字列

又は絶対パスを表すなら，IllegalArgumentException を投げる。

　　パス中の連続する "/" は一つの "/" として扱い，末尾の "/" は無視する。

つまり，パス "local//lib/" は "local/lib" とみなす。

(2)　public String path()

　　このノードを特定する絶対パスを表す文字列（末尾は常に "/"）を返す。

　　例えば，図 1 の最下段のノード lib でこのメソッドを呼ぶと，

"/usr/local/lib/" を返す。

(3)　public List<DirectoryNode> find(String name)

　　このノードが保持する各子ノードを頂点とする全ての部分木から，引数 name

で与えられた名前をもつノードを全て探し，見つかったノードをリストで返す。

クラス DirectoryNodeTester はテスト用のプログラムである。実行結果を図 2 に

示す。

```
usr
opt
/usr/local/
/opt/local/
IllegalArgument
```

図 2　クラス DirectoryNodeTester の実行結果

〔プログラム 1〕
```java
import java.util.ArrayList;
import java.util.Arrays;
import java.util.List;

public class DirectoryNode {
    public final DirectoryNode parent;
    public final String name;
    public final List<DirectoryNode> children =
        new ArrayList<DirectoryNode>();

    public DirectoryNode() {
        this(     a     );
    }
}
```

```
private DirectoryNode(String name, DirectoryNode parent) {
   this.name = name;
   this.parent = parent;
}

public DirectoryNode add(String path) {
   if (      b      ) {
      throw new IllegalArgumentException();
   }
   // 第1引数は文字列pathに含まれるディレクトリのリストである
   return add(Arrays.asList(path.split("/+")), 0);
}

private DirectoryNode add(List<String> path, int i) {
   DirectoryNode child = findChild(path.get(i));
   if (child == null) {
      children.add(child = new DirectoryNode(path.get(i), this));
   }
   if (path.size() > i + 1) {
      return child.add(path, i + 1);
   }
   return child;
}

public String path() {
   if (      c      ) { // 自ノードがルートノードなら"/"を返す
      return "/";
   }
   return parent.path() + name + "/";
}

private DirectoryNode findChild(String name) {
   for (DirectoryNode child : children) {
      if (child.name.equals(name)) {
         return child;
      }
   }
   return null;
}

public List<DirectoryNode> find(String name) {
   List<DirectoryNode> ret = new ArrayList<DirectoryNode>();
   DirectoryNode node = findChild(name);
   if (node != null) {
      ret.add(      d      );
   }
   for (DirectoryNode child : children) {
      ret.addAll(child.find(      e      ));
   }
   return ret;
```

```
      }
   }

〔プログラム2〕
   public class DirectoryNodeTester {
      public static void main(String[] args) {
         try {
            DirectoryNode root = new DirectoryNode();
            DirectoryNode usr = root.add("usr");
            usr.add("bin");
            usr.add("local/bin");
            usr.add("local/lib");
            root.add("opt/local");
            for (DirectoryNode n : root.children) {
               System.out.println(n.name);
            }
            for (DirectoryNode n : root.find("local")) {
               System.out.println(n.path());
            }
            usr.add("");
         } catch (IllegalArgumentException e) {
            System.out.println("IllegalArgument");
         }
      }
   }
```

設問1 プログラム中の ┌──────┐ に入れる正しい答えを，解答群の中から選べ。

aに関する解答群

　ア　""　　　　　　　イ　"", null　　　ウ　null　　　　　　エ　null, ""

bに関する解答群

　ア　!path.startsWith("/") && !"".equals(path)

　イ　!path.startsWith("/") || !"".equals(path)

　ウ　path.startsWith("/") && "".equals(path)

　エ　path.startsWith("/") || "".equals(path)

cに関する解答群

　ア　parent != ""　　　　　　　　　　イ　parent != null

　ウ　parent == ""　　　　　　　　　　エ　parent == null

d，eに関する解答群

ア child イ name ウ node

エ null オ parent カ root

設問2 クラス DirectoryNodeTester を実行したときに生成される，クラス DirectoryNode のインスタンスの個数として正しい答えを，解答群から選べ。

解答群

ア 6 イ 7 ウ 8 エ 9 オ 10

設問3 次の記述中の □ に入れる正しい答えを，解答群の中から選べ。

クラス DirectoryNode のメソッド path が返す文字列の末尾は常に "/" である。これを，このメソッドが呼ばれたインスタンスがルートノードであるか，子ノードをもつときにだけ末尾が "/" になるように，メソッド path の最後の return 文の直前に次の3行を挿入した。クラス DirectoryNodeTester の実行結果は図3となる。

```
if (       f       ) {
   return parent.path() + name;
}
```

```
usr
opt
/usr/local/
/opt/local
IllegalArgument
```

図3 クラス DirectoryNode 変更後のクラス DirectoryNodeTester の実行結果

fに関する解答群

ア !children.isEmpty() イ children != null

ウ children == null エ children.isEmpty()

15.3　例題解説

　この問題で登場するプログラムは，階層構造のディレクトリパスの**絶対パス**と**相対パスの取扱い**に関するものです。また Java の技術要素としては，第 14 章で紹介したジェネリクスのうちインタフェース List と，クラス ArrayList が使われています。本試験問題の中でもジェネリクスを利用している典型的な問題ですので，この解説を読んで要点を押さえていきましょう。

　ここでは，処理の要件と，Java プログラムとしての技術的な要点を整理しながら解説します。

【要件】

　プログラムの要件は，〔プログラムの説明〕の 1 ページ目の図 1 に至るまでの箇所で紹介されています。ここでは，ディレクトリのパスを，先頭に "/" を付けて表現するとあります。これは UNIX や Linux，Mac のディレクトリパス表現方法と同じです。「絶対パス」と「相対パス」という用語も午前問題対策の知識体系にあるものですし，仮に知らない場合でも，問題文中に図 1 を用いた説明があるので，十分把握してから解答できる問題です。

アドバイス

List が使用されている箇所をチェックしましょう。

【プログラムとしての要点】

　一方，プログラムとしての要点は，〔プログラムの説明〕の(1)〜(3)の中で説明されています。その中でクラス DirectoryNode の内容を次のように把握できれば解答がらくに行えます。

- フィールド（メンバ変数）として自身の名前を指す name，子ノードのリストを格納する children，親ノードへの参照を格納する parent の三つをもつ。…〔プログラムの説明〕1 ページ目図 1 の下より
- メソッド add(String path)は，子ノードを追加する。…〔プログラムの説明〕(1)より
- メソッド path()は，自ノードの絶対パス文字列を返す。…〔プログラムの説明〕(2)より
- メソッド find(String name)は，子ノード以下の階層全体から name に該当するノードを返す。…〔プログラムの説明〕(3)より

【ジェネリクス List を使用している点】

　冒頭でも説明しましたが，このプログラムでは，**ジェネリクスであるインタフェース List，及びクラス ArrayList が利用されています**が，どのような所で利用されているか，簡単に見てみましょう。すると，〔プログラム 1〕の冒頭部分と，各メソッド定義の 1 行目に目を通す必要がありますが，次の箇所でインタフェース List が利用されていると分かります。

- フィールド children を List<DirectoryNode>として定義している箇所
- メソッド find の戻り値として定義している箇所

　つまり，あるノードから見て，**子ノードを格納するための children は，クラス DirectoryNode が複数個になる可能性がある**ことから，List<DirectoryNode> 型として定義されており，子ノード以下の階層から特定の名前をもつノードをリ

ストアップするメソッド find でも，結果として戻す値が複数個のクラス DirectoryNode になる可能性があることから，List<DirectoryNode>型として定義しています。この点を押さえたら，実際に設問にあたりましょう。

〔設問1〕
　ここは，〔プログラム1〕の空欄a〜eの穴埋めになっています。それぞれの空欄部に関連はないので，個別に見ていきましょう。
・空欄a：ここは，public DirectoryNode()というメソッドの中にありますが，このメソッドは，戻り値の型定義がない点と，メソッド名がクラス名と同じである点から，コンストラクタであることが分かります。ただ，空欄部を見ると，this(　a　)となっており，実質的な処理は行わず，this というメソッド呼出しをしています。this は予約語で自分自身のクラスインスタンスを指すものですが，この this 自体にカッコが付いている場合，自分自身のクラスのコンストラクタ呼出しになります。注意しないといけないのは，今呼出し側の public DirectoryNode()もコンストラクタなので，ここから this(　a　)として，コンストラクタを呼び出すという場合，引数の数や型が違う別のコンストラクタを呼び出していると判別する点です。つまりクラス DirectoryNode のコンストラクタは，第7章で説明したオーバロードによって2種類定義されています。

　この前提を理解した後は，もう一つのコンストラクタを確認する必要があります。すると，すぐ下に private DirectoryNode(String name, DirectoryNode parent)という引数を二つ取るコンストラクタを発見することができます。このコンストラクタの処理内容を見ると，ノードの名前を示す name と，親ノードへの参照を示す parent を引数に沿って，メンバ変数に格納しているだけのシンプルなものであることが分かります。ただ，この二つ目のコンストラクタは，修飾子が private なので，クラス DirectoryNode からしか呼び出すことができない点に注意してください。

　以上を踏まえると，引数なしのコンストラクタが呼ばれた場合，二つ目のコンストラクタに渡す二つの引数 name と parent に何を渡すか，という点が空欄部になっていると分かります。ここまで来ると，実は，引数の方から答えが出てきてしまいます。第一引数は，String 型の name 第二引数は DirectoryNode 型の parent なので，（イ）の「""，null」が正解と分かります。

　しかし，これでは，渡している引数の意味合いが理解できないままになるので，補足で説明します。この空欄部が属しているクラス DirectoryNode の一つ目のコンストラクタは，実は最上位のノードを作成するときにしか呼び出されません。2階層目以降のノードを作成する際には，親ノードのメソッド add が呼び出されるのです。その様子をメソッド add の内容から見てみましょう。

　メソッド add も〔プログラム1〕を読むと，オーバロードされて二つ定義されていることが分かります。こちらも一つ目のメソッドは public，二つ目のメソッドは private なので，クラス外部からは一つ目のメソッドが呼び出されます。ここでは空欄 b の条件判定式の結果 IllegalArgumentException という例外を発生させるかどうかを判定した後，もう一つのメソッド add を呼び出しています。このため，もう一つのメ

ソッド add を見てみましょう。すると，もう一つのメソッド add の中の 3 行目で，引数を指定したクラス DirectoryNode のコンストラクタが呼び出されています。2 階層目以降のノードは，この時点でクラスインスタンスが生成されるのです。このことは，〔プログラム 2〕の DirectoryNodeTester のコードからも読み解くことができます。

つまり**空欄 a で渡している第一引数は，ルートディレクトリの場合のノード名である空文字列，そして第二引数は，ルートディレクトリの場合の親ノード null になるのです。**

・空欄 b：空欄部分の位置にあるメソッド add の処理内容としては，if 文の条件が空欄になっていることの確認の後，もう一つのメソッド add（引数を二つ取る方）を呼び出していることを確認します。この引数については空欄 a の解説文の終わりの方で説明しました。つまり，引数を二つ取るメソッド add を呼び出す前の確認内容が焦点になっています。**条件判定式の結果が真の場合，IllegalAugumentException という例外を発生させています。**つまり，引数でもらった path のチェックをしています。このチェックの要件を〔プログラムの説明〕の(1)の記述から確認すると，**引数 path が空文字列か，絶対パスの場合に例外発生させる必要がある**と分かります。空文字列かどうかの判定は"" と比べるだけですが，絶対パスかどうかの判定は，先頭が "/" かどうかで行います。したがって，（エ）が正解です。

・空欄 c：空欄部の右側にあるコメントから分かるように，ここでは**自身がルートノードかどうかの条件判定式**が必要です。ルートノードかどうかを確認できるクラス DirectoryNode のフィールドは，親ノードの参照を格納する parent です。**ルートノードは親ノードがないので，この parent が null になります。**このことは空欄 a の説明からも分かります。したがって，（エ）が正解になります。

・空欄 d：ここは，メソッド find の中で子ノードの中から name で指定されたノード名をもつノードを findChild メソッドを用いて検索したのち，戻り値の node が null でない場合に行われる処理の内容が問われています。空欄部は ret.add の引数部分ですが，この ret は，3 行上で宣言された，List<DirectoryNode>型の変数です。この変数 ret のメソッド add は，ジェネリクスであるインタフェース List のメソッドですが，詳細な仕様は巻末の「Java プログラムで使用する API の説明」にて説明されていますが，引数としては E という型を取ると定義されています。ここでいう E とは，List<DirectoryNode>であれば，DirectoryNode 型を指します。すなわち，**ret.add には node を引数として渡せば，結果である DirectoryNode のリストである ret に検索結果の node が追加されるのです。**したがって，（ウ）が正解です。

・空欄 e：ここは空欄 d に似ていますが，ret のメソッド addAll に渡す引数が問われています。この addAll もインタフェース List のメソッドなので，巻末の「Java プログラムで使用する API の説明」を確認してみましょう。メソッド add と違い，Collection<? extends E>という型を引数に取るとあります。コレクションには List や Set がありますが，本問では List が使われており，List<DrictoryNode>型の変数がこの addAll の引数として指定できます。ret.addAll は，引数に child.find に空欄部の引数を渡した結果を指定しています。つまり，**子ノードのメソッド find を再帰的に呼び**

出し，戻り値の List<DirectoryNode>型の結果をメソッド addAll を使って ret に追加しているのです。メソッド find は引数 name で指定されたノード名をもつノードを再帰的に探すメソッドですので，この空欄部の引数も name でよいのです。したがって，（イ）が正解です。

〔設問 2〕
　テスト用のクラス DirectoryNodeTester を実行した際の DirectoryNode のインスタンス個数をトレースする設問です。実際に〔プログラム 2〕のコードを読んでいきましょう。
　設問 1 の解説でも紹介したように，**クラス DirectoryNode は，コンストラクタの呼出しか，メソッド add の呼出しによって生成されます。**したがって，〔プログラム 2〕内のコードでこれに該当する部分を抜き出してみましょう。すると次のようになります。各行の右側に生成されるインスタンス個数が記載されていますが，詳しい説明は次に記載します。

```
DirectoryNode root = new DirectoryNode(); … 1 個生成
DirectoryNode usr = root.add("usr"); … 1 個生成
usr.add("bin"); … 1 個生成
usr.add("local/bin"); … 2 個生成
usr.add("local/lib"); … 1 個生成
root.add("opt/local"); … 2 個生成
usr.add(""); … 0 個生成
```

　以上のように，合計で 7 回，クラス DirectoryNode が生成されるタイミングがありますが，最後の usr.add("") だけ，〔プログラムの説明〕(1)の IllegalArgumentException の発生につながり，実際にクラス DirectoryNode のインスタンスは生成されないので，無視します。また，もう一点注意すべきは，usr.add("local/bin");，usr.add("local/lib");，root.add("opt/local"); で 2 階層のパスが指定されている点です。usr.add("local/bin");は，絶対パスでいうと，/usr/local/bin を作成しますが，この時点では，親ノードである /usr/local がないので，これもまとめて作成され，二つのノードが作成されます。次に呼ばれる usr.add("local/lib");の段階では，親ノードである /usr/local が生成されていますので，/usr/local/lib だけが生成されます。root.add("opt/local");でも同様に/opt と/opt/local という二つのノードが生成されます。したがって，（ウ）の 8 が正解です。

〔設問 3〕
　子ノードをもたないノードのメソッド path 呼出し時には，ノードのパスの末尾に "/" を付けずに戻り値にしたいという点が要件です。もともとメソッド path は，自ノードがルートノードでない場合，常に return parent.path() + name + "/"; となっており，親ノードがある場合には，親ノードのパス，そのまた親がある場合はそのパスと再帰的に呼出し，その結果に自身のノード名と "/" を追記して戻り値にしています。
・空欄 f：空欄部の条件判定式が真になる場合に，戻り値の末尾に "/" を付けないコードが提示されていますが，条件の意味は上で説明したとおり，「子ノ

ードをもたない」です。これは子ノードを格納するフィールド children が空かどうかで判定できます。候補としては，（ウ）の children == null と，（エ）の children.isEmpty()が挙げられます。

　ここで確認すべきポイントは，フィールド children の初期状態です。〔プログラム 1〕の上から 8 行目を見ると，children の宣言がありますが，同時に初期化がなされています。したがって，children は最初から null 以外の参照値になっています。すると，インタフェース List のもつメソッド isEmpty によって，中身が空かどうか確認する必要が出てくることが分かります。インタフェース isEmpty の動作内容は，巻末の「Java プログラムで使用する API の説明」で確認できますが，中身が空の場合に真（true）を返すとあります。したがって，（エ）が正解です。

【解答】
〔設問1〕　a：イ　b：エ　c：エ　d：ウ　e：イ
〔設問2〕　ウ
〔設問3〕　f：エ

演習問題① 電気ポットの制御プログラム   (H20 春-FE 午後問 11)

次の Java プログラムの説明及びプログラムを読んで，設問に答えよ。

〔プログラムの説明〕

電気ポットの状態遷移を模したプログラムである。この電気ポットは，電源に接続すると休止状態になり，沸騰ボタンが押されると加熱を開始する。沸点に到達すると加熱を終了し，休止状態に戻る。ただし，電気ポットに水がない場合は，沸騰ボタンが押されても加熱を開始せず，警告を表示する。電気ポットの状態遷移図を図1に示す。

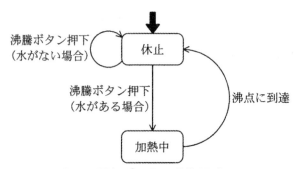

図1　電気ポットの状態遷移図

(1) 抽象クラス State は，電気ポットの状態を定義する。

(2) クラス Idle 及びクラス Heating は，それぞれ，休止状態と加熱中状態を示す State のサブクラスである。

(3) クラス ElectricPot は電気ポットを表す。フィールド currentState は，電気ポットの状態を示す。フィールド content は，水量を示す。メソッド heat は，沸騰ボタンが押されたときに呼ばれ，電気ポットに水があれば加熱を開始する（電気ポットの状態を加熱中に遷移）。水がない場合は例外を投げる。メソッド boiled は，水が沸点に到達したときに呼ばれ，加熱を終了する（電気ポットの状態を休止に遷移）。メソッド isEmpty は，水がない場合 true，それ以外の場合 false を返す。メソッド main はテスト用のメインプログラムである。実行結果を図2に示す。

```
Idle -> Heating
Heating -> Idle
No Water!
```

図2　メソッド main の実行結果

〔プログラム1〕

```
public abstract class State {
    public static final State IDLE = new Idle();
    public static final State HEATING = new Heating();

    public void heat(ElectricPot pot) throws Exception {
        if (    a    )
               b    ;
        pot.changeState(HEATING);
    }

    public void boiled(ElectricPot pot) {
        pot.changeState(IDLE);
    }

    private static class Idle    c    {
        public String toString() { return "Idle"; }
    }

    private static class Heating    c    {
        public String toString() { return "Heating"; }
    }
}
```

〔プログラム2〕

```
public class ElectricPot {
    private State currentState = State.IDLE;
    private int content;

    public ElectricPot(int content) { this.content = content; }
    public void setContent(int content) {
        this.content = content;
    }

    public boolean isEmpty() { return (content == 0); }
    public void changeState(State newState) {
        System.out.println(currentState + " -> " + newState);
        currentState = newState;
    }

    public void heat() throws Exception {
          d    .heat(this);
    }

    public void boiled() {
          d    .boiled(this);
    }
```

```
        public static void main(String[] args) {
            try {
                ElectricPot pot = new ElectricPot(10);
                pot.heat();
                pot.boiled();
                pot.setContent(0);
                pot.heat();
                pot.boiled();
            } catch (Exception e) {
                System.out.println(e.getMessage());
            }
        }
    }
```

設問 プログラム中の 　　　　　　 に入れる正しい答えを，解答群の中から選べ。

aに関する解答群

　ア　isEmpty()　　　　　　　　　　　イ　!isEmpty()

　ウ　pot.isEmpty()　　　　　　　　　エ　!pot.isEmpty()

　オ　pot == null　　　　　　　　　　カ　pot != null

bに関する解答群

　ア　return "No Water!"

　イ　System.out.println("No Water!")

　ウ　throw "No Water!"

　エ　throw new Exception("No Water!")

cに関する解答群

　ア　extends Exception　　　　　　　イ　extends Object

　ウ　extends State　　　　　　　　　エ　implements Exception

　オ　implements Object　　　　　　　カ　implements State

dに関する解答群

　ア　currentState　　　　　　　　　イ　State

　ウ　super　　　　　　　　　　　　　エ　this

演習問題②　あみだくじ

　　次の Java プログラムの説明及びプログラムを読んで，設問 1〜3 に答えよ。
（ Java プログラムで使用する API の説明は，この冊子の末尾を参照してください。）

〔プログラムの説明〕

　　あみだくじの作成と結果の表示を行うプログラムである。

　　あみだくじとは，複数の平行に並ぶ縦線と，2 本の縦線だけに水平に接続する複数
の横線から成るくじである。横線は縦線の上端及び下端には接続せず，縦線の同一箇
所に複数の横線が接続されることもない。くじをたどる手順は次のとおりである。

(1)　1 本の縦線を選択し，上端から下方向にたどり始める。

(2)　途中に，接続する横線があるときは必ず曲がり，もう一方の縦線までたどる。

(3)　縦線に到達したら，また下方向にたどる。

(4)　下端に到達するまで(2)と(3)を繰り返す。

(5)　下端に到達したときの縦線の位置が，くじを引いた結果である。

　　あみだくじの例を図 1 に示す。図中の太線は，左端の縦線を選択したときにたどっ
た経路である。

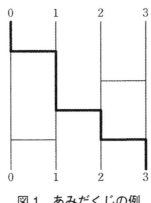

図 1　あみだくじの例

　　クラス GhostLeg は，あみだくじを作成し，作成したあみだくじをたどるプログラ
ムである。

(1)　縦線を左からの順番で保持する。左端を 0 番目とする。

(2)　縦線の長さを 1.0 とし，上端の縦軸座標を 1.0，下端の縦軸座標を 0.0 とする。

(3)　横線の両端の縦軸座標は等しく，0.0 よりも大きく 1.0 未満である。

(4) 縦線の本数を引数とするコンストラクタをもつ。

(5) 次のメソッドをもつ。

① void addHorizontalLine(int x1, int x2, double y)

横線を追加するメソッドである。左から x1 番目の縦線と x2 番目の縦線を縦軸座標 y で接続する横線を追加する。ただし，x1 と x2 が等しいか，2本の縦線のいずれか又は両方に，既に縦軸座標 y で接続する横線があるときには追加しない。

あみだくじは，クラス GhostLeg のインスタンスを生成した後，このメソッドを任意の回数だけ呼び出し，横線を追加することによって完成する。

② int trace(int x)

くじを引いた結果を返すメソッドである。左から x 番目の縦線を選択し，あみだくじをたどった結果を返す。

クラス GhostLegTester はテスト用のプログラムである。このプログラムは，図1に示したあみだくじを作り，左から順にくじを引き，結果を表示する。実行結果を，図2に示す。

```
0 -> 3
1 -> 1
2 -> 2
3 -> 0
```

図2　クラス GhostLegTester の実行結果

〔プログラム1〕
```java
import java.util.ArrayList;
import java.util.List;
import java.util.SortedMap;
import java.util.TreeMap;

public class GhostLeg {
    private List<VerticalLine> verticalLines;

    public [  a  ] (int n) {
        verticalLines = new ArrayList<VerticalLine>(n);
        for (int i = 0; i < n; i++) {
            verticalLines.add([  b  ]);
        }
    }
}
```

362

```java
public void addHorizontalLine(int x1, int x2, double y) {
    // 設問3(α)
    VerticalLine v1 = verticalLines.get(x1);
    // 設問3(β)
    VerticalLine v2 = verticalLines.get(x2);
    if (x1 != x2 && !v1.hasHorizontalLineAt(y) &&
        !v2.hasHorizontalLineAt(y)) {
    // 設問3(γ)
        v1.putHorizontalLine(y, v2);
        v2.putHorizontalLine(y, v1);
    }
    // 設問3(δ)
}

public int trace(int x) {
    double y = 1.0;
    VerticalLine v = verticalLines.get(x);
    while ((y = v.getNextY(y)) >      c      ) {
        v =    d    ;
    }
    return verticalLines.indexOf(v);
}

private static class VerticalLine {
    SortedMap<Double, VerticalLine> horizontalLines =
        new TreeMap<Double, VerticalLine>();

    VerticalLine() {
        horizontalLines.put(0.0, null);
    }

    boolean hasHorizontalLineAt(double y) {
        return horizontalLines.containsKey(y);
    }

    void putHorizontalLine(double y, VerticalLine opposite) {
        horizontalLines.put(y, opposite);
    }

    double getNextY(double y) {
        // マップ horizontalLines が保持するキーの中で,
        // 引数 y よりも小さいもののうち, 最大のものを返す。
        return horizontalLines.headMap(y).lastKey();
    }

    VerticalLine getOpposite(double y) {
        return horizontalLines.get(y);
    }
}
}
```

〔プログラム2〕
```java
public class GhostLegTester {
    public static void main(String[] args) {
        GhostLeg gh = new GhostLeg(4);
        gh.addHorizontalLine(0, 1, 0.8);
        gh.addHorizontalLine(0, 1, 0.2);
        gh.addHorizontalLine(1, 2, 0.4);
        gh.addHorizontalLine(2, 3, 0.6);
        gh.addHorizontalLine(2, 3, 0.2);
        for (int i = 0; i < 4; i++) {
            System.out.printf("%d -> %d%n", i, gh.trace(i));
        }
    }
}
```

設問1 次の記述中の ████████ に入れる正しい答えを，解答群の中から選べ。

　　クラス GhostLeg の内部クラス VerticalLine は 1 本の縦線を表すクラスであり，インスタンスは，そのインスタンスが示す縦線に接続している横線を保持している。この内部クラスでは，横線を，████████ として表現している。

解答群

　　ア　クラス HorizontalLine のインスタンスの列

　　イ　その横線が接続する縦軸座標とクラス HorizontalLine のインスタンスのマップ

　　ウ　その横線が接続する縦軸座標とその横線に接続するもう 1 本の縦線のマップ

　　エ　その横線に接続する 2 本の縦線のマップ

設問2 プログラム中の ████████ に入れる正しい答えを，解答群の中から選べ。

a に関する解答群

　　ア　ghostLeg　　　　　　　　　　　　イ　GhostLeg

　　ウ　void ghostLeg　　　　　　　　　エ　void GhostLeg

bに関する解答群

ア 0　　　　　　　　　　　　　　イ i

ウ new VerticalLine()　　　　　エ null

cに関する解答群

ア -1.0　　　　イ 0.0　　　　ウ x　　　　　　エ y

dに関する解答群

ア horizontalLines.get(x)　　　イ horizontalLines.get(y)

ウ v.getOpposite(y)　　　　　　エ verticalLines.get(x)

設問3 次の記述中の　　　　　　　に入れる正しい答えを，解答群の中から選べ。

　　メソッド addHorizontalLine の呼出しにおいて，引数 x1 又は x2 に相当す
る縦線がないときには IndexOutOfBoundsException が投げられる。一方，引
数 y には追加する横線の縦軸座標を指定するので，その値は 0.0 よりも大きく
1.0 未満でなければならないが，それ以外の値を指定しても例外は投げない。

　　これを，引数 x1 及び x2 の値によらず，引数 y の値が横線の縦軸座標として
取り得る範囲から外れているときに IllegalArgumentException を投げるよう
にするには，プログラム 1 中のコメント "// **設問 3**（　　e　　）" の 1 行を
次の if 文に置き換えればよい。

```
if (     f     ) {
    throw new IllegalArgumentException();
}
```

eに関する解答群

ア α　　　　　　イ β　　　　　　ウ γ　　　　　　エ δ

fに関する解答群

ア y <= 0.0 && y >= 1.0　　　　イ y <= 0.0 || y >= 1.0

ウ y > 0.0 && y < 1.0　　　　　エ y > 0.0 || y < 1.0

次の Java プログラムの説明及びプログラムを読んで，設問 1, 2 に答えよ。

（Java プログラムで使用する API の説明は，この冊子の末尾を参照してください。）

〔プログラムの説明〕

　名前及び住所からなる住所録のエントリの追加，削除及び検索を行う住所録管理プログラムであり，次のクラスからなる。

(1)　クラス Name は，姓及び名をそれぞれ文字列で保持する。

(2)　クラス Address は，郵便番号及び住所を保持する。郵便番号は，上位 3 桁と下位 4 桁をそれぞれ int 型の整数で保持する。住所は，文字列で保持する。

(3)　クラス AddressBook は，住所録である。入れ子クラス AddressBook.Entry は，住所録のエントリであり，Name と Address のインスタンスを保持する。クラス AddressBook は，エントリを追加及び削除するメソッドをもつ。

　クラス Name, Address, 及び AddressBook.Entry のインスタンスは，検索可能である。検索処理を支援するために，次のインタフェースを定義する。

(1)　インタフェース SearchCriteria は，検索条件を示すデータ型であり，メソッドをもたない。

(2)　インタフェース Searchable は，これを実装するクラスが検索条件を与えて検索可能であることを示す。検索するときは，メソッド meets を呼び出す。

　クラス Name 及び Address は，それぞれ入れ子クラス Criteria を定義し，その Criteria を検索条件とするインタフェース Searchable を実装する。

(1)　入れ子クラス Name.Criteria は，引数 familyName 及び givenName でそれぞれ姓及び名を検索条件として指定する。検索条件に含めないときは，null を指定する。

(2)　クラス Name は，インタフェース Searchable を実装する。メソッド meets は，引数で与えられた criteria で実装されたメソッドを呼び出し，このクラスのインスタンスが検索条件に合致するかどうか調べる。

(3)　入れ子クラス Address.Criteria は，引数 postalCode3, postalCode4 及び addr でそれぞれ郵便番号の上位 3 桁，下位 4 桁及び住所を検索条件として指

定する。検索条件に含めないときは，postalCode3 及び postalCode4 は負の値，addr は null を指定する。住所については，部分文字列が一致する場合も合致しているとみなす。例えば，"京都"は"東京都"の部分文字列なので，合致するとみなす。

(4) クラス Address は，インタフェース Searchable を実装する。メソッド meets は，引数で与えられた criteria で実装されたメソッドを呼び出し，このクラスのインスタンスが検索条件に合致するかどうか調べる。

　クラス AddressBook のメソッド meetsAnyOf は，引数で与えられたインタフェース SearchCriteria のどれかに合致するエントリの集合を返す。メソッド meetsAllOf は，引数で与えられた SearchCriteria の全てに合致するエントリの集合を返す。

　入れ子クラス AddressBook.Entry は，インタフェース Searchable を実装する。メソッド meets は，引数で与えられた SearchCriteia の具体的な型によって，name 又は addr のメソッド meets を呼び出し，この AddressBook.Entry のインスタンスが引数で指定された検索条件に合致するかどうか調べる。

　なお，クラス Name, Address, AddressBook.Entry は，インタフェース Set で使用できるように，クラス Object のメソッド equals 及び hashCode を上書きしているものとする。また，各コンストラクタ及びメソッドの引数は正しいものとする。

　クラス Test は，この住所録プログラムのテストプログラムである。メソッド main を実行すると，次の結果が得られた。

[技術 太郎: 〒225-1234 横浜市青葉区, 試験 一朗: 〒980-9876 仙台市青葉区, 情報 太郎: 〒102-4567 東京都千代田区]
[技術 太郎: 〒225-1234 横浜市青葉区]

図 1　テストプログラムの実行結果

〔プログラム 1〕
```
public class Name implements Searchable<Name.Criteria> {
   private final String familyName, givenName;

   public static class Criteria implements     a     {
      private final String familyName, givenName;
```

```
        public Criteria(String familyName, String givenName) {
            this.familyName = familyName;
            this.givenName = givenName;
        }
        private boolean areMetBy(Name name) {
            return (familyName == null
                        || name.familyName.equals(familyName))
                    && (givenName == null
                        || name.givenName.equals(givenName));
        }
    }

    public Name(String familyName, String givenName) {
        this.familyName = familyName;
        this.givenName = givenName;
    }

    public String getFamilyName() { return familyName; }

    public String getGivenName() { return givenName; }

    public boolean meets(Criteria criteria) {
        return criteria.areMetBy(this);
    }

    public String toString() {
        return familyName + " " + givenName;
    }
}
```

〔プログラム2〕

```
public class Address implements Searchable<Address.Criteria> {
    private final int postalCode3, postalCode4;
    private final String addr;

    public static class Criteria implements SearchCriteria {
        private final int postalCode3, postalCode4;
        private final String addr;

        public Criteria(int postalCode3, int postalCode4,
                        String addr) {
            this.postalCode3 = postalCode3;
            this.postalCode4 = postalCode4;
            this.addr = addr;
        }
        private boolean areMetBy(Address address) {
            return (postalCode3 < 0
                        || postalCode3 == address.postalCode3)
                    && (postalCode4 < 0
                        || postalCode4 == address.postalCode4)
```

```
                && (addr == null
                    || address.addr.contains(addr));
        }
    }

    public Address(int postalCode3, int postalCode4, String addr) {
        this.postalCode3 = postalCode3;
        this.postalCode4 = postalCode4;
        this.addr = addr;
    }

    public boolean meets(Criteria criteria) {
        return criteria.areMetBy(this);
    }

    public String toString() {
        return String.format("〒%03d-%04d %s",
                             postalCode3, postalCode4, addr);
    }
}
```

〔プログラム3〕
```
import java.util.HashSet;
import java.util.Set;

public class AddressBook {
    private Set<Entry> book = new HashSet<Entry>();

    public void add(Name name, Address addr) {
        book.add(new Entry(name, addr));
    }

    public void remove(Entry entry) { book.remove(entry); }

    public Set<Entry> meetsAnyOf(SearchCriteria... criteria) {
        Set<Entry> result = new HashSet<Entry>();
        for (SearchCriteria sc : criteria) {
            for (Entry entry : book) {
                if (entry.meets(sc))
                    ┌─────────┐
                    │    b    │;
                    └─────────┘
            }
        }
        return result;
    }

    public Set<Entry> meetsAllOf(SearchCriteria... criteria) {
        Set<Entry> result = new HashSet<Entry>(book);
        for (Entry entry : book) {
            for (SearchCriteria sc : criteria) {
                if (!entry.meets(sc)) {
```

```
                    c        ;
                break;
            }
        }
    }
    return result;
}

public static class Entry implements
                    Searchable<SearchCriteria> {
    private final Name name;
    private final Address addr;

    public Entry(Name name, Address addr) {
        this.name = name;
        this.addr = addr;
    }

    public Name getName() { return name; }

    public Address getAddress() { return addr; }

    public boolean meets(    d     criteria) {
        if (criteria instanceof Name.Criteria)
            return name.meets((Name.Criteria) criteria);
        if (criteria instanceof    e    )
            return addr.meets((    e    ) criteria);
        return false;
    }

    public String toString() { return name + ": " + addr; }
    }
}
```

〔プログラム4〕
```
public interface SearchCriteria {
}
```

〔プログラム5〕
```
public interface Searchable<T extends SearchCriteria> {
    public boolean meets(T criteria);
}
```

〔プログラム6〕
```
public class Test {
    public static void main(String[] args) {
```

```
        AddressBook addrbook = new AddressBook();
        addrbook.add(new Name("情報", "太郎"),
                new Address(102, 4567, "東京都千代田区"));
        addrbook.add(new Name("情報", "花子"),
                new Address(102, 4567, "東京都千代田区"));
        addrbook.add(new Name("技術", "太郎"),
                new Address(225, 1234, "横浜市青葉区"));
        addrbook.add(new Name("試験", "一朗"),
                new Address(980, 9876, "仙台市青葉区"));
        System.out.println(addrbook.meetsAnyOf(
                new Name.Criteria(null, "太郎"),
                new Address.Criteria(-1, -1, "青葉区")));
        System.out.println(addrbook.meetsAllOf(
                new Name.Criteria(null, "太郎"),
                new Address.Criteria(-1, -1, "青葉区")));
    }
}
```

設問1　プログラム中の　　　　　　　に入れる正しい答えを，解答群の中から選べ。

aに関する解答群

　　ア　SearchCriteria　　　　　　　　イ　SearchCriteria<Name>

　　ウ　SearchCriteria<String>　　　　エ　Searchable

　　オ　Searchable<Name>　　　　　　　カ　Searchable<String>

b，cに関する解答群

　　ア　book.add(entry)　　　イ　book.add(sc)　　　ウ　book.remove(entry)

　　エ　book.remove(sc)　　　オ　result.add(entry)　カ　result.add(sc)

　　キ　result.remove(entry)　ク　result.remove(sc)

d，eに関する解答群

　　ア　Address.Criteria　　　イ　Criteria　　　　　　ウ　Entry.Criteria

　　エ　Name.Criteria　　　　　オ　SearchCriteria

設問2　クラス Test において，住所録 addrbook に登録されている全エントリを取得
　　　　する方法として正しい答えを，解答群の中から二つ選べ。ここで，プログラム中
　　　　の　　　　　　　には，正しい答えが入っているものとする。

解答群

　　ア　addrbook.meetsAllOf(new Name.Criteria("", ""))

　　イ　addrbook.meetsAllOf(new Name.Criteria(null, null))

　　ウ　addrbook.meetsAllOf(null)

　　エ　addrbook.meetsAnyOf(new Name.Criteria("", ""))

　　オ　addrbook.meetsAnyOf(new Name.Criteria(null, null))

　　カ　addrbook.meetsAnyOf(null)

演習問題④　電気料金プラン

(H29 春-FE 午後問 11)

次の Java プログラムの説明及びプログラムを読んで，設問 1，2 に答えよ。

〔プログラムの説明〕

電気料金プラン（以下，プランという）を比較するためのプログラムである。電気料金は，基本料金，及び電気の使用量（以下，電力量という）から算出される電力量料金から成る。電力量の単位は，キロワット時（kWh）である。電力量料金を算出するための 1 kWh 当たりの料金（以下，料金単価という）は，電力量に応じて段階的に変わる。プラン A 及びプラン B の料金表を表 1 に示す。

表 1　プラン A 及びプラン B の料金表

プラン		プラン A	プラン B
基本料金（円）		1123.30	1040.10
料金単価 （円／kWh）	120 kWh まで	19.62	18.17
	120 kWh 超過 300 kWh まで	26.10	24.17
	300 kWh 超過分	30.12	27.77

例えば，プラン A で，使用した電力量が 200.5 kWh のとき，120 kWh 分に対して 19.62 円／kWh，残りの 80.5 kWh に対して 26.10 円／kWh の料金単価が適用される。

(1)　抽象クラス TierTable は，段階的に変化する値のペアをテーブルとして表現する。値は，型 double で与えられる。

①　コンストラクタは，可変長の引数で与えられた double の数値 2 個ずつをペアとして配列にし，更にその配列を要素とする配列を生成し，フィールド pairs に保持する。引数 tiers の長さが奇数のときは，IllegalArgumentException を投げる。

②　抽象メソッド map は，引数で与えられた数値を別の数値に変換して返す。

(2)　クラス TieredRateTable は，料金単価のテーブルを表す。

①　コンストラクタは，引数で与えられた電力量とそれに対応する料金単価のペア

からテーブルを作成する。

② メソッド map は，引数で与えられた電力量から電力量料金を計算し，その値を返す。

(3) クラス RatePlan は，プランを表す。

① コンストラクタは，引数で与えられたプラン名，基本料金，料金単価のテーブルで表されるインスタンスを生成する。

② メソッド getName は，プラン名を返す。

③ メソッド getPrice は，引数で与えられた電力量から電力量料金を計算し，その値と基本料金の合計を型 int の数値で返す。このとき，小数点以下は切り捨てられる。

(4) クラス Main は，表 1 を基にプラン A 及びプラン B を表す RatePlan のインスタンスを生成し，電力量が 543.0 kWh のときの電気料金を比較する。メソッド main を実行すると，図 1 の結果が得られた。

```
┌─────────────────────┐
│  プラン B が 1175 円安い  │
└─────────────────────┘
```

図 1　メソッド main の実行結果

〔プログラム 1〕
```
┌──────┐
│  a   │  class TierTable {
└──────┘
    final double[][] pairs;

    TierTable(double... tiers) {
        if (tiers.length % 2 == 1) {
            throw new IllegalArgumentException("不正な長さ: " + tiers.length);
        }
        double[][] a = new double[tiers.length / 2][];
        for (int i = 0; i < tiers.length; i += 2) {
            a[    b    ] = new double[] { tiers[i], tiers[i + 1] };
        }
        this.pairs = a;
    }

    abstract double map(double amount);
}
```

374

〔プログラム2〕
```
class TieredRateTable extends TierTable {
    TieredRateTable(double... tiers) {
        super(tiers);
    }

    double map(double amount) {
        double charge = 0;
        for (int i = 0; i < pairs.length; i++) {
            if (i + 1 < pairs.length && amount > pairs[i + 1][0]) {
                charge += (pairs[    c    ] - pairs[    d    ]) * pairs[i][1];
            } else {
                charge += (amount - pairs[i][0]) * pairs[i][1];
                break;
            }
        }
        return charge;
    }
}
```

〔プログラム3〕
```
class RatePlan {
    private final String name;
    private final double basicCharge;
    private final TierTable pricingTiers;

    RatePlan(String name, double basicCharge, TierTable pricingTiers) {
        this.name = name;
        this.basicCharge = basicCharge;
        this.pricingTiers = pricingTiers;
    }

    String getName() { return name; }

    int getPrice(double amount) {
        return (int) (basicCharge + pricingTiers.map(amount));
    }
}
```

〔プログラム4〕
```java
public class Main {
    public static void main(String[] args) {
        RatePlan planA = new RatePlan("プランA", 1123.30,
            new TieredRateTable(0, 19.62, 120, 26.10, 300, 30.12));
        RatePlan planB = new RatePlan("プランB", 1040.10,
            new TieredRateTable(0, 18.17, 120, 24.17, 300, 27.77));

        double amount = 543.0;
        int d = planA.getPrice(amount) - planB.getPrice(amount);
        if (d < 0) {
            System.out.printf("%sが%d円安い%n", planA.getName(), -d);
        } else if (d > 0) {
            System.out.printf("%sが%d円安い%n", planB.getName(), d);
        } else {
            System.out.println("両プランで同額");
        }
    }
}
```

設問1　プログラム中の[　　　　　]に入れる正しい答えを，解答群の中から選べ。

aに関する解答群

ア abstract	イ final	ウ private
エ protected	オ public	カ static

bに関する解答群

ア i	イ i - 1	ウ i * 2
エ i / 2	オ i / 2 + 1	カ i + 1

c，dに関する解答群

ア [i + 1][0]	イ [i + 1][1]	ウ [i + 1][i]
エ [i][0]	オ [i][1]	カ [i][i + 1]

設問2　割引プランは，指定した他のサービスを電気と一緒に利用した場合には，プラ
ンAやプランBという当初のプランで計算した電気料金を，電気料金の額に応
じて割り引くプランである。割引プランの割引率の例を，表2に示す。

表2　割引プランの割引率の例

電気料金	割引率
5,000円未満	1%
5,000円以上8,000円未満	3%
8,000円以上	5%

プログラム5は，割引率を求めるためのクラスDiscountTableである。メソッ
ドmapは，引数で与えられた電気料金から割引率を求め，その値を返す。ここで，
割引率は小数で与えるものとする。例えば，1%は0.01である。

〔プログラム5〕
```
class DiscountTable extends TierTable {
    DiscountTable(double... tiers) {
        super(tiers);
    }

    double map(double amount) {
        for (int i = pairs.length - 1; i >= 0; i--) {
            if (amount >= pairs[i][0]) {
                return pairs[i][1];
            }
        }
        throw new IllegalArgumentException("amount = " + amount);
    }
}
```

プログラム6は，割引プランを表すためのクラスDiscountPlanである。
DiscountPlanは，クラスRatePlanを拡張し，上位クラスであるRatePlanのメ
ソッドgetPriceで求めた電気料金から割引率を求め，割引を適用した金額を電
気料金として計算する。プログラム中の　　　　　　に入れる正しい答えを，解
答群の中から選べ。

〔プログラム6〕

```
class DiscountPlan    e    RatePlan {
    private final TierTable discountTiers;

    DiscountPlan(String name, double basicCharge,
              TierTable pricingTiers, TierTable discountTiers) {
        super(name, basicCharge, pricingTiers);
        this.discountTiers = discountTiers;
    }

    int getPrice(double amount) {
        int price =     f    .getPrice(amount);
        return (int) (price *    g    );
    }
}
```

eに関する解答群

　ア　extends　　　　　　イ　implements　　　　ウ　imports

　エ　public　　　　　　　オ　throws

fに関する解答群

　ア　((RatePlan) this)　イ　RatePlan　　　　　ウ　super

　エ　this　　　　　　　　オ　TieredRateTable　カ　TierTable

gに関する解答群

　ア　(1.0 - discountTiers.map(amount))

　イ　(1.0 - discountTiers.map(basicCharge))

　ウ　(1.0 - discountTiers.map(price))

　エ　discountTiers.map(amount)

　オ　discountTiers.map(basicCharge)

　カ　discountTiers.map(price)

次の Java プログラムの説明及びプログラムを読んで，設問 1, 2 に答えよ。
（Java プログラムで使用する API の説明は，この冊子の末尾を参照してください。）

〔プログラムの説明〕

　整数値の加減乗除の演算をする電卓のプログラムである。この電卓は，数字キー，加減乗除の各演算キー，イコールキー及びクリアキーをもつ。プログラムは，キーが押されたとき，それぞれのキーに対応する処理を実行する。数値などの表示は，System.out.println を呼び出して行う。

(1)　インタフェース Key は，電卓のキーが押されたときの処理を実行するメソッドを定義する。

　　メソッド operateOn は，引数で与えられたクラス java.util.Stack のインスタンス（以下，スタックという）に対して，キーに対応する処理を実行する。

(2)　列挙 DigitKey は，数字キーを表す定数 DIGIT0 ～ DIGIT9 を定義する。

　　メソッド operateOn は，キーを 10 進数の入力として処理する。引数で与えられたスタックの先頭に格納されている値は 0（初期値）又は入力中の数値であり，その値を更新する。

(3)　列挙 OperationKey は，加減乗除の各演算キー，イコールキー及びクリアキーを表す定数 ADD, SUBTRACT, MULTIPLY, DIVIDE, EQUAL 及び CLEAR を定義する。

　　メソッド operateOn は，加減乗除の各演算キーに対応する演算を，スタックの内容に対して実行する。

(4)　クラス Calculator は，電卓本体を表す。フィールド stack は，電卓内部の数値の状態を表すスタックを保持する。フィールド pendingKey は，演算に必要な数値の入力が終わるまで演算キーを保持する。また，イコールキーが押されたときは，イコールキーを保持する。例えば，キーの定数 DIGIT2, ADD, DIGIT4 が順に処理されたとき，スタックに格納されている値は先頭から 4, 2 であり，pendingKey の値は ADD である。次にキーの定数 EQUAL が処理されたとき，演算キー ADD の加算処理が実行され，スタックに格納されている値は 6 となり，pendingKey の値は EQUAL となる。ここで，二つの数値に対する加減乗除の演算結果は，Java の int 型の演算結果に一致するものとする。

メソッド onKeyPressed は，電卓のキーが押されたときに呼び出される。押されたキーは，引数で与えられる。押されたキー及び電卓の内部状態に基づいて，処理を実行する。

(5)　クラス CalculatorTest は，クラス Calculator をテストするプログラムである。

　メソッド main は，まず，文字と電卓の各キーとの対応を作成し，クラス Calculator のインスタンスを生成する。次に，引数で与えられた文字列の各文字をキーの定数に変換し，そのキーの定数を引数としてクラス Calculator のインスタンスのメソッド onKeyPressed を呼び出す。例えば，メソッド main の引数として文字列 "2*3=" が与えられたとき，それぞれの文字を，キーの定数 DIGIT2，MULTIPLY，DIGIT3，EQUAL に変換し，逐次それぞれのキーの定数を引数としてメソッド onKeyPressed を呼び出す。メソッド main を実行したときの出力を図1に示す。

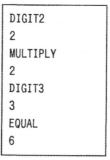

```
DIGIT2
2
MULTIPLY
2
DIGIT3
3
EQUAL
6
```

図1　メソッド main を実行したときの出力

〔プログラム1〕
```
import java.util.Stack;

public interface Key {
    public void operateOn(Stack<Integer> stack);
}
```

〔プログラム2〕
```
import java.util.Stack;

enum DigitKey [ a ] Key {
    DIGIT0, DIGIT1, DIGIT2, DIGIT3, DIGIT4,
    DIGIT5, DIGIT6, DIGIT7, DIGIT8, DIGIT9;
```

```
    public void operateOn(Stack<Integer> stack) {
        stack.push(    b    * 10 +    c    );
    }
}
```

〔プログラム3〕

```
import java.util.Stack;

enum OperationKey    a    Key {
    ADD, SUBTRACT, MULTIPLY, DIVIDE, EQUAL, CLEAR;

    public void operateOn(Stack<Integer> stack) {
        if (this == EQUAL || this == CLEAR) {
            return;
        }
        int val2 = stack.pop();
        int val1 = stack.pop();
        stack.push(calculate(val1, val2));
    }

    private int calculate(int val1, int val2) {
        switch (    d    ) {
        case ADD:
            return val1 + val2;
        case SUBTRACT:
            return val1 - val2;
        case MULTIPLY:
            return val1 * val2;
        case DIVIDE:
            return val1 / val2;
        default:
            throw new AssertionError(toString());
        }
    }
}
```

〔プログラム4〕

```
import java.util.Stack;

public class Calculator {
    private final Stack<Integer> stack = new Stack<Integer>();
```

```java
    private Key pendingKey;

    public Calculator() {
        stack.push(0);
    }

    public void onKeyPressed(Key key) {
        System.out.println(key);
        if (key instanceof DigitKey) {
            if (pendingKey == OperationKey.EQUAL) {
                reset();
            }
            key.operateOn(stack);
            System.out.println(stack.peek());
        } else if (key == OperationKey.CLEAR) {
            reset();
            System.out.println(stack.peek());
        } else {
            try {
                if (pendingKey != null) {
                    pendingKey.operateOn(stack);
                }
                System.out.println(stack.peek());
                pendingKey = key;
                if (key != OperationKey.EQUAL) {
                    stack.push(0);
                }
            } catch (ArithmeticException e) {
                System.out.println("Error");
                reset();
            }
        }
    }

    private void reset() {
        stack.clear();
        stack.push(0);
        pendingKey = null;
    }
}
```

〔プログラム5〕

```
import java.util.HashMap;
import java.util.Map;

public class CalculatorTest {
    public static void main(String[] args) {
        Map<Character,   e   > map = new HashMap<Character,   e   >();
        // 文字と列挙OperationKeyの定数の対応をmapに格納する。
        for (OperationKey key : OperationKey.values())
            map.put("+-*/=C".charAt(key.ordinal()), key);
        // 数字と列挙DigitKeyの定数の対応をmapに格納する。
        for (DigitKey key : DigitKey.values())
            map.put("0123456789".charAt(key.ordinal()), key);

        Calculator calc = new Calculator();
        String chars = args[0];
        // charsの各文字をキーの定数に変換し，メソッドonKeyPressedを呼び出す。
        for (int i = 0; i < chars.length(); i++) {
            calc.onKeyPressed(map.get(chars.charAt(i)));
        }
    }
}
```

設問1 プログラム中の □□□□□□ に入れる正しい答えを，解答群の中から選べ。

a に関する解答群

　ア　extends　　　　　　　イ　implements　　　　　ウ　imports

　エ　inherits　　　　　　　オ　requires　　　　　　 カ　throws

b，c に関する解答群

　ア　ordinal()　　　　　　 イ　stack.peek()　　　　 ウ　stack.pop()

　エ　stack.push(0)　　　　 オ　stack.push(ordinal())　カ　values()

d に関する解答群

　ア　DigitKey　　　　　　　イ　Key　　　　　　　　　ウ　stack.pop()

　エ　this　　　　　　　　　オ　val1　　　　　　　　 カ　val2

e に関する解答群

ア　Calculator　　　　　　イ　Character　　　　　　ウ　DigitKey

エ　Integer　　　　　　　　オ　Key　　　　　　　　　カ　OperationKey

設問2　表 1 は，文字列を引数としてメソッド main を実行したときの出力の最後の行（図1の場合は6）を表している。表中の ▢ に入れる正しい答えを，解答群の中から選べ。ここで，プログラム中の ▢ には，全て正しい答えが入っているものとする。

表1　文字列（引数）と出力（最後の行）

文字列（引数）	出力（最後の行）
2*6/3=	4
-2=	-2
2*4==	8
2*4C2=	f
8/2/=	g

f，g に関する解答群

ア　0　　　　　　　　　　　イ　2　　　　　　　　　　　ウ　4

エ　8　　　　　　　　　　　オ　16　　　　　　　　　　カ　32

キ　64　　　　　　　　　　ク　ArithmeticException　　ケ　Error

384

次の Java プログラムの説明及びプログラムを読んで，設問 1，2 に答えよ。

（Java プログラムで使用する API の説明は，この冊子の末尾を参照してください。）

〔プログラムの説明〕

電子会議システムのプログラムである。

電子会議は，サーバに接続しているクライアント間で行われ，一つのクライアント
は，会議の参加者 1 人に対応する。会議に参加するときは，電子会議システムのサー
バにログインする。参加者の発言はクライアントからのメッセージとしてサーバに送
られる。サーバは受信したメッセージを，発信元クライアントを含む全クライアント
に配信する。会議から退出するときは，ログアウトする。

この電子会議システムのサーバを実装するために，次のクラスを定義する。

(1)　クラス MessageQueue は，クライアントからのメッセージを格納するための待ち
行列（メッセージキュー）である。メッセージは，先入れ先出しで管理される。メ
ソッド put は，引数 message で与えられたメッセージをメッセージキューに追加す
る。メッセージキューに格納できるメッセージ数には制限があり，満杯のときは，
空きができるまで待つ。メソッド take は，メッセージキューの先頭からメッセー
ジを取り出す。メッセージキューが空のときは，メッセージが追加されるまで待つ。

(2)　クラス ConfServer は，サーバを定義する。クライアントとのログイン状態を管
理し，メッセージの受信と配信を行う。ここでクライアントとは，(3) で説明する
抽象クラスの型のインスタンスである。クラス ConfServer は，クラスが初期化さ
れるときにインスタンスが作成され，単独のスレッドとして動作する。メソッド
run は，メッセージキューからメッセージを取り出し，ログインしている全クライ
アントにそのメッセージを配信する。この操作を繰り返す。メソッド login は，入
れ子クラス ConfServer.Session のインスタンスを生成し，それをキーとしてク
ライアントを管理テーブルに登録し，そのインスタンスを返す。クライアントが既
に登録されている場合は，IllegalArgumentException を投げる。クライアント
が管理テーブルに登録されているとき，そのクライアントはサーバにログインして
いる状態であるとする。

(3)　抽象クラス ConfClient は，サーバが必要とするクライアントの機能を定義する。
サーバは，メソッド displayMessage を呼び出してクライアントにメッセージを配

信する。クライアントは，このクラスを実装しなければならない。クライアントが
サーバにメッセージを送信するときは，ログイン時に返されたクラス
ConfServer.Session のインスタンスのメソッド writeMessage を呼び出す。ク
ライアントがログアウトするときは，同じインスタンスのメソッド logout を呼び
出す。

(4) サーバをテストするために，クラス TestClient を定義する。このクラスは，
ConfClient で定義されたメソッドをテスト用に実装する。TestClient のインス
タンスは，サーバに対してクライアントの役割をする。メソッド displayMessage
は，メッセージを次の形式で出力する。

発信クライアント名: メッセージ　＞受信クライアント名

〔プログラム1〕
```java
import java.util.LinkedList;

public class MessageQueue {
    // 格納できる最大のメッセージ数
    private final static int MAX_SIZE = 3;
    private final LinkedList<String> queue = new LinkedList<String>();

    public synchronized void put(String message) {
        while (queue.size() >= MAX_SIZE) {
            try {
                wait();
            } catch (InterruptedException e) { }
        }
        queue.add(message);
        notifyAll();
    }

    public synchronized String take() {
        while ([    a    ]) {
            try {
                wait();
            } catch (InterruptedException e) { }
        }
        String message = queue.removeFirst();
        notifyAll();
        return message;
    }
}
```

〔プログラム2〕

```java
import java.util.HashMap;
import java.util.Map;

public class ConfServer implements Runnable {
    // ConfServer のインスタンス
    private static final ConfServer server;
    static {
        server = new ConfServer();
        new Thread(server).start();
    }

    // クライアントからのメッセージを格納するメッセージキュー
    private final MessageQueue queue = new MessageQueue();

    // セッション管理テーブル
    private final Map<Session, ConfClient> sessionsTable
            = new HashMap<Session, ConfClient>();

    public static Session login(ConfClient client) {
        if (client == null)
            throw new NullPointerException();
        return server.loginImpl(client);
    }

    private ConfServer() { }

    public void run() {
        while (true) {
            String message = queue.take();
            deliverMessage(message);
        }
    }

    private void writeMessage(Session session,
                              String message) {
        ConfClient client = getClient(session);
        String s = client.getName() + ": " + message;
        queue.put(s);
    }

    private synchronized void deliverMessage(String message) {
        for (Session session : sessionsTable.keySet())
            [    b    ].displayMessage(message);
    }

    private synchronized ConfClient getClient(Session session) {
        ConfClient client = sessionsTable.get(session);
        if (client == null)
            throw new IllegalStateException("無効なセッション");
        return client;
    }
```

```java
    private synchronized Session loginImpl(ConfClient client) {
        if (sessionsTable.containsValue(client))
            throw new IllegalArgumentException(
                    client.getName() + "はログイン済み");
        Session session = new Session();
        sessionsTable.put(session, client);
        return session;
    }

    private synchronized void logoutImpl(Session session) {
        sessionsTable.remove(session);
    }

    public static class Session {
        private Session() { }

        public void writeMessage(String msg) {
            server.writeMessage(this, msg);
        }

        public void logout() {
            server.logoutImpl(      c      );
        }
    }
}
```

〔プログラム 3〕
```java
public abstract class ConfClient {
    private final String name;

    public ConfClient(String name) {
        if (name == null)
            throw new NullPointerException();
        this.name = name;
    }

    public final String getName() { return name; }

    public abstract void displayMessage(String message);

    public boolean equals(Object obj) {
        if (!(obj instanceof ConfClient))
            return false;
        return name.equals(((ConfClient)obj).name);
    }

    public int hashCode() {
        return name.hashCode();
    }
}
```

〔プログラム 4〕
```java
public class TestClient [  d  ] ConfClient {
    TestClient(String name) { [  e  ]; }

    public void displayMessage(String message) {
        System.out.println(message + " >" + getName());
    }

    public static void main(String[] arg) {
        ConfServer.Session yamada
                = ConfServer.login(new TestClient("山田"));
        ConfServer.Session sato
                = ConfServer.login(new TestClient("佐藤"));

        yamada.writeMessage("こんにちは。山田です。");
        sato.writeMessage("こんにちは。");
        yamada.writeMessage("開発プランの資料は届いていますか。");
        sato.writeMessage("はい、手元にあります。");
        yamada.writeMessage("では、資料に沿ってご説明します。");

        // 全メッセージを配信し終わるように，1秒間待つ。
        try {
            Thread.sleep(1000);
        } catch (InterruptedException e) { }
        yamada.logout();
        sato.logout();
    }
}
```

設問1　プログラム中の　　　　　　　に入れる正しい答えを，解答群の中から選べ。

aに関する解答群

　ア　!queue.isEmpty()　　　　　　　イ　queue.isEmpty()

　ウ　queue.size() != MAX_SIZE　　　エ　queue.size() < MAX_SIZE

　オ　queue.size() == MAX_SIZE

bに関する解答群

　ア　session.get(message)　　　　　イ　session.get(server)

　ウ　session.get(sessionsTable)　　エ　sessionsTable.get(message)

　オ　sessionsTable.get(server)　　　カ　sessionsTable.get(session)

cに関する解答群

　ア　queue　　　　　　　イ　server　　　　　　ウ　session

　エ　sessionsTable　　　オ　this

dに関する解答群

　ア　abstract　　　　　　イ　extends　　　　　ウ　implements

　エ　static　　　　　　　オ　throws

eに関する解答群

　ア　super()　　　　　　　イ　super(name)　　　ウ　super(this)

　エ　this()　　　　　　　　オ　this(name)

設問2　クラス MessageQueue のメソッド put 及び take には，synchronized 修飾子が付けられている。これには理由が二つある。一つは，キューの状態（空又は満杯）によってスレッド間でメソッド wait 及び notifyAll を呼び出して同期を取るためである。もう一つの理由として適切な答えを，解答群の中から選べ。

解答群

ア　クラス ConfClient のインスタンスがそれぞれ別スレッドとして同時に動くことを想定すると，一度にフィールド queue で参照される LinkedList のインスタンスにアクセスが集中することが考えられる。そこで，一時点で queue にアクセスできるスレッドを一つにして，システムに負荷がかかりすぎるのを防ぐ。

イ　クラス ConfClient のインスタンスがそれぞれ別スレッドとして同時に動くことを想定すると，タイミングによってはフィールド queue で参照される LinkedList のインスタンスに格納されている他のスレッド が書き込んだメッセージを読み出すことができ，セキュリティ上問題となる。そこで，一時点で queue にアクセスできるスレッドを一つにして，queue に既に書き込まれているメッセージを読み出せないようにする。

ウ　クラス ConfClient のインスタンスとクラス ConfServer のインスタンスは別スレッドとして動くので，フィールド queue で参照される LinkedList のインスタンスに対しての操作が同時に実行されることがある。そこで，一時点で queue にアクセスできるスレッドを一つにして，データの内部状態に矛盾が起きないようにする。

エ　クラス ConfClient のインスタンスの個数が多いとフィールド queue で参照される LinkedList のインスタンスに格納するメッセージ数の増大によってメモリ不足によるエラーが発生し，ConfServer を実行しているスレッドが停止する可能性がある。そこで，ConfClient のインスタンスの個数を制限して，エラーを起こさないようにする。

次の Java プログラムの説明及びプログラムを読んで，設問 1，2 に答えよ。
(Java プログラムで使用する API の説明は，この冊子の末尾を参照してください。)

〔プログラムの説明〕

図 1 のように，文書の書式を表すひな形に置換表を適用して，出力文書を得るプログラムである。

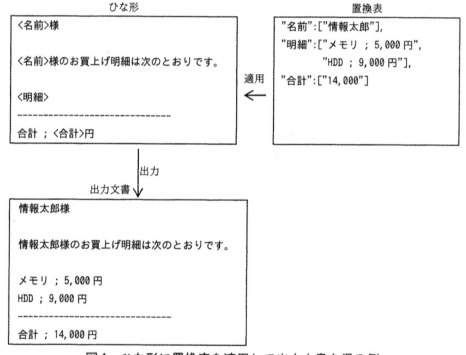

図 1　ひな形に置換表を適用して出力文書を得る例

(1)　ひな形は，0 個以上の置換指示と，0 個以上のそのまま出力される置換指示以外
の部分が連なるテキストである。

　　置換指示は，キー名称を〈と〉で囲ったものである。ひな形中で，〈と〉は，置
換指示としてキー名称を囲う用途にだけ使用できる。

(2) 置換表は，キー名称とこれに対応する文字列の並びとの組みを一つ以上記述したテキストであり，それぞれの組みは，次の形式で記述する。

    "キー名称":[文字列の並び]

組みを二つ以上記述するときは，コンマで区切る。

文字列の並びには，置換に用いる文字列（以下，置換用文字列という）を二重引用符で囲んだものを一つ以上記述する。置換用文字列を二つ以上記述するときは，コンマで区切る。例えば，置換用文字列が二つである場合は，次の形式で記述する。

    "キー名称":["置換用文字列","置換用文字列"]

(3) ひな形に置換表を適用すると，ひな形中の〈キー名称〉は，次の規則に従って置換される。
① 置換表のキー名称に対応する文字列の並びに含まれる置換用文字列が一つだけのときは，その置換用文字列で置換される。
② 置換表のキー名称に対応する文字列の並びに含まれる置換用文字列が二つ以上あるときは，各置換用文字列の間に改行を挟んだ上で，並び順に連結してできる文字列で置換される。

図 1 の例では，置換表中のキー名称 名前 に対応する文字列の並びに含まれる置換用文字列は 情報太郎 だけなので，ひな形中の〈名前〉は，情報太郎 に置換される。

置換表中のキー名称 明細 に対応する文字列の並びには，置換用文字列としてメモリ；5,000 円 と HDD；9,000 円 とが含まれるので，ひな形中の〈明細〉は，メモリ；5,000 円↵HDD；9,000 円（↵は改行）に置換される。

このプログラムでは，ひな形を，0 個以上の置換指示と 0 個以上の置換指示以外の部分が連なる文字ストリームとして扱う。個々の置換指示及び個々の置換指示以外の部分をフラグメントと呼ぶ。

インタフェース Fragment は，フラグメントを表す。

クラス Replacer は，置換指示を表す。

クラス PassThrough は，置換指示以外の部分を表す。

クラス TemplateParser のメソッド parse は，ひな形を表す文字ストリームからフラグメントのリストを構築し，クラス Template のインスタンスを生成して返す。ひな形に誤りはないものとする。

クラス Template は，ひな形をフラグメントのリストとして保持する。メソッド apply は，ひな形に置換表を適用して，出力文書を文字列で返す。置換表には，このひな形に含まれるキー名称とそれに対応する文字列の並びが含まれているものとする。

クラス ReplacementTableParser のメソッド parse は，置換表を表す文字ストリームから，キー名称とそれに対応する文字列の並びのマップを構築して，返す。置換表に誤りはないものとする（プログラムは省略）。

クラス TemplateTester はテスト用のプログラムである。テキストファイル template.txt が図 1 のひな形と同じ内容であって，テキストファイル replacementTable.txt が図 1 の置換表と同じ内容であるとき，実行結果は図 1 の出力文書と同じになる。

〔プログラム 1〕
```
import java.util.List;
import java.util.Map;

public interface Fragment {
    String replace(Map<String, List<String>> table);
}
```

〔プログラム 2〕
```
import java.util.List;
import java.util.Map;

public class Replacer [    a    ] Fragment {
    final String key;

    Replacer(CharSequence cs) { key = cs.toString(); }

    public String replace(Map<String, List<String>> table) {
        return String.join("\n", table.get(key));
    }
}
```

394

〔プログラム 3〕
```
import java.util.List;
import java.util.Map;

public class PassThrough [  a  ] Fragment {
    final String str;

    PassThrough(CharSequence cs) { str = cs.toString(); }

    public String replace(Map<String, List<String>> table) {
        return str;
    }
}
```

〔プログラム 4〕
```
import java.io.IOException;
import java.io.Reader;
import java.util.ArrayList;
import java.util.List;

public class TemplateParser {
    static public Template parse(Reader reader) throws IOException {
        StringBuilder buf = new StringBuilder();
        List<Fragment> fragmentList = new ArrayList<>();
        int c;
        while ((c = reader.read()) >= 0) {
            switch (c) {
                case '<' :
                    fragmentList.add(new [  b  ]);
                    buf = new StringBuilder();
                    break;
                case '>' :
                    fragmentList.add(new [  c  ]);
                    buf = new StringBuilder();
                    break;                           ⟵━━━━━━━━━━ α
                default :
                    buf.append((char) c);
            }
        }
        fragmentList.add(new PassThrough(buf));
        return [  d  ];
```

```
        }
    }


〔プログラム5〕
 import java.util.List;
 import java.util.Map;

 public class Template {
    List<Fragment> fragmentList;

    Template(List<Fragment> fragmentList) {
        this.fragmentList = fragmentList;
    }

    public String apply(Map<String, List<String>> table) {
        StringBuilder sb = new StringBuilder();
        for (Fragment fragment : fragmentList) {
            sb.append(fragment.replace(     e     ));
        }
        return sb.toString();
    }
 }


〔プログラム6〕
 import java.io.FileReader;
 import java.io.IOException;
 import java.io.Reader;
 import java.util.List;
 import java.util.Map;

 public class TemplateTester {
    public static void main(String... args) throws IOException {
        try (
            Reader tReader = new FileReader("template.txt");
            Reader rReader = new FileReader("replacementTable.txt")
        ) {
            Template template = TemplateParser.parse(tReader);
            Map<String, List<String>> table =
                ReplacementTableParser.parse(rReader);
            System.out.print(template.apply(table));
        }
    }
 }
```

設問1　プログラム中の　　　　　　　に入れる正しい答えを，解答群の中から選べ。

aに関する解答群

　ア　extends　　　　　イ　interface　　　ウ　implements　　　エ　throws

b, cに関する解答群

　ア　Fragment(buf)　　　　イ　Fragment(c)　　　ウ　PassThrough(buf)

　エ　PassThrough(c)　　　オ　Replacer(buf)　　　カ　Replacer(c)

dに関する解答群

　ア　fragmentList　　　　　　　　イ　new Template(buf)

　ウ　new Template(fragmentList)　　エ　new Template(reader)

eに関する解答群

　ア　fragment　　　　　　　　　　イ　fragmentList

　ウ　sb　　　　　　　　　　　　　エ　table

設問2　次の記述中の　　　　　　　に入れる正しい答えを，解答群の中から選べ。

　　　　＜と＞は，置換指示としてキー名称を囲う用途以外では，ひな形中で使用す
　　ることができない。そこで，これらの文字を他の用途でも使用できるように，
　　次の2行をプログラム4のクラスTemplateParserのαの位置に挿入した。こ
　　れによって，\に続く1文字（\が複数個連続するときは奇数個目に続く1文
　　字）は，置換指示以外の部分やキー名称の一部として扱われる。ここで，続く
　　1文字は必ず読めるものとする。

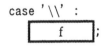

```
case '\\' :
    f    ;
```

fに関する解答群

　ア　break

　イ　buf.append((char) c)

　ウ　buf.append((char) c); break

　エ　buf.append((char) reader.read())

　オ　buf.append((char) reader.read()); break

Java Programming

巻末資料

　ここでは，Java のプログラムコードの作成からデバッグ作業までを行うことができる，オープンソースの IDE（統合開発環境），Eclipse（エクリプス）の環境構築方法を紹介します。

　Eclipse を利用すれば，見やすく操作しやすい専用の画面上で，簡単にソースコード作成やコンパイル，デバッグ実行をすることが可能になります。

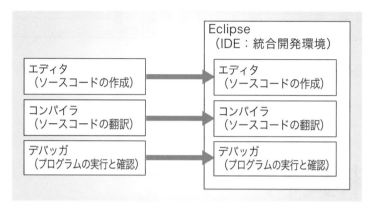

　ここでは，Eclipse の入手と環境構築を行う手順を説明します。

1.1.1　JDK（Java Development Kit）の入手とインストール

　IDE（統合開発環境）である Eclipse のインストールに先立ち，Java のコンパイラや VM（Virtual Machine；仮想マシン）を備えた開発用キットの JDK を入手し，インストールします。

　※ここでの手順は 64bit 版の Windows を前提にしています。

　JDK には，以下でご案内している Open JDK の他に，米 Oracle 社が提供している「Oracle JDK」などもありますが，無償で利用する場合には，個人利用（デスクトップ PC やノート PC 上での利用）や，開発目的での利用等に限られる，といったライセンス上の制約がありますので，本書では GPL ライセンスで提供される Open JDK を紹介します。

　Oracle JDK のライセンスに関する詳細は以下をご参照下さい。

　https://www.oracle.com/downloads/licenses/javase-license1.html

---

JDK は次の URL から入手します。

`https://openjdk.java.net/`

2 段落目の中盤にあるリンク「jdk.java.net/13」（2020 年 4 月現在）をクリックします。

Windows/x64 用の ZIP ファイルのリンク（zip の部分）をクリックします。

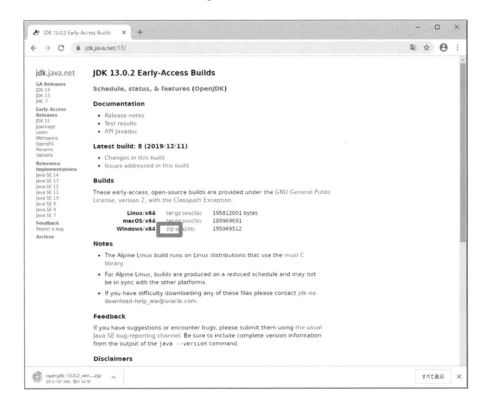

JDK が格納された ZIP ファイルがダウンロードされます。

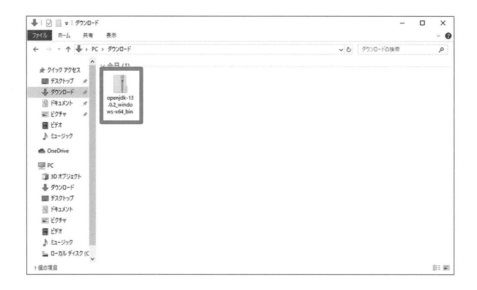

ダウンロードされた JDK の ZIP ファイルを「すべて展開」を選択して，展開します。

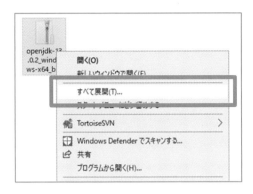

　展開先フォルダのデフォルト（仮定値）は，ダウンロードフォルダ内になっていますが，これを変更します。

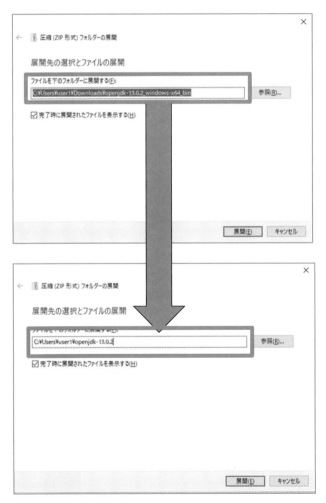

「C:¥Users¥<ユーザー>¥openidk-<バージョン番号>」に変更し，「展開」ボタンを押します。

展開されたフォルダを確認すると，次のようになっています。

この中の，「C:¥Users¥<ユーザー>¥openidk-<バージョン番号>¥jdk-<バージョン番号>¥bin」という パスを，クリップボードやメモ帳にコピーしておきます。

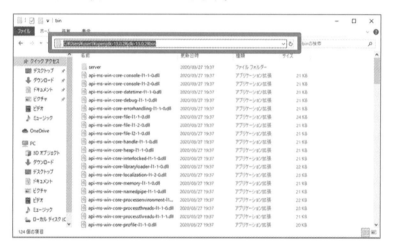

次に，コントロールパネルを開きます。

「システムとセキュリティ」をクリックします。

「システム」-「システムの詳細設定」-「環境変数」をクリックします。

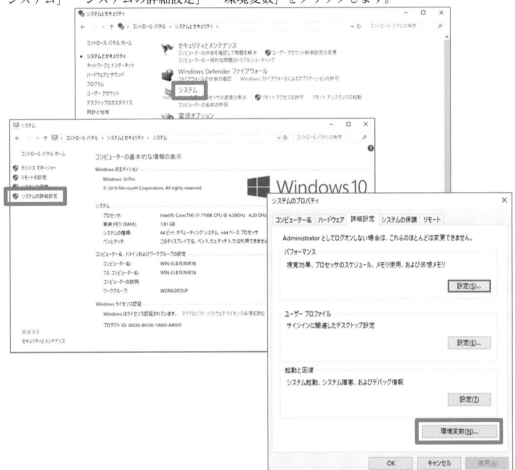

「環境変数」というダイアログが開くので，ユーザー環境変数の「Path」に，先ほどコピーした，JDK の bin フォルダのパスを追加します。

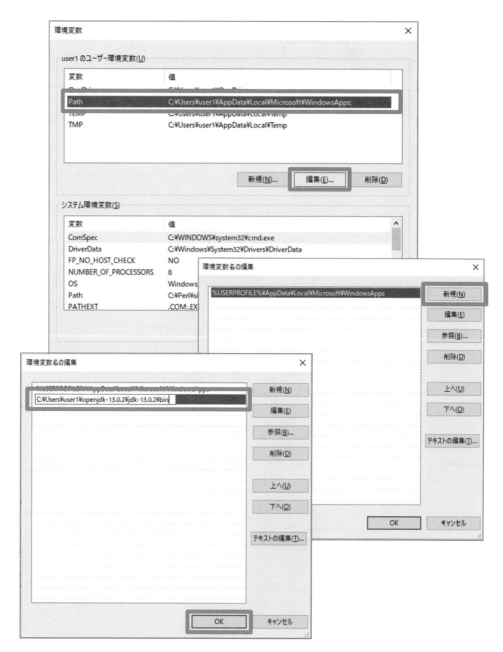

以上で，JDK の準備は完了です。

1.1.2 Eclipse の入手とインストール

Eclipse は，次の URL から入手可能です（2020 年 4 月現在）。

ダウンロード先 URL

https://eclipse.org/downloads/

「Eclipse IDE <リリース月>」の「Download 64 bit」をクリックします。

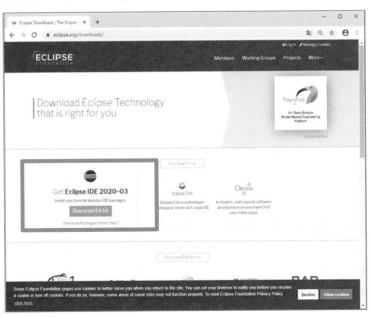

「Download」をクリックします。

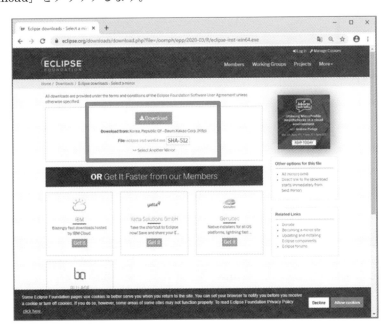

ダウンロード中には，Donation（寄付）に関する案内が表示されますが，寄付の要否については本書籍では言及しません。ご自身で判断してください。

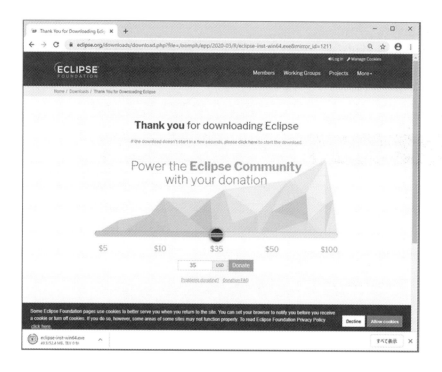

　Eclipse のインストーラのダウンロードが完了すると，ダウンロードフォルダに格納されます。

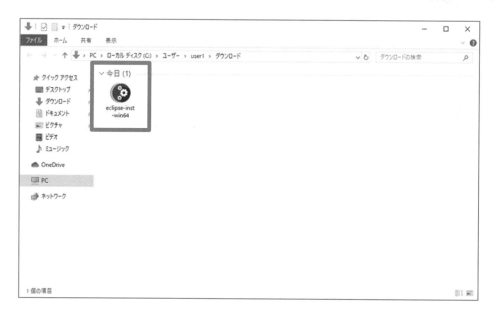

　これをダブルクリックして実行することで，Eclipse のインストーラが起動します。

最初に表示される画面です。

ご注意：Eclipse の動作に必要なもの

`Eclipse` は Java によって動作するため，Java プログラムを実行するためのライブラリである `JRE` あるいは JRE に Java プログラムのコンパイル環境を含めた `JDK` が必要です。

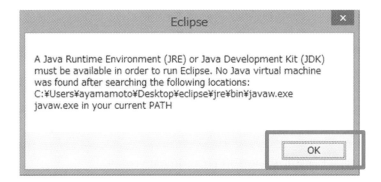

JRE または JDK がないと，上のような画面が表示されます。OK ボタンを押して進めてください。（Eclipse のインストーラは実行が中止されます）すでに JRE か JDK がインストールされている場合，前記の画面は表示されず，Eclipse が起動されます。

JDK のインストール手順については、前述の「1.1.1　JDK（Java Development Kit）の入手とインストール」をご参照ください。

「Eclipse IDE for Enterprise Java Developers」を選択してください。

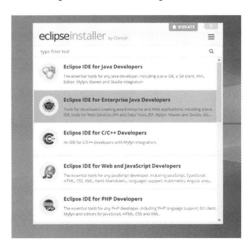

インストール先のフォルダを指定する箇所では，デフォルトのまま進めて頂いて構いません。
「INSTALL」を選択してください。

ソフトウェア使用に関する合意内容を確認し，問題がなければ下部にある「Accept Now」をクリック
します。

インストールが続行されます。

Eclipse.org Foundation が発行する証明書を許可するかどうかを確認するダイアログが開くので，次のように□部分にチェックを入れて「Accept Selected」をクリックします。

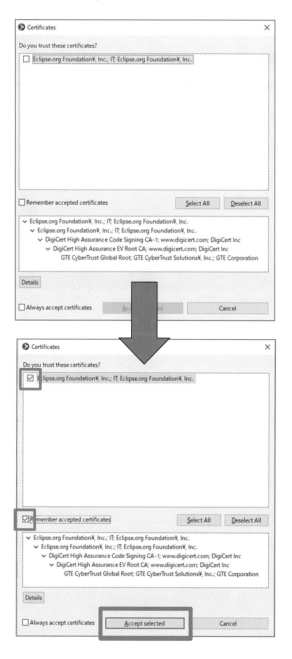

しばらくすると，インストールが完了し，Eclipse 本体を起動するための「LAUNCH」ボタンが表示されます。

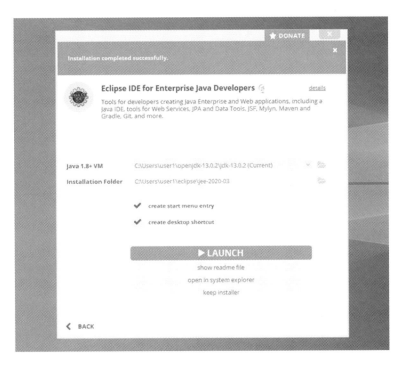

起動時の画面です。

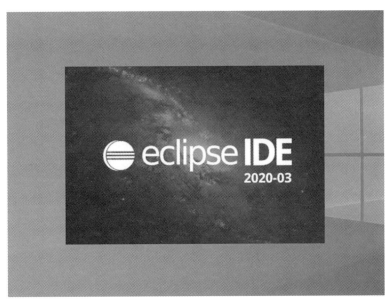

1.1.3 Eclipse のワークスペース

Eclipse では作成するプログラムの格納フォルダを<u>ワークスペース</u>（workspace）と呼びます。起動時には，データ格納先のフォルダであるワークスペースのフォルダ位置を指定するように求められます。デフォルトはログインユーザの個人フォルダの中に「eclipse-workspace」という名称のフォルダが作成され，そこがワークスペースの最上位となります。

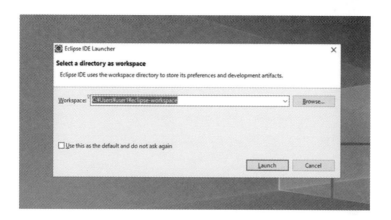

1.1.4 Eclipse の Welcome 画面

Eclipse を初めて起動すると，下図のような「Welcome」画面が表示されます。左上のタブの「×」ボタンをクリックして閉じることができます。

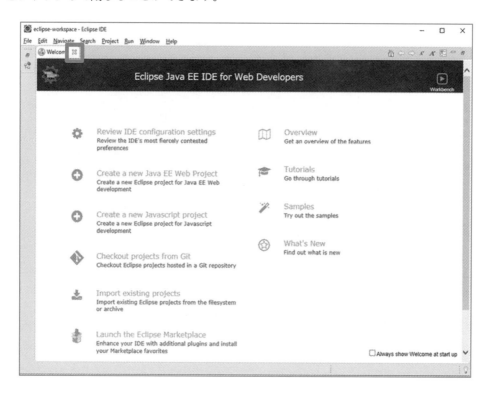

「Welcome」画面を閉じると，次の画面のように左側に「Project Explorer」，中央部にプログラムコードやファイルの中身を編集するための枠（最初は何も表示されません），右側に「Outline」といった枠が表示されます。

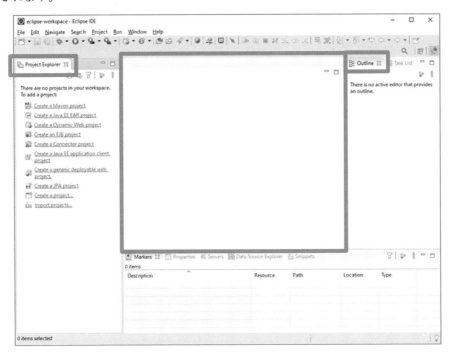

以上で，Eclipse による開発環境の準備が完了となります。

Eclipse を使った Java プログラムの作成は次の手順で行います。

① 新しい Java プロジェクトの作成
② 新しいクラスの作成
③ 自動コンパイル機能
④ 入力候補自動表示機能

1.2.1　新しい Java プロジェクトの作成

Eclipse を使って Java プログラムを作成する際には，最初に「Java プロジェクト」という箱を作成する必要があります。Java では一つのクラスファイルが一つのクラスを表現しますが，多くの場合，複数のクラスがまとまって，一つの意味をもったプログラムとなります。Java プロジェクトはこれを格納するための箱なのです。逆にいうと一つの Java プロジェクト内には複数のクラスを格納することができます。

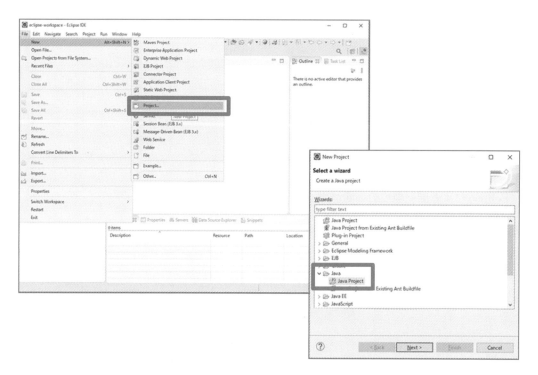

Eclipse 上で，Java のプログラムの作成を開始するには，画面上部のメニューから「File」→「New」→「Project」と選択し，「New Project」ダイアログを表示し，そこから「Java Project」を選択します。

416

「Create a Java Project」では「Porject name」を指定して，「Finish」ボタンを押します。

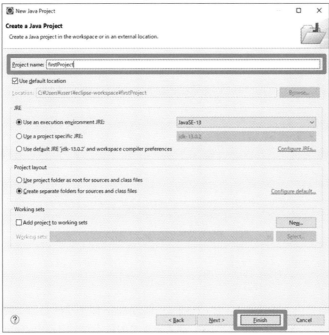

※「Use an execution environment JRE」は，デフォルトのままでかまいませんので，「Finish」を押して進みます。

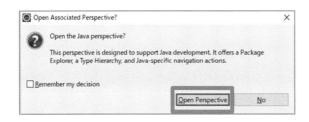

Java プロジェクトが作成されると，上図の左側の Project Explorer にツリーとして表示されます。
この中で，src フォルダは Java のソースコードを格納するフォルダの最上位，JRE System Library は，
標準で参照するライブラリをまとめた論理的なフォルダになっています。

1.2.2　新しいクラスの作成

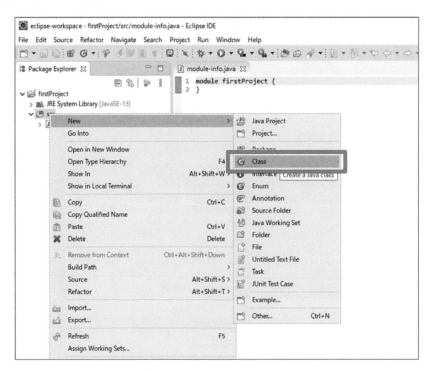

Java プロジェクトの作成が完了したら，次にクラスを一つ作成します。Project Explorer の中にある，
先ほど作成した Java プロジェクトの src フォルダを右クリックして，コンテキストメニューから，「New」
→「Class」を選択します。

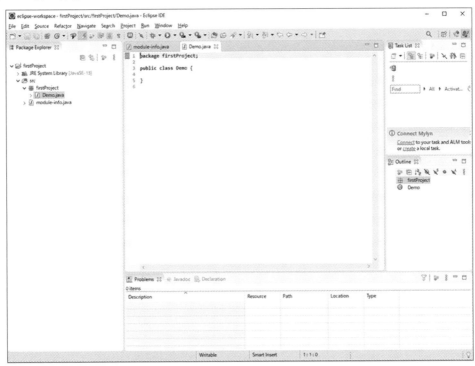

　クラスの属性を入力する画面が表示されますので，パッケージ名（「Package」）やクラス名（「Name」）
を入力して「Finish」をクリックします。
　パッケージ名は省略することも可能です。

　クラスの作成が完了すると，上図のようにクラスの雛形が自動的に作成されます。

1.2.3 自動コンパイル機能

Eclipse では，ソースコードを自動的にコンパイルする機能があります。このため，開発者はプログラムコードを書いたら，実行して動作確認をしながらプログラム開発を進めることができます。

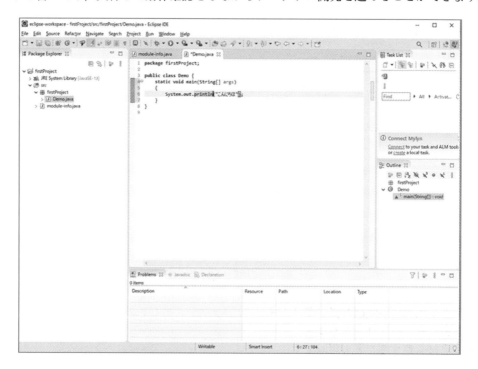

1.2.4 入力候補自動表示機能

Eclipse では，プログラムコードの入力時にクラスメソッドやプロパティの候補をプルダウンメニューで表示する機能があります。

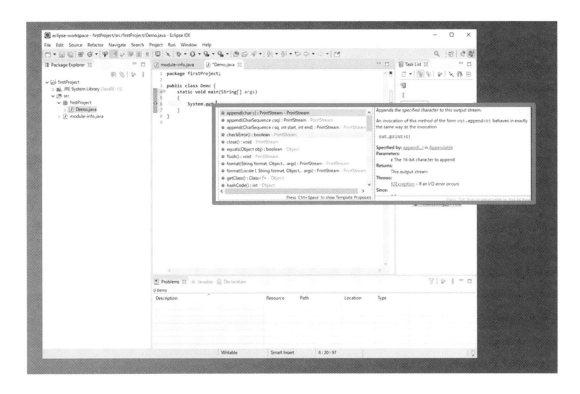

Eclipse では，Java プログラムを作成後，簡単に"デバッグ実行"することが可能です。デバッグ実行とは，プログラムを実行しながら，途中で一時停止させたり，変数の中身を参照したりというデバッグのための作業を実行する機能といえます。

Eclipse を使った Java プログラムのデバッグ実行では，次のようなデバッグ操作が簡単に行えます。

①　ブレークポイントの設定
②　デバッグ実行の開始
③　出力結果の確認
④　ブレークポイントにおける変数の値確認

1.3.1　ブレークポイントの設定

ブレークポイントはソースコード上の任意の行に対して設定するものであり，プログラムの実行が指定した行に来た段階で，プログラムを一時停止するためのものです。

ブレークポイントを指定する位置は，プログラムを一時停止した状態で，各変数の値が想定どおりになっているかどうか，内容を参照して確認する目的で設定します。

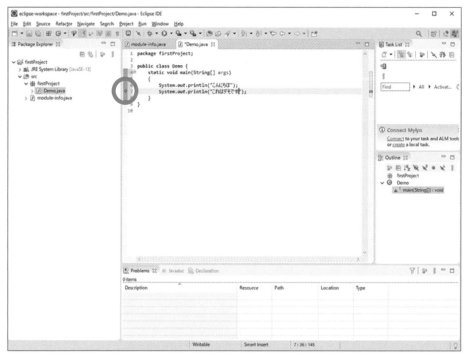

ブレークポイントの設定は，ソースコードエディタの左側の余白部分（上の図の○部分）をダブルクリックすることによって行います。もう一度ダブルクリックすることで，設定を解除できます。

1.3.2 デバッグ実行の開始

　ツールバーにある虫の形をしたアイコンを押下し，「Debug As」→「Java Application」を選択することでデバッグ実行を開始することができます。

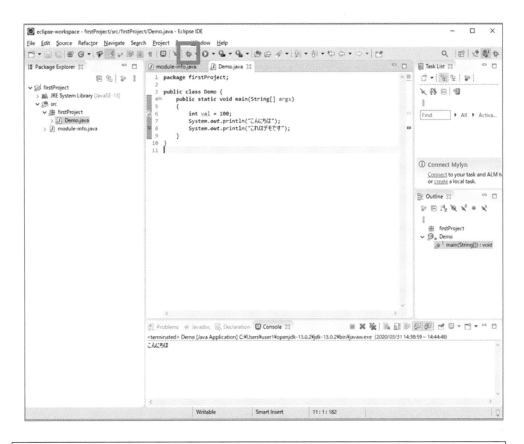

注意事項
　main メソッドが public static void main(String[] args) となっていないと，起動できないため，注意が必要です。

1.3.3 出力結果の確認

　デバッグ実行を開始すると，画面の構成が「Debug」ペイン（「A.4.ペインとは」で解説）という構成に変わります。そしてプログラムからの出力結果は，次図のように「Console」という子ウィンドウ内に表示されます。

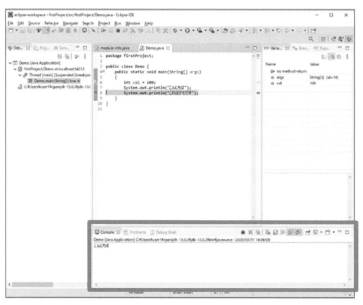

1.3.4 ブレークポイントにおける変数の値確認

　ブレークポイントに実行位置がきて，プログラムの実行が一時停止されると，ここでは，プログラムコードや，変数内容を確認するためのウィンドウが利用できます。

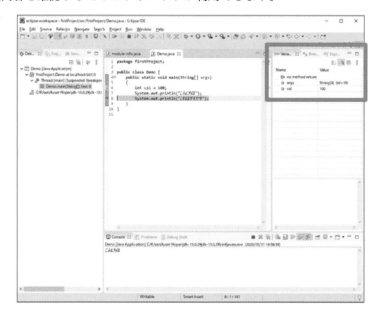

Eclipse は，Java プログラムの開発専用の統合開発環境（IDE）ではありません。このため，Java プログラムの開発や，その他の言語による開発，またデバッグの際に，画面の構成要素や位置が変わります。この画面内の構成要素の組合せを「ペイン」と呼びます。

　各ペインは画面右上のボタンをクリックして，手動で切り替えることも可能です。

Java ペイン

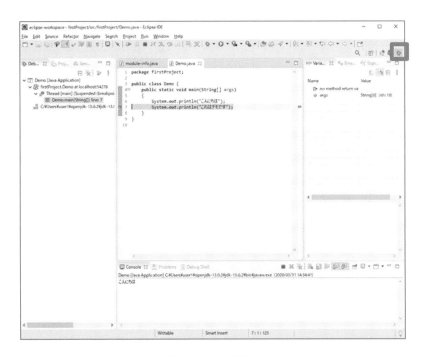

Debug ペイン

修飾子のいろいろ

final
private
アクセス指定子なし
protected
public
static
abstract
public なし

1. 変数の修飾子

修飾子	意　味
final	定数として使用できる変数
private	同じクラスからしかアクセスできない変数
アクセス指定子なし	同じパッケージからだけアクセスできる変数
protected	同じパッケージまたはサブクラスからしかアクセスできない変数
public	ほかのクラスからアクセスできる変数
static	クラス変数

　private 変数は，同じクラス内からだけアクセスでき，ほかのクラスからはアクセスできません。public 変数はほかのクラスからアクセスできます。

　protected 変数については，第 8 章 8.1 のクラスの継承で説明しています。final 変数については第 7 章 7.9 の final 変数で，static 変数については第 7 章 7.8 のクラス変数，クラスメソッドで説明しています。

2. クラスの修飾子

修飾子	意　味
abstract	抽象クラス
final	継承できないクラス
public	ほかのすべてのクラスから参照できるクラス
public なし	同じパッケージからだけアクセスできるクラス

　クラスの修飾子の abstract については，第 8 章 8.5 の抽象クラス・抽象メソッドで，final については，第 8 章 8.3 の final で説明しています。

3. メソッドの修飾子

修飾子	意　味
abstract	実装しないメソッド
final	オーバライドできないメソッド
private	同じクラス内からしか呼び出せないメソッド
アクセス指定子なし	同じパッケージからだけ呼び出すことができるメソッド
protected	同じパッケージ内またはサブクラスからしか呼び出せないメソッド
public	ほかのクラスから呼び出せるメソッド
static	クラスメソッド

4. コンストラクタの修飾子

修飾子	意　味
private	同じクラスからしか呼び出せないコンストラクタ
アクセス指定子なし	同じパッケージからだけ呼び出すことができるコンストラクタ
protected	同じパッケージまたはサブクラスからしか呼び出せないコンストラクタ
public	ほかのクラスから呼び出せるコンストラクタ

```
java.util
  public interface List<E> extends Collection<E>
    リスト（順序付けられたコレクション）のためのインタフェースを提供する。
```

メソッド

```
  public boolean add(E e)
    指定された要素をリストの最後に追加する。
    引数：e－リストに追加する要素
    戻り値：true
```

```
  public boolean addAll(Collection<E> c)
    指定された要素コレクションの全ての要素をリストの最後に追加する。
    引数：c－リストに追加する要素コレクション
    戻り値：true
```

```
  public E get(int index)
    リスト内の指定された位置にある要素を返す。
    引数：index－返される要素のインデックス
    戻り値：リスト内の指定された位置にある要素
```

```
  public int indexOf(Object obj)
    指定された要素がリスト内で最初に検出された位置を返す。
    引数：obj－検索する要素
    戻り値：指定された要素がリスト内で最初に検出された位置
            リストにこの要素がない場合は－1
```

```
  public iterator<E> iterator()
    型 E の要素セットの反復子を返す。
    戻り値：型 E の要素セットの反復子
```

```
  public boolean isEmpty()
    リストに要素がなければ true を返す。
    戻り値：リストに要素が一つもなければ true，それ以外は false
```

```
  public int size()
    リスト内の要素数を返す。
    戻り値：リスト内の要素数
```

```
  public void clear()
    全ての要素をリストから削除する。
```

```
java.util
  public class ArrayList<E>
    インタフェース List の配列による実装である。
```

コンストラクタ

```
  public ArrayList()
    空のリストを作る。
```

```
  public ArrayList(int n)
    指定された大きさの空リストを作る。
    引数：n－リストの大きさ
```

メソッド

```
  public boolean add(E e)
    インタフェース List の add と同じ
```

```
public int size()
    リスト内の要素数を返す。
    戻り値：リスト内の要素数
```

```
public boolean clear()
    インタフェース List の clear と同じ
```

```
java.util
  public class LinkedList<E>
    インタフェース List のリンクリストによる実装である。
```

コンストラクタ

```
public LinkedList()
    空のリストを作る。
```

メソッド

```
public boolean add(E element)
    リストの最後に要素を追加する。
    引数：element－リストに追加する要素
    戻り値：true
```

```
public void add(int index, E element)
    リスト内の指定された位置に，指定された要素を挿入する。
    引数：index－指定した要素を挿入する位置（先頭は 0）
          element－挿入する要素
```

```
public boolean isEmpty()
    リストに要素がなければ true を返す。
    戻り値：リストに要素が一つもなければ true，それ以外は false
```

```
public E get(int index)
    リスト内の指定された位置にある要素を返す。
    引数：index－返される要素のインデックス
    戻り値：リスト内の指定された位置にある要素
```

```
public E poll()
    リストの先頭の要素を取り出す。取り出された要素はリストから削除される。
    戻り値：リストの先頭の要素
            リストが空なら null
```

```
public int size()
    リスト内の要素数を返す。
    戻り値：リスト内の要素数
```

```
public E removeFirst()
    リストの最初の要素を削除する。
    戻り値：削除した要素
    例外： NoSuchElementException－リストが空のとき
```

```
public boolean clear()
    インタフェース List の clear と同じ
```

```
java.util
  public interface Map<K, V>
    型 K のキーに型 V の値を対応付けて保持するインタフェースを提供する。各キーは，一つの値と
    しか対応付けられない。
```

メソッド

```
public V get(Object key)
    指定されたキーに対応付けられた値を得る。
    引数：key－キー
    戻り値：指定されたキーに対応付けられた型 V の値
            このキーと値の対応付けがなければ null
```

428

public boolean ContainsValue(Object value)
    指定された値と等価な値をもつ一つ以上のキーがマップに存在するかどうかを調べる。
    引数：value−このマップに存在するかどうかを調べる値
    戻り値：このマップの一つ以上のキーが指定された値に対応付けられているとき true
            それ以外は false

public Set<K> keySet()
    このマップに含まれるキーの Set を返す。
    戻り値：このマップに含まれるキーの Set

public V put(K key, V value)
    指定されたキーに指定された値を対応付けて登録する。このキーが既に他の値と対応付けられて
    いれば，その値を指定された値に置き換える。
    引数：key−キー
        value−値
    戻り値：指定されたキーに対応付けられた型 V の値
            このキーと値の対応付けがなければ null

public V remove(Object key)
    指定されたキーの対応付けが登録されていれば，削除する。
    引数：key−キー
    戻り値：指定されたキーに対応付けられた型 V の値
            このキーと値の対応付けがなければ null

---

java.util
  public class HashMap<K, V>
    インタフェース Map のハッシュを用いた実装である。

コンストラクタ

  public HashMap()
    空の HashMap を作る。

メソッド

  public boolean containsValue(Object value)
    インタフェース Map のメソッド containsValue と同じ

  public V get(Object key)
    インタフェース Map のメソッド get と同じ

  public Set<E> keySet()
    インタフェース Map のメソッド keySet と同じ

  public V put(K key, V value)
    インタフェース Map のメソッド put と同じ

  public V remove(Object key)
    インタフェース Map のメソッド remove と同じ

---

java.util
  public interface Set<E>
    型 E の要素集合（セット）として管理するインタフェースを提供する。

メソッド

  public boolean add(E e)
    指定された要素がセット内になかった場合，セットに追加する。指定された要素が既に含まれて
    いる場合は何もしない。
    引数：e−このセットに追加される要素
    戻り値：このセット内に，指定された要素がなかった場合は true

```
public boolean addAll(Collection<E> c)
    指定された要素コレクションの全ての要素をセットの最後に追加する。
    引数：c－セットに追加する要素コレクション
    戻り値：この呼出しの結果，このセットが変更されれば true，それ以外は false
```

```
public boolean contains(Object o)
    指定された要素がセットに含まれている場合に true を返す。
    引数：o－このセット内あるかどうかが判定される要素
    戻り値：指定された要素がこのセットに含まれている場合は true
```

```
public int size()
    セット内の要素数を返す。
    戻り値：セット内の要素数
```

```
public boolean isEmpty()
    リストに要素がなければ true を返す。
    戻り値：リストに要素が一つもなければ true，それ以外は false
```

```
public boolean remove(Object key)
    指定された要素が集合に含まれていれば，集合から削除する。
    引数：o－集合から削除する要素
    戻り値：指定された要素が集合に含まれていれば true，それ以外は false
```

```
java.util
    public class HashSet<E>
    インタフェース Set のハッシュを用いた実装である。
```

```
コンストラクタ
```

```
public HashSet()
    空の HashSet を作る。
```

```
public HashSet(Collection<E> c)
    指定されたコレクションの全要素を含む HashSet を作る。
    引数：c－コレクション
```

```
メソッド
```

```
public boolean add(E e)
    インタフェース Set のメソッド add と同じ
```

```
public boolean addAll(Collection<E> c)
    インタフェース Set のメソッド addAll と同じ
```

```
public boolean isEmpty()
    インタフェース Set のメソッド isEmpty と同じ
```

```
public boolean remove(Object key)
    インタフェース Set のメソッド remove と同じ
```

```
java.lang
    public interface Iterable<E>
    このインタフェースを実装すると，オブジェクトを拡張 for 文の対象にできる。
```

```
メソッド
```

```
public iterator<E> iterator()
    型 E の要素セットの反復子を返す。
    戻り値：型 E の要素セットの反復子
```

```
java.util
    public interface Iterator<E>
    要素を一つずつ参照する反復子のインタフェースを提供する。
```

メソッド
public boolean hasNext() 未参照の要素があれば true を返す。 戻り値：未参照の要素があれば true，それ以外は false
public E next() コレクションの要素のうち，このメソッドで未参照の要素を一つ返す。 戻り値：未参照の要素一つ 例外：NoSuchElementException－すべての要素が参照済みである。
public void remove() メソッド next で最後に参照した要素を，元になるコレクションから削除する。この操作は提供しなくてもよい。 戻り値：未参照の要素一つ 例外： UnsupportedOperationException－実装が remove を提供しない。

java.util
public class TreeSet<K, V> インタフェース Set の実装である。要素の昇順に整列される。
コンストラクタ
public TreeSet(Comparator<? super E> c) 空の TreeSet を作る。セットは指定されたコンパレータに従って整列される。
メソッド
public boolean addAll(Collection<? extends E> c) インタフェース Set のメソッド addAll と同じ

java.util
public class Arrays クラス Arrays は，配列を操作するクラスメソッドからなる。
メソッド
public static <T> List<T> asList(T...a) 指定された配列を基にする固定サイズのリストを返す。 引数：a－型 T の可変長個の要素の並び又は型 T の配列 戻り値：指定された要素のリスト

java.lang
public final class String クラス String は，文字列を表す。
メソッド
public int indexOf(String str) この文字列内で，指定された部分文字列が最初に出現する位置のインデックスを返す。指定された部分文字列が存在しない場合，－1 が返される。 引数：str－検索対象の部分文字列 戻り値：指定された部分文字列が最初に出現する位置のインデックス 　　　　そのような出現箇所がない場合は－1

public int indexOf(String str, int fromIndex)
　指定されたインデックス以降で，指定された部分文字列がこの文字列内で最初に出現する位置の
　インデックスを返す。指定された部分文字列が存在しない場合，－1 が返される。
　引数：str－検索対象の部分文字列
　　　　fromIndex－検索開始位置のインデックス
　戻り値：指定された部分文字列が最初に出現する位置のインデックス
　　　　　　そのような出現箇所がない場合は －1

---

public int length()
　この文字列の長さを返す。
　戻り値：このオブジェクトによって表される文字シーケンスの長さ

---

public char charAt(int index)
　指定された位置にある char 型の値を返す。
　引数：index－char 型の値の位置（先頭は 0）
　戻り値：指定された位置にある char 型の値

---

public boolean startsWith(String prefix)
　この文字列が指定された接頭辞で始まるかどうかを判定する。
　引数：prefix－接頭辞
　戻り値：この文字列が指定された接頭辞で始まれば true，それ以外は false

---

public boolean matches(String regex)
　この文字列が指定された正規表現と一致するかどうかを判定する。
　引数：regex－正規表現
　戻り値：この文字列が指定された正規表現と一致すれば true，それ以外は false

---

public boolean contains(CharSequence s)
　この文字列が指定された文字の並びを含むかどうかを判定する。
　引数：s－文字の並び
　戻り値：この文字列が指定された文字の並びを含んでいれば true，それ以外は false

---

public String replace(CharSequence target, CharSequence replacement)
　このインスタンスが格納する文字列の中で，target で指定された文字列と一致する部分を全て
　replacement で指定された文字列に置き換えた文字列を返す。
　引数：target－置き換えられる部分文字列
　　　　replacement－置き換える文字列
　戻り値：置き換えられた結果の文字列

---

public String[] split(String regex)
　この文字列を指定された正規表現に一致する位置で分割する。正規表現に一致する部分文字列は，
　分割後の文字列には含まれない。分割後の文字列の並びが空文字列で終わるときは，その空文字
　列は破棄する。例えば，正規表現 "</li>" は，一つの "</li>" と一致するので，
　"abc</li>def</li>gh</li>".split("</li>")は，配列{"abc", "def", "gh"}を返す。
　引数：regex－正規表現
　戻り値：正規表現に一致する位置で分割された文字列の配列
　　　　　この文字列が正規表現に一致しないときはこの文字列だけを要素にもつ配列

---

public String substring(int beginIndex, int endIndex)
　この文字列の部分文字列である新しい文字列を返す。部分文字列は，指定された beginIndex か
　ら始まり，インデックス endIndex－1 にある文字までである。したがって，部分文字列の長さは
　endIndex-beginIndex になる。
　引数：beginIndex－開始インデックス（この値を含む）
　　　　endIndex－終了インデックス（この値を含まない）
　戻り値：指定された部分文字列

java.lang
public class StringBuilder
可変の文字列を保持する文字列シーケンスを扱うクラス
コンストラクタ
public StringBuilder()
空の文字列シーケンスを生成する。
public StringBuilder append(String s)
指定された文字列を文字列シーケンスの最後に追加する。
引数：s－文字列シーケンスに追加する文字列
戻り値：このオブジェクトへの参照
public String toString()
文字列シーケンスに格納された文字列を String 型オブジェクトとして返す。
戻り値：文字列シーケンスに格納された文字列を表す String 型オブジェクトへの参照

java.lang
public class Thread
Java 仮想計算機のスレッドを表す。
コンストラクタ
public Thread(Runnable target, String name)
スレッドオブジェクトを生成する。引数で実行する Runnable のオブジェクト及びスレッドに与える名前を指定する。
引数：target－スレッド実行開始時に呼び出すメソッド run を持つ Runnable オブジェクト 　　　　　name－スレッドに与える名前
メソッド
public static Thread CurrentThread()
現在実行中のスレッドのインスタンスを得る。
戻り値：現在実行中のスレッドのインスタンス
public static void sleep(long millis)
現在実行中のスレッドを引数で指定した時間だけ実行を一時的に中断する。
引数：millis－実行を中断する時間（ミリ秒）
public final String getName()
このスレッドの名前を得る。
戻り値：スレッドの名前
public void interrupt()
このスレッドに割り込む。このスレッドがメソッド sleep や join などの呼出しによって実行がブロックされている場合は，このスレッドは，例外 InterruptedException を受け取る。
public final void join()
このスレッドの実行終了を待つ。実行終了を待っている間に現在のスレッドが割り込まれた場合は，例外 InterruptedException が発生する。

java.util
public class Date
特定の時刻をミリ秒単位で表す。時刻は，1970 年 1 月 1 日午前 0 時（世界標準時）からの相対時間で表す。
コンストラクタ
public Date(long date)
引数で与えられた時刻を表すインスタンスを生成する。
引数：date－時刻 1970 年 1 月 1 日午前 0 時（世界標準時）からのミリ秒単位の相対時間

メソッド
public String toString() 　この Date オブジェクトが表している時刻を次の形式の文字列に変換する。 　　dow mon dd hh:mm:ss zzz yyyy 　ここで, 　(1) dow－曜日の省略形　(Sun, Mon, Tue, Wed, Thu, Fri, Sat) 　(2) mon－月名の省略形　(Jan, Feb, Mar, Apr, May, Jun, Jul, Aug, Sep, Oct, Nov, Dec) 　(3) dd－日 　(4) hh:mm:ss－時間（時：分：秒） 　(5) zzz－タイムゾーンの省略形（日本標準時は JST） 　(6) yyyy－年（西暦） 　　戻り値：この Date インスタンスの文字列表現

java.lang
public class Exception 　例外を表すクラス
コンストラクタ
public Exception(String message) 　message で指定された例外メッセージ（文字列）を保持する例外クラスを作る。
メソッド
public String getMessage() 　例外クラスの保持するメッセージ（文字列）を取得する。

java.util
public interface Comparator\<T\> 　あるオブジェクトの集合に対して完全な順序を規定する関数を提供するインタフェースである。
メソッド
public int compare(T o1, T o2) 　引数で与えられた型 T の二つのオブジェクトを比較し，大小関係を整数値で返す。 　引数：o1－1 番目のオブジェクト 　　　　o2－2 番目のオブジェクト 　戻り値：o1 が o2 より小さいときは負の値 　　　　　o1 と o2 が等しいときは 0 　　　　　o1 が o2 より大きいときは正の値

索 引

難しくて理解できない部分があった。

ここが少し使いにくいなあ……

こんな教材があったらうれしい!

そんな声を教材に活かします!!

学習後アンケートご協力のお願い

　本書をご購入いただき，誠にありがとうございます。

　アイテックでは，本書で学習された皆様から本書に対するご意見・ご要望をお聞かせいただきたく，アンケートを実施しております。

毎年，4月末，10月末までに弊社書籍アンケートにご回答いただいた方の中から抽選で10名様に，Amazonギフト券3,000円分をプレゼントいたします。ご当選された方には，抽選後，ご登録いただいたメールアドレスにご連絡をさせていただきます（当選者の発表は，当選者へのご連絡をもって代えさせていただきます）。

※ ご登録いただきましたメールアドレスは，ご当選した場合の当選通知，商品お届けのためのご連絡，商品の発送のみに利用いたします。

※ プレゼント内容は2020年7月現在のものです。詳細は，アンケートページをご確認ください。

アンケートご回答方法

　次のどちらかの方法でアンケートページにアクセスし，ご回答をお願いいたします。

【方法①：URL から】

https://questant.jp/q/Java_taisakusyo2

【方法②：QR コード読み取り】

皆様のご意見・ご要望をお待ちしております。

株式会社アイテック

■著者

　　山本　明生

■監修

　　アイテック IT 人材教育研究部
　　　石川　英樹

　　山守　成樹

基本情報技術者　Java 言語対策　第 2 版

編著 ■　アイテック IT 人材教育研究部
監修 ■　石川　英樹　　　山守　成樹
制作 ■　山浦　菜穂子
DTP・印刷 ■　株式会社ワコープラネット

発行日　2020 年 7 月 20 日　第 2 版　第 1 刷
発行人　土元　克則
発行所　株式会社アイテック
　　　　〒108-0074
　　　　東京都港区高輪 2-18-10　高輪泉岳寺駅前ビル
　　　　電話　03-6824-9010
　　　　https://www.itec.co.jp/

基本情報技術者
Java言語対策
解答・解説
Programming Language-Java

iTEC
人間力を、企業力に

第2版

章末問題　解答・解説

第1章

問 1−1

【解答】

ウ

【解説】

print 文と println 文は( )の中で指定した値を画面に表示する文です。どちらも同じような働きをしますが，print 文は末尾に改行を付けないで文字列を表示する一方，println 文は末尾に改行を付けて文字列を表示します。

```
System.out.print("Javaの");        //改行なし
System.out.println("問題");        //改行あり
System.out.println("です。");       //改行あり
```

よって，結果は次のようになります。

実行結果▶
```
Javaの問題
です。
```

【アドバイス】

「1.10 画面への出力」と「1.11 画面出力のバリエーション」を参照してください。

問 1−2

【解答】

(a) ×　　　(b) ○　　　(c) ×　　　(d) ×

【解説】

(a) 文の最後にセミコロン（;）がないので×です。

(b) println と（"問題"）の間が空白になっていますが，Java はフリーフォーマットで記述できるので○です。

(c) println 文のピリオド（.）がないので×です。

(d) println 文で表示する文字列を" "で囲んでいないので×です。

【アドバイス】

「1.4 改行位置とインデント（字下げ）」，「1.5 文の終了（;セミコロン）」，「1.10 画面への出力」を参照してください。

問 1−3

【解答】

クラスのブロック{ }を記述していません。

【解説】

Java でクラスを定義するときは，ブロック{ }で囲まなければなりません。

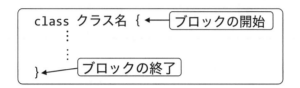

【アドバイス】

「1.3 Java プログラムの形式」を参照してください。

問 1−4

【解答】

(a) ア (b) エ (c) ウ (d) エ (e) エ (f) イ

【解説】

(d) 1文字ですが，" "で囲んでいるので文字列リテラルとなります。

(e) 数字の 12 ですが，" "で囲んでいるので文字列リテラルとなります。

【アドバイス】

「1.7 リテラル（定数）」を参照してください。

問 1−5

【解答】

(a) エ (b) オ (c) ア (d) イ

【解説】

(a)	コメント：プログラム中に記述する説明文（注釈文）	「1.6 コメント（注釈）」参照
(b)	リテラル：プログラムでは固定された値（定数）	「1.7 リテラル（定数）」参照
(c)	JVM：Java Virtual Machine（Java 仮想マシン）	「1.1 Java とは」参照
(d)	\n：エスケープ文字（改行）	「1.7 リテラル（定数）」参照

第2章

問2−1

【解答】

(a) オ　　(b) エ　　(c) ウ　　(d) ア

(e) エ　　(f) ア　　(g) オ　　(h) ウ

【解説】

　選択肢にある型は，P.42 の「Java の基本データ型」に示されているとおりです。これを踏まえて空欄を見ていきます。

　まず，空欄 a は，100,000 以上の値が入る整数型変数ということで，int と long が考えられますが，選択肢に long はないので，（オ）の int になります。

　次に空欄 b は，実数型変数ということで，float と double が考えられますが，選択肢に float はないので，（エ）の double になります。

　空欄 c は，文字型変数ということで，（ウ）の char になります。

　空欄 d は，真か偽かという値を保持する論理型変数ということで，（ア）の boolean になります。

　空欄 e は，初期値に小数を指定していることから，実数型と分かり，（エ）の double になります。

　空欄 f は，初期値に false という論理型の定数値を指定していることから，論理型と分かり，（ア）の boolean になります。

　空欄 g は -50000 という 32 ビットで表現可能な整数値を初期値に指定していることから（オ）の int になります。

　空欄 h は，初期値に '1' と，文字を指定していることから，文字型と分かり，（ウ）の char になります。

【アドバイス】

　「2.2 変数の宣言（識別子とデータ型)」を参照してください。

問2−2

【解答】

　変数 x が重複して定義されている。

【解説】

　同一ブロック内で同じ名前の変数を複数宣言することはできません。

【アドバイス】

　「2.5 変数の宣言についての注意」を参照してください。

【解答】

x:20　　　y:10

【解説】

プログラムでは，xの値とyの値を入れ替えています。

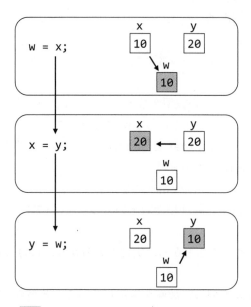

```
w = x;
x = y;
y = w;
```

値の入替えを行う基本的なアルゴリズムになります。

```
x = y;　//xの値がなくなります。
y = x;
```

これでは，二つの値は元のyの値になってしまいます。

　　は値が代入され，上書きされていることを表しています。

【アドバイス】

「2.7 変数の利用」を参照してください。

第3章

問 3−1

【解答】

(a) 14　　(b) 2　　(c) 3　　(d) 15　　(e) 5

(f) −3　　(g) 0　　(h) 4　　(i) 6　　(j) 4

【解説】

(a) 10で初期化されたnの値は2行目で4が加算され，14になります。

(b) intは整数型なので，小数部は切り捨てられます。

(c) %演算子は剰余（余り）を求める演算子です。

(d) n += 5;　→　n = n + 5;

(e) n =+ 5;　→　n = 5;

(f) n -= 8;　→　n = n - 8;

(g) n /= 11;　→　n = n / 11;

(h) n %= 11;　→　n = n % 11;（4%11→ 4）

(i) n++ → n = n + 1

(j) n-- → n = n - 1

【アドバイス】

　「3.2 算術演算子」，「3.3 インクリメント演算子／デクリメント演算子」，「3.5 複合代入演算子」を参照してください。

問 3-2

【解答】

(a) n:11　　i:2　　(b) n:12　　i:2

(c) n:10　　i:2　　(d) n:20　　i:2

【解説】

後置きインクリメント(i++)は処理を行った後にインクリメントされます。これに対して前置きインクリメント(++i)はインクリメントした後に処理を行います。

```
(a)  後置きインクリメント                n    +    i
  n += i++;   →  n = n + i;            11  ←     1
                 i = i + 1;                            インクリメント
                                                  2
```

```
(b)  前置きインクリメント                     i
  n += ++i;   →  i = i + 1;                1
                 n = n + i;       n   +         インクリメント
                                 12  ←    2
```

```
(c)  *=演算子とインクリメント           n    *    i
  n *= i++;   →  n = n * i;            10  ←     1
                 i = i + 1;                            インクリメント
                                                  2
```

```
(d)  *=演算子とインクリメント                  i
  n *= ++i;   →  i = i + 1;                1
                 n = n * i;       n   *         インクリメント
                                 20  ←    2
```

【アドバイス】

　「3.3 インクリメント演算子／デクリメント演算子」を参照してください。

問 3-3

【解答】

(a) 12　　(b) 21　　(c) -11

【解説】

ビット演算の結果を計算するには，値を 2 進数に変換する必要があります。

(a) &:論理積（AND）

	（例）		
	0011_2	60	111100_2
	0101_2	0xF	001111_2
&	0001_2	&	001100_2 → 12

(b) |:論理和（OR）

	（例）		
	0011_2	5	101_2
	0101_2	0x14	10100_2
		0111_2			10101_2 → 21

(c) ^:排他的論理和（XOR）

	（例）		
	0011_2	10	$00\cdots001010_2$
	0101_2	0xFFFFFFFF	$11\cdots111111_2$
^	0110_2	^	$11\cdots110101_2$ → -11

【アドバイス】

「3.4 ビット演算子」を参照してください。

問 3-4

【解答】

(a) 40　　(b) 2

【解説】

n ビット左にシフトすると値は 2^n 倍となります。また，n ビット右にシフトすると値は $1/2^n$ 倍となります。なお右にシフトした際にはみ出したビットは破棄されます。

左シフト			右シフト		
1ビット	2^1倍	2倍	1ビット	$1/2^1$倍	1／2倍
2ビット	2^2倍	4倍	2ビット	$1/2^2$倍	1／4倍
3ビット	2^3倍	8倍	3ビット	$1/2^3$倍	1／8倍
4ビット	2^4倍	16倍	4ビット	$1/2^4$倍	1／16倍

(a) 左シフト： n <<= 2;　→　n = n << 2;

(b) 右シフト： n >>= 2;　→　n = n >> 2;

【アドバイス】

「3.4 ビット演算子」を参照してください。

第4章

問4−1

【解答】

(a) false   (b) true   (c) false

(d) true   (e) true   (f) false

【解説】

(a)   a > b   a は b より大きい   0 は 0 より大きい（false）

(b)   a >= b   a は b 以上   0 は 0 以上（true）

(c)   a < b   a は b より小さい   0 は 0 より小さい（false）

(d)   a <= b   a は b 以下   0 は 0 以下（true）

(e)   a == b   a は b と等しい   0 は 0 と等しい（true）

(f)   a != b   a は b と等しくない   0 は 0 と等しくない（false）

【アドバイス】

「4.2 if 文」を参照してください。

問4−2

【解答】

(a) true   (b) true   (c) false   (d) false   (e) true

【解説】

&&演算子は二つの条件式がともに true のとき true となります。||演算子は二つの条件式のうち，どちらかの条件式が true のとき true となります。

     && :論理積   かつ(AND)

     || :論理和   または(OR)

(a)   a == 0 && b == 0   a の値が 0 で，かつ，b の値が 0

(b)   a == 0 || b == 0   a の値が 0，または，b の値が 0

(c)   a != 0 && b != 0   a の値が 0 以外で，かつ，b の値が 0 以外

(d)   a != 0 || b != 0   a の値が 0 以外，または，b の値が 0 以外

(e)   a == 0 || b != 0   a の値が 0，または，b の値が 0 以外

【アドバイス】

「4.2 if 文」を参照してください。

【解答】

(a) ア　　(b) ア　　(c) ク

【解説】

if, else if 文は条件式を上から順に評価し，条件式が true のときの処理が実行されます。true となる条件式が見つかったら，それ以降の条件式は評価されず，if, else if 文を終了します。

| ① | の部分 |

(a)　n = 4　　(n % 2)==0 の条件式で true　　なので，"結果1"が表示されます。

(b)　n = 10　　(n % 2)==0 の条件式で true　　なので，"結果1"が表示されます。

(c)　n = 19　すべての条件式で false　　なので，何も表示されません。

【アドバイス】

「4.5 if, else if, else 文」を参照してください。

第5章

問 5−1

【解答】

(a) イ　　(b) ア　　(c) オ　　(d) キ

【解説】

問題のポイントは for 文の初期設定，条件式，増分式です。for 文の条件式は継続条件になるので，「〜の間繰り返す」となります。

(a)　`for (int i = 1; i <= 10; i++){`　　i の値が 10 以下の間繰り返す
1→2→3→4→5→6→7→8→9→10

(b)　`for (int i = 1; i < 10; i++){`　　i の値が 10 より小さい間繰り返す
1→2→3→4→5→6→7→8→9

(c)　`for (int i = 1; i < 11; i = i + 2){`　i の値が 11 より小さい間繰り返す
1→3→5→7→9　　（増分＋2）

(d)　`for (int i = 1; i >= 11; i = i + 2){`　i の値が 11 以上の間繰り返す
(初期値で 1 を設定しているため，一度も実行されません。)

【アドバイス】

「5.2 for 文」を参照してください。

【解答】

(a) ア　　　　　(b) エ

【解説】

2 重ループを使用した，グラフを表示するプログラムです。

内側の for 文の条件式が問題を解くポイントとなります。

```java
(a)  for (int i = 1; i <= 5; i++){
        for (int j = 1; j <= i; j++){
          System.out.print("*");
        }
        System.out.println();
     }
```

1 回目	**1**
2 回目	**1→2**
3 回目	**1→2→3**
4 回目	**1→2→3→4**
5 回目	**1→2→3→4→5**

↑
⋮
内側の for 文の処理
⋮
↓

```java
(b)  for (int i = 1; i <= 5; i++) {
        int j;
空白   ┌ for(j = 1; j < i; j++){
       │    System.out.print(" ");
       └ }
*印    ┌ for (; j <= 5; j++) {
       │    System.out.print("*");
       └ }
        System.out.println();
     }
```

1 回目	**1→2→3→4→5**
2 回目	**1→2→3→4→5**
3 回目	**1→2→3→4→5**
4 回目	**1→2→3→4→5**
5 回目	**1→2→3→4→5**

太字：二つ目の for 文の処理

内側の一つ目の for 文では空白を出力しています。その後の二つ目の for 文では変数 j の値をそのまま使用して，*印を出力しています。

【アドバイス】

「5.5 ループ文のネスト」を参照してください。

【解答】

イ

【解説】

プログラムは for 文のカウンタを 1〜20 まで変化させて，3 の倍数のとき((i % 3) == 0)，i の値を sum に加算しています。

sum に加算する値の変化：3→6→9→12→15→18

（ア）　×　3の倍数のとき break 文を実行しています。break 文は for 文を終了させるので間違いです。また，3の倍数以外のとき sum に加算しています。

sum に加算する値：1→2

（イ）　○　3の倍数以外のとき continue 文を実行しています。continue 文は for 文を途中省略させます。変数 i の値が3の倍数以外のとき for 文を途中省略させて，3の倍数のときだけ sum に加算するので同じ結果になります。

sum に加算する値：3→6→9→12→15→18

（ウ）　×　1〜21までの3の倍数を sum に加算しています。これでは21も sum に加算してしまうので間違いです。

i <= 21　→　i が21以下の間繰り返す

sum に加算する値：3→6→9→12→15→18→21

（エ）　×　for 文の初期設定で変数 i に21を入れています。これもまた，21を sum に加算してしまうので間違いです。

sum に加算する値：21→18→15→12→9→6→3

【アドバイス】

「5.6 break文」，「5.7 continue文」を参照してください。

第6章

問6-1

【解答】

23

【解説】

配列に格納されている値の合計を求めるプログラムです。配列を参照している t を p に代入することで，p は t と同じ配列を参照します。

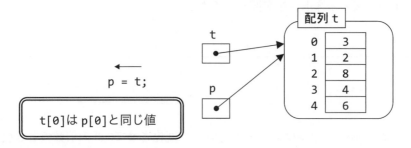

for 文によって，次の値の合計を求めています（添字の変化に注意）。

　　p[0]+p[1]+p[2]+p[3]+p[4]→s

　（t[0]+t[1]+t[2]+t[3]+t[4]→s と同じ）

このとき，length で配列の長さ（要素数）を求めています（この場合は 5 になります）。

【アドバイス】

「6.4 配列の参照」を参照してください。

問6−2
_____

【解答】

(a) ウ　　(b) エ　　(c) エ　　(d) イ

【解説】

(a) for 文によって配列の最小値を変数 m で求めているプログラムです。

　初めに配列の最初の要素（0番目の要素：t[0]）を m に代入し，1番目の要素から配列の最後の要素まで，順に比較を行っていきます。

　配列の要素数は length で取り出せるので，for 文の条件式には，i（添字）の値が t.length より小さい間繰り返す条件式となります。ここで最後の要素の添字の最大値は要素数−1になるので注意しましょう。

```
配列 t(要素数:5)

  0   1   2   3   4
┌───┬───┬───┬───┬───┐
│ 3 │ 2 │ 8 │ 1 │ 6 │
└───┴───┴───┴───┴───┘
```

(b) for 文を繰り返している間，最小値は変数 m に格納しています。繰返し処理を行い m より小さい値が出現したら，m の値を設定し直します。

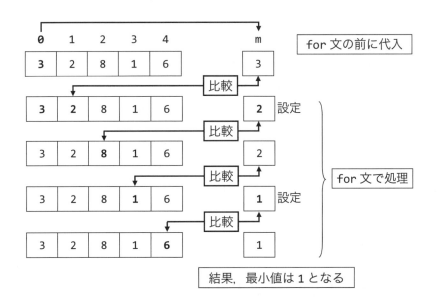

結果，最小値は1となる

(c) 配列の内容を降順にソートするプログラムです。降順にソートするとは，配列の内容を大きい値（→小さい値）の順にすることです。

　次にアルゴリズムを説明します（配列の要素数を 5 とします）。

　まず外側の for 文で i の値に 0 を設定します。

内側の for 文では j の値に i+1 を設定し，t[i]と t[j]を比較します。t[j]の値の方が大きいとき，t[i]と t[j]の値を入れ替えます。

この処理を j の値を変化させて最後まで繰り返します。

(j:i+1,i+2,…,4)

結果 t[i]には配列内で最も大きい値が入ります。

内側の for 文の処理を，外側の for 文で i の値を変化させて（最後-1）まで繰り返します。

(i:i+1,i+2,…,3)

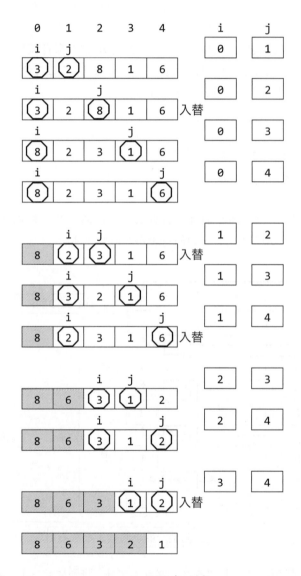

よって，int j = i + 1;が入ります。

(d) t[i]とt[j]の値を入れ替える処理を考えます。

```
    w = t[j];
    t[j] = t[i];
```

この時点で，t[j]とt[i]の値はともにt[i]の値になっています。t[j]の値はw
に退避していますので，

```
    t[i] = w;
```

を行うことで，二つの値を入れ替えることができます。

【アドバイス】

「6.2 配列の利用」を参照してください。

問6-3

【解答】

52

【解説】

2重ループを使用して2次元配列に格納された値の合計を求めるプログラムです。

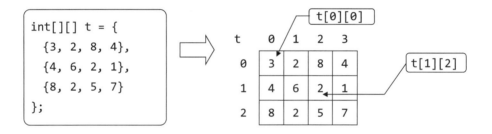

二つのfor文のカウンタi，jの値はそれぞれ配列の添字として使用しています。

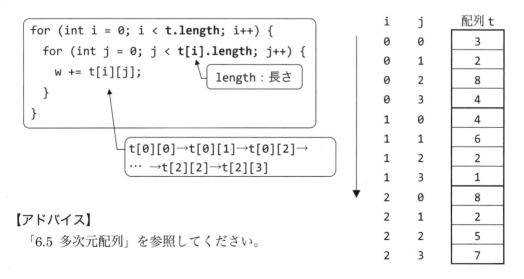

【アドバイス】

「6.5 多次元配列」を参照してください。

13

【解答】

　エ

【解説】

　配列 t から配列 s を作成するプログラムです。問題のポイントは，配列 s に転記するときの規則性を見つけ出すことです。

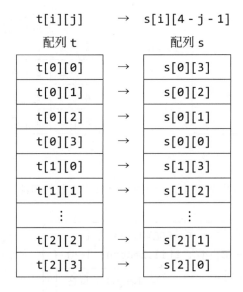

配列 t

	0	1	2	3
0	1	2	3	4
1	5	6	7	8
2	9	10	11	12

配列 s

	0	1	2	3
0	4	3	2	1
1	8	7	6	5
2	12	11	10	9

　この場合は，次の規則性があります。

$$t[i][j] \rightarrow s[i][4-j-1]$$

配列 t　　　　　　　　配列 s

配列 t		配列 s
t[0][0]	→	s[0][3]
t[0][1]	→	s[0][2]
t[0][2]	→	s[0][1]
t[0][3]	→	s[0][0]
t[1][0]	→	s[1][3]
t[1][1]	→	s[1][2]
⋮		⋮
t[2][2]	→	s[2][1]
t[2][3]	→	s[2][0]

【アドバイス】

　「6.2 配列の利用」を参照してください。

第7章

問7-1

【解答】

(a) ア　　(b) キ　　(c) ウ　　(d) カ　　(e) エ

【解説】

(a)	コンストラクタ	new 演算子でオブジェクト生成時に呼び出される特別なメソッドです。	「7.6 コンストラクタ」参照
(b)	引数	メソッドを呼び出すときに渡す値です。 　メソッドに渡す値：実引数 　メソッドで受け取る値：仮引数	「7.4 メソッド」参照
(c)	オーバロード	クラス内で引数リストの異なる，同じ名前のメソッドを定義できます。	「7.5 オーバロード」参照
(d)	return	メソッドからは定数，変数，式（評価）の値を返すことができます。	「7.4 メソッド」参照
(e)	static 変数	クラスに関連した変数です。 オブジェクト間で共有できます。	「7.8 クラス変数，クラスメソッド」参照

問7-2

【解答】

(a) ○　　(b) ×　　(c) ○　　(d) ○　　(e) ○　　(f) ×

【解説】

(a) メソッドの引数には型の指定や数に制限はありません。

(b) メソッド内には複数の return 文を記述できますが，返す型は必ず 1 種類です。
return 文を使用して，定数，変数，式（評価）の値を返すことができます。

(c) クラス内で引数リストが異なれば，同じ名前のメソッドを定義できます（オーバロード）。

(d) return 文で式の評価を返すことができます（例　return a + b;）。

(e) コンストラクタは，引数の異なるものをオーバロードして定義できます。

(f) クラス変数は，クラスの型枠に対して宣言された変数であり，クラスインスタンスのもつインスタンス変数とは違い，クラスインスタンスが無くてもアクセスできます。

【アドバイス】

「7.4 メソッド」，「7.5 オーバロード」，「7.6 コンストラクタ」，「7.8 クラス変数，クラスメソッド」を参照してください。

問7-3

【解答】

設問1　　(a) ウ　　(b) イ　　(c) オ

設問2　　(d) ア　　(e) エ　　(f) イ

【解説】

設問1　（a）

プログラムは Pencil クラスのオブジェクトを生成し，color と size に値を代入した後に表示しています。

クラスのオブジェクトを生成するときは，new 演算子を使用して，次のように記述します。

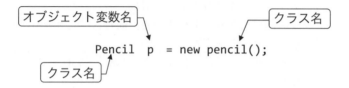

設問1　（b），（c）

オブジェクトのメンバ（変数，メソッド）にアクセスするときは，次のようにオブジェクト変数にピリオド（.）を付けてアクセスします。

設問2　（d）

コンストラクタを使用して，変数に値を設定するようにプログラムを修正する問題です。

コンストラクタはクラス名と同じ名前でそのクラス中に定義します。

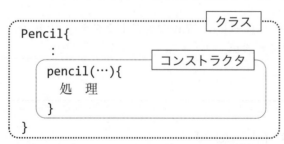

（d）の選択肢で Pencil クラスのコンストラクタを指定しているものは（ア）の一つだけです。

設問2　(e)

this は，自分自身のオブジェクトのメンバを指定する意味をもっています。

(ア)　引数でデータ型の指定がないので間違いです。

(イ)　this でオブジェクトのメンバ変数を指定していないので間違いです。
　　color = color;　　引数←引数

(ウ)　オブジェクトのメンバ変数を引数に代入しているので間違いです。
　　color = this.color;　　引数←メンバ変数

(エ)　正解です。
　　this.color = color;　　メンバ変数←引数

設問2　(f)

new 演算子でオブジェクトを生成するときに，コンストラクタが呼び出されます。
コンストラクタには引数で値を渡すことができます。

```
                          ┌─ 引数 ─┐
    Pencil p = new Pencil(⋯)
```

(ア)　引数なしのコンストラクタを呼び出しているので間違いです。
　　Pencil p = Pencil();

(イ)　正解です。
　　Pencil p = new Pencil("black", 0.5);

(ウ)　double, String の引数のコンストラクタを呼び出しているので間違いです。
　　Pencil p = new Pencil(0.5, "black");

(エ)　オブジェクト生成時以外にコンストラクタを呼び出すことはできないので間違いです。
　　Pencil p = new Pencil();
　　p.Pencil("black", 0.5);

【アドバイス】

　「7.3 メンバへのアクセス」，「7.6 コンストラクタ」を参照してください。

問7－4

【解答】

ウ

【解説】

メソッドのオーバロードについての問題です。

クラス内で引数リストが異なる同じ名前のメソッドを定義することができます。メソッドを呼び出すときは，引数リストによって区別します。

プログラムは double 型の引数のメソッドを呼び出しているので，double 型のメンバ変数 n2 にだけ値が代入されます。

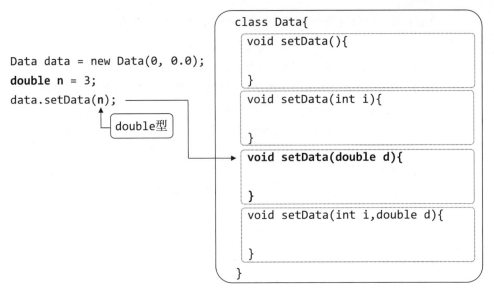

```
                                              class Data{
                                                void setData(){

                                                }
Data data = new Data(0, 0.0);                   void setData(int i){
double n = 3;
data.setData(n);                                }
                    double型               void setData(double d){

                                                }
                                              void setData(int i,double d){

                                                }
                                              }
```

【アドバイス】
　「7.5　オーバロード」を参照してください。

第8章

問8-1

【解答】
(a)　×　　　(b)　○　　　(c)　○　　　(d)　×　　　(e)　○　　　(f)　×

【解説】

(a)　Javaは複数のクラスを継承することはできません（単一継承）。	「8.1　クラスの継承とは」参照
(b)　publicメソッドは，サブクラスだけでなく，どのクラスからでも呼び出すことができます。	
(c)　protectedメソッドは，サブクラスから呼び出すことができます。	
(d)　privateメソッドは，サブクラスから呼び出すことができません。メソッドを定義したクラス自身からしか呼び出すことができません。	
(e)　スーパクラスと同じ名前のメソッドをサブクラスで定義できます（オーバライド）。	「8.2　オーバライド」参照
(f)　抽象（abstract）クラスは，new演算子でオブジェクトを生成することはできません。サブクラスに継承させて，オブジェクトを生成します。	「8.5　抽象クラス・抽象メソッド」参照

【解答】

(a) ア (b) ウ

【解説】

(a) クラスを継承するときは extends を使用して定義します。

```
class スーパクラス名{
    ⋮
}
class サブクラス名 extends スーパクラス名{
    ⋮
}
```

(b) プログラムではコンストラクタを呼び出して変数の初期化を行っています。

変数 x は TestA クラスの変数なので，継承先の TestB で使用できます。ただし，サブクラスのコンストラクタ内で明示的にスーパクラスのコンストラクタを呼び出すように指定していないと，スーパクラスのデフォルトコンストラクタが呼び出されます。

TestA ではデフォルトコンストラクタの定義がないので，選択肢アはエラーになってしまいます。したがって，サブクラスのコンストラクタからスーパクラスのコンストラクタを呼び出して変数 x に値を設定する必要があります。

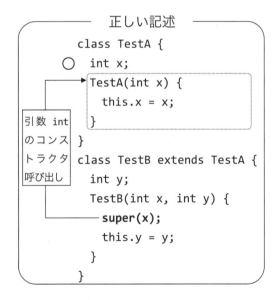

【アドバイス】

「8.1 クラスの継承とは」を参照してください。

【解答】

イ

【解説】

　プログラムは TestA 型の配列から TestA と TestB のオブジェクトを参照しています。オブジェクトから show メソッドを呼び出すことで，それぞれのオブジェクトの show メソッドが呼び出されます。クラスの継承においてオーバライドされたメンバはサブクラスのメンバが優先されます。

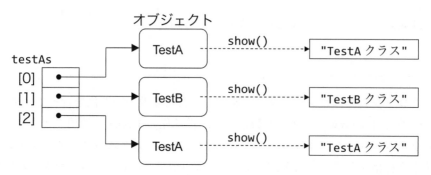

【アドバイス】

　「8.2　オーバライド」を参照してください。

第 9 章

問 9−1

【解答】

(a) エ　　(b) エ　　(c) ウ　　(d) ウ

【解説】

　このプログラムはすべてメソッドに関する問題です。

　基本的にメソッドを呼び出すときは，オブジェクト変数を指定して呼び出します。このようなメソッドをインスタンスメソッドといいます。

> オブジェクト変数.メソッド名(…)

　ただし，修飾子の static を付けて定義しているクラスメソッドのときはオブジェクトを生成しなくてもメソッドを呼び出すことができます。クラスメソッドの呼出しはクラス名を付けて記述します。

> クラス名.メソッド名(…)

(a) 文字列を比較するときは，equals メソッドを使用します。

> boolean equals(String s)

(ア) 文字列参照値の代入になるので間違いです。
  s1 = s2
(イ) オブジェクト参照値の比較になるので間違いです。
  s1 == s2
(ウ) equals の使用法が間違っています。
  s1.equals.s2
(エ) 正解です。
  s1.equals(s2)

(b) 文字列の長さを求めるときは，length メソッドを使用します。

> int length()

(ア) length メソッドの記述に()がないので間違いです。
  s1.length = s2.length
(イ) length メソッドの記述に()がないので間違いです。
  s1.length == s2.length
(ウ) =演算子は代入処理なので間違いです。
  s1.length() = s2.length()
(エ) 正解です。
  s1.length() == s2.length()

(c) 文字列の部分を取り出すときは，substring メソッドを使用します。

> String substring(int i)

指定位置 i から最後までの文字列を返します。

(ア) オブジェクト変数が記述されていないので間違いです。
  substring(s1, n);
(イ) オブジェクト変数が記述されていないので間違いです。
  substring(n, s1);
(ウ) 正解です。
  s1.substring(n);
(エ) 引数が String,int の substring メソッドではないので間違いです。
  s1.substring(s1, n);

(d) 文字列の挿入は insert メソッドを使用します。

```
StringBuffer insert(int i, String s)
```

　文字列中の指定位置 i から文字列 s を挿入した StringBuffer 型の文字列を返します。

(ア)　オブジェクト変数が記述されていないので間違いです。

```
sb = insert(s1, i, s2);
```

(イ)　オブジェクト変数が記述されていないので間違いです。

```
sb = insert(sb, i, s2);
```

(ウ)　正解です。

```
sb = sb.insert(i, s2);
```

(エ)　引数が String,int の insert メソッドではないので間違いです。

```
sb = sb.insert(s2, i);
```

【アドバイス】
　「9.2 String クラス」を参照してください。

第 10 章

問 10-1

【解答】
(a) ×　　(b) ○　　(c) ×　　(d) ○　　(e) ○

【解説】

(a)　インタフェースを定義するときはinterfaceを使用します。	「10.1 インタフェース」参照
(b)　インタフェース型の変数を宣言することができます。そのインタフェースを実装したオブジェクトを参照できます。	
(c)　インタフェース型のオブジェクトは生成できません。そのインタフェースを実装したクラスのオブジェクトは生成できます。	
(d)　インタフェースを継承して，新しいインタフェースを定義できます。継承するためにはextendsを使用します。	「10.3 インタフェースの継承」参照
(e)　クラスの定義でインタフェースを実装するときは，複数のインタフェースを実装することができます。	「10.2 インタフェースの多重実装」参照

【解答】

(a) エ　　(b) ウ

【解説】

インタフェースは `interface` を使用して定義し，`implements` を使用してクラスに実装します。

```
interface インタフェース名 {
        ⋮
}
class クラス名 implements インタフェース名 {
        ⋮
}
```

【アドバイス】

「10.1 インタフェース」を参照してください。

【解答】

イ

【解説】

Enum の各値の区切りにはコンマを使います。

【アドバイス】

「10.4 Enum（列挙型）」を参照してください。

第 11 章

【解答】

(a) ウ　　(b) エ　　(c) ア　　(d) イ

【解説】

(a)　IOException　　　　　　　　　　　　入出力処理中にエラーが発生した

(b)　ArrayIndexOutOfBoundsException　　配列で存在しない要素をアクセスした

(c)　NumberFormatException　　　　　　　数値の値が不正だった

(d)　ArithmeticException　　　　　　　　算術例外が発生した（ゼロ除算など）

問 11−2

【解答】

(a) ウ　　　(b) ウ　　　(c) エ　　　(d) イ

【解説】

　プログラムでは，キーボードから入力した値を int 型に変化し，配列に格納しています。

　この処理で発生する例外として，次の三つが考えられます。

　　・入出力処理中にエラーが発生した（IOException）
　　・数値変換の値が不足だった（NumberFormatException）
　　・配列で存在しない要素をアクセスした（ArrayIndexOutOfBoundsException）

　ただし，プログラムでは変換した値を配列の 0 番目から順に格納し，配列の最後の要素まで格納したら終了しています。

```
for(int i = 0; i < tbl.length; i++) {
    tbl[i] = Integer.parseInt(br.readLine());
}
```

　メモ
　　tbl.length：配列の大きさ（要素数）

つまり，配列外参照例外は発生することはないことになります。

　プログラムでは BufferedReader クラスを使用しているので，必ず入出力例外処理を記述する必要があります。BufferedReader クラスを使用しているメソッドで throws 句の記述がないので，メソッド内に try-catch 文で IOException 例外処理を記述する必要があります。

　また，キーボードから入力する値（文字列）は必ずしも数字文字だけとは限らないので，NumberFormatException 例外処理を記述する必要があります。

　さらに「整数値の読込み処理で例外が発生しました。」を出力した次の行では新しく Exception クラスの例外を発生させていますので，メソッド main には「throws Exception」が必要になります。

【アドバイス】

　「11.2 try-catch 文」，「11.4 複数の例外クラスの catch」を参照してください。

第12章

問 12-1

【解答】

(a) ×　　 (b) ×　　 (c) ×　　 (d) ×

【解説】

(a) スレッド処理を行うときは Thread クラスを継承したクラスを定義します。Runnable はインタフェースになります。

(b) スレッド機能をもつクラスのオブジェクトを生成しただけでは,スレッドは起動しません。スレッドを起動させるためには,start メソッドを呼び出します。start メソッドでは run メソッドを呼び出してスレッドを開始します。

(c) 起動させたスレッドの終了を待つときは,join メソッドを使用します。

(d) スレッド間で値を共有するときは,synchronized を使用します。

【アドバイス】

「12.2 スレッドの作成」,「12.3 インタフェースを利用したスレッドの実装」を参照してください。

問 12-2

【解答】

設問 1　ウ　　　　設問 2　エ

【解説】

設問 1

プログラムは Figure クラスのオブジェクト生成時に num に値を設定し,スレッドを起動すると呼び出される run メソッドで 1〜num までの合計を sum に求めています。スレッドごとに求めた合計を最後に表示しています。

つまり,一つ目のスレッドでは 1〜3 の合計を求め,二つ目のスレッドでは 1〜5 の合計を求めています。

この二つの合計を加算すると 21 となります。

プログラムでは,join メソッドを呼び出しているので,二つのスレッドが終了するまで待っています。

```
3    Figure f1 = new Figure(3);
4    f1.start();    //スレッド開始(1〜3 の合計を f1.sum に求める)
5    Figure f2 = new Figure(5);
6    f2.start();    //スレッド開始(1〜5 の合計を f2.sum に求める)
 ⋮       ⋮
12   int sum = f1.sum + f2.sum;         //加算
13   System.out.println("結果:" + sum); //表示
```

設問 2

　Test.java の 7 行目から 11 行目では，join メソッドを使用して起動させたスレッドの終了を待っています。

　この部分を削除すると，起動させたスレッドの終了を待たず，main メソッドの 12 行目と 13 行目が実行されてしまうので，値は 0，または各スレッドが途中まで計算をした値に基づく合計値になってしまいます。

【アドバイス】

　「12.2 スレッドの作成」を参照してください。

第13章

問 13−1

【解答】

　(a) オ　　　(b) エ

【解説】

　ここでは，それぞれどの種類のストリームかという点が空欄になっていますので，この時点で，(a)，(b)の空欄とも，バイトストリーム，または文字ストリームに限定されます。

　これを前提にすると，(a)は「文字としてデータを扱うための」となっているので，「文字ストリーム」が入ります。また，(b)は「2 進数の数値としてデータを扱うための」となっているので，「バイトストリーム」が入ります。

【アドバイス】

　「13.1 ストリーム」，「13.2 バイトストリームを使った入出力」，「13.3 文字ストリームを使った入出力」を参照してください。

問 13−2

【解答】

　(a) イ　　　(b) カ　　　(c) エ

【解説】

(a)，(b)　プログラムはコマンドラインの第 1 引数に入力ファイル名，第 2 引数に出力ファイル名として受け取ります。

　コマンドラインとは，Java プログラムを実行するときに入力する引数のことをいいます。例えば，Java プログラム名を「Test」，入力ファイル名を「Data1.txt」，出力ファイル名を「Data2.txt」とした場合，次のように入力してプログラムを実行します。

プログラム名
java Test **Data1.txt Data2.txt**
コマンド
第1引数
第2引数

コマンドラインの引数は，main メソッドの String 型の配列 args で受け取ります。

args[0] ● ──→ "Data1.txt"
args[1] ● ──→ "Data2.txt"

　入力ファイルからは FileReader オブジェクトを生成し BufferedReader オブジェクトを生成します。

　出力ファイルからは FileWriter オブジェクトを生成し BufferedWriter オブジェクトを生成します。

(c) BufferedReader の readLine メソッドを使用して，行単位で文字列を入力し str に代入します。データが終了したら readLine メソッドでは，null を返すので，null 以外の間反復することになります。

【アドバイス】

　「13.5　コマンドライン引数」を参照してください。

第14章

問 14−1

【解答】

(a) ウ　　(b) エ　　(c) ウ

【解説】

　まず，空欄 a では，Set<Integer> 型である intValues のインスタンスを生成する必要があります。このためには，new 句で新しいクラスインスタンスを生成します。その際に注意すべきは，Set がインタフェースであり，クラスではない点です。よって Set インタフェースを実装したクラスである HashSet が候補に挙がります。次に型パラメータである，Integer を含めた場合のクラスインスタンス生成ですが，書式としては，「new <クラスの型>()」となり。このうち，<クラスの型>の部分が型パラメータも含み，「HashSet<Integer>」になります。したがって，（ウ）の「new HashSet<Integer>()」が正解です。

　空欄 b も書式は空欄 a と同様ですが，longValues が List<Long> 型とこちらもイン

タフェースとしての型定義なので，List を実装したクラスを new しているものを選択する必要があります。すると，（エ）の「new ArrayList<Long>()」が正解となります。

　最後に空欄 c ですが，「14.1 ジェネリクスとは」で見たように，List は重複した要素の追加を行いますが，Set は無視します。一方，問題のプログラムコードを見ると，Set である intValues と List である longValues ともに 1 という数値を二つ追加しています。このとき，重複する 1 を Set は許可せず，List は許可します。したがって，1 の出力が Set である intValues では 1 回，List である longValues では，2 回ある（ウ）が正解です。

【アドバイス】

　「14.1 ジェネリクスとは」を参照してください。

問 14−2

【解答】

ウ

【解説】

　オートボクシングとは，Integer 型など，基本データ型の代わりとなるラッパクラスに元になる基本クラスの値を自動変換して代入する操作です。

　これを行っているコードを確認するには，まず左辺が，ラッパクラスのインスタンスでないといけません。これによって選択肢は，（ウ）と（エ）に絞られます。

　次に，右辺が基本データ型である int 型の変数や定数である必要があります。すると，int 型の定数である 3 が右辺になっている（ウ）が正解になります。

【アドバイス】

　「14.4 オートボクシング／オートアンボクシング」を参照してください。

演習問題　解答・解説

第15章

演習問題① 電気ポットの制御プログラム　　　　　　　　　　　　　　　　　　（H20 春-FE 午後問8）

【解答】

［設問］　a－ウ，b－エ，c－ウ，d－ア

【解説】

　電気ポットの状態と，それに対応した操作を制御するプログラムです。ポットが空である場合には「No water!」の例外を生成するという点は非常に分かりやすい概念です。全体を通じて，処理内容は大枠で把握することが可能なため，それほど理解に苦労はしないでしょう。ただし，**状態管理のための状態値もクラスとして定義されていて，ここでもサブクラスが利用されている**ため，細かい点で間違えないよう注意しましょう。次に，この問題に登場する各クラスを図示します。

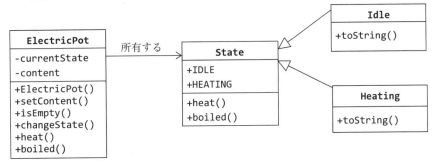

　まず，ElectricPot クラスですが，これは **currentState という State 型のクラス変数**をもち，各種メソッドをもつ「電気ポット」クラスです。これに対し State は各種状態を保持しているほか，**メソッド heat() と boiled()** をもっています。また State にはその内部に Idle と Heating というクラスが定義されています。一般にクラスの中に定義したクラスをネストクラス（Nested class）といいます。ネストクラスのうち，static 修飾子がつかないクラスを内部クラス（インナークラス）と呼びます。内部クラスは，その内部クラスを含む外部クラスからオブジェクトを作成しないと利用できないが，static 修飾子がついたネストクラスは，そのクラスを含む外部クラスのオブジェクトを作成しなくても利用できます。また，このケースでは，State は抽象クラス（abstract）であるので，State のインスタンスは作成できません。そしてここでは，この State のサブクラスとして Idle と Heating が定義されています。ただしこのプログラムでは，ある状態からの操作に関するエラーチェックを State クラスで行っており，**Idle, Heating といった各派生クラスでは，toString() メソッドで文字列を返す処理だけが定義されている**点に注意が必要です。また，試験問題には直接関係しませんが，この toString() メソッドは，ElectricPot クラスの changeState メソッド内部における System.out.println(currentState + " -> " + newState);の部分で，暗黙的な文字列型への変換として利用されている点も把握しておきましょう。

・空欄 a，b：ここは heat メソッドの中であるため，加熱処理を担当するロジックであることが容易に分かります。また，空欄以外には pot.changeState(HEATING) と加熱中への変更処理が行われていることから，**問題文中の「電気ポットに水がない場合は，沸騰ボタンが押されても加熱を開始せず，警告を表示する」に該当する処理が行われる**ものと推測できます。ただし，pot.changeState(HEATING) の中で，上記のチェック機能が定義されていないか確認する必要があります。このため〔プログラム 2〕の ElectricPot クラス内の changeState メソッドの定義を確認すると，そのような確認は行われていないことが分かります。したがって，空欄 a は**「電気ポットに水がない場合は」**にあたる（ウ）の「pot.isEmpty()」が，空欄 b は**「沸騰ボタンが押されても加熱を開始せず，警告を表示する」**にあたる（エ）の「throw new Exception("No Water!")」が正解です。

〔プログラム 1〕
```
public abstract class State {
        ⋮
    public void heat(ElectricPot pot) throws Exception {
        if ( [  a  ] )
            [  b  ] ;
        pot.changeState(HEATING);
    }
    public void boiled(ElectricPot pot) {
        pot.changeState(IDLE);
    }
        ⋮
}
```

　このことは，問題文中の図 1 を踏まえた上で上記コードを読めばよく分かります。すなわち，空欄 a，b の後に実行されるのはポットの水を温めることだけであり，State クラスにはこのほかに，お湯が沸いたら止めるロジックが boiled メソッドとして定義されています。こちらは無条件に状態を休止状態にします。

・空欄 c：ここは Idle クラスと Heating クラスの定義です。State クラス定義の冒頭で，これら二つのクラスが State IDLE，又は，State HEATING として State 型変数に格納されていることから，**State クラスのサブクラスである**ことが分かります。また問題文(2)に「クラス Idle 及びクラス Heating は，それぞれ，休止状態と過熱状態を示す State のサブクラスである」と記述されています。したがって，（ウ）が正解です。

・空欄 d：ここでは，電気ポットクラスの加熱処理と，沸騰したときのイベント処理が定義されています。State クラスに heat メソッドや boiled メソッドが定義されている点から，ElectricPot クラスがこのスコープでもっている State 型の変数は currentState であることが分かります。したがって，（ア）が正解です。

【解答】

[設問1]　　ウ

[設問2]　　a－イ，b－ウ，c－イ，d－ウ

[設問3]　　e－ア，f－イ

【解説】

　あみだくじの作成と結果の表示を行うプログラムの問題です。プログラムではコレクションフレームワークのインタフェース **List，SortedMap**，及びクラス **ArrayList，TreeMap** が使われており，問題文と合わせて，問題冊子末尾の「Java プログラムで使用する API の説明」を確認する必要があります。

　プログラムでは，**あみだくじを表すクラス GhostLeg**（GhostLeg はあみだくじの英訳）と，その入れ子クラスで，**縦線を表すクラス VerticalLine** が定義されています。**なお，横線は，このクラス VerticalLine が管理する構造になっています。**

　設問 1 はプログラムの穴埋め問題になっていますが，この問題ではプログラムの内容に関する記述の穴埋めとなっています。

　設問 2 は，プログラムの穴埋め問題です。空欄 a，b はコンストラクタ部分の穴埋めです。Java の文法の基礎を押さえていれば容易に解答できます。空欄 c，d は，メソッド trace の処理です。問題文のくじをたどる手順の説明及びメソッド trace の説明を読み，プログラムでどのように実装されているか確認して解答します。

　設問 3 は，クラス GhostLeg のメソッド addHorizontalLine に，例外を throw する処理を追加する場合における，挿入する適切な位置と，throw する条件を問う問題です。

[設問1]

　クラス GhostLeg の内部クラス VerticalLine において，横線の表現方法に関する記述の穴埋めです。〔プログラムの説明〕(5)に**横線を追加するメソッド addHorizontalLine の説明**があります。この説明と，プログラムの実装から読み取っていきます。メソッド addHorizontalLine のプログラムを見ます。まず，縦線を表すクラス VerticalLine のインスタンスを格納する List 型フィールド verticalLines に対し，x1 を引数としてメソッド get を呼び出し，戻り値を変数 v1 に代入しています。同様に，x2 を引数としてメソッド get を呼び出し，戻り値を変数 v2 に代入しています。〔プログラムの説明〕(5)①に「左から x1 番目の縦線と x2 番目の縦線」という記述があり，**引数 x1，x2 は，縦線の左から何番目であるかを表している**ことが分かります。メソッド get はインタフェース List のメソッドで，問題冊子末尾の「Java プログラムで使用する API の説明」から，引数で指定された要素を返すことが分かります。ここでは，x1，x2 番目の縦線を表すクラス VerticalLine のインスタンスが戻り値となります。次の処理の，if 文の条件式を見ます。すると〔プログラムの説明〕(5)①の「x1 と x2 が等しいか，2 本の縦線のいずれか又は両方に，既に縦軸座標 y で接続する横線があるときには追加しない」という説明の，反転した条件であることが分かります。つまり，**if 文の条件が true の場合，横線を追加する処理を行う**ことになります。if 文の条件式が true の場合の処理を見ます。縦線を表す変数 v1，v2 に対し，メソッド putHorizontalLine を呼出しています。ここまでで，横線を追加する処理として，クラス VerticalLine のインスタンスに対して行う処理が，メソッド putHorizontalLine の呼出し処理であることが分かります。メソッド putHorizontalLine の処理から，クラス VerticalLine での横線の表現が読み取れます。メソッド putHorizontalLine では，インタフェース SortedMap 型の**フィールド**

horizontalLines のメソッド put を呼び出しています。その際，SortedMap のキーに横線の縦軸座標を示す引数 y を渡し，値に縦線を表すクラス VerticalLine のインスタンスである引数 opposite を渡しています。このことから，横線の縦軸座標と，その横線に接続する 2 本の縦線の内，メソッド putHorizontalLine が呼び出されたクラス VierticalLine のインスタンス以外の，もう一本の縦線の，クラス VierticalLine のインスタンスという二つの要素を使って，横線を表現していることが分かります。したがって，（ウ）が正解です。

[設問2]

- 空欄 a：クラス GhostLeg のコンストラクタ又はメソッドの宣言です。まず，コンストラクタの宣言か，メソッドの宣言かを判断する必要があります。〔プログラムの説明〕(4)に「縦線の本数を引数とするコンストラクタをもつ」とあります。Java では，引数付きのコンストラクタは明示的に宣言しなければなりません。このことを考慮してプログラムを見ていくと，空欄 a を含む定義部分以外で，**〔プログラムの説明〕(4)を満足するコンストラクタの定義がない**ことが分かります。このことから，空欄 a を含む宣言は，コンストラクタの宣言であることが分かります。**コンストラクタの宣言は「クラス名(引数の型 引数)」の形式**で記述します。したがって，（イ）が正解です。

- 空欄 b：クラス GhostLeg のコンストラクタの処理です。空欄 b は 1 行上の for 文で繰返し実行される処理です。繰返しの条件式を見ると，変数 i が 0 から引数 n の値未満の間繰り返すことが分かります。〔プログラムの説明〕(4)に「縦線の本数を引数とする」とあるので，引数 n は縦線の本数であることが分かります。0 から引数 n の値未満まで繰り返すと，繰返し処理は n 回となります。このプログラムでは，クラス VerticalLine のインスタンスが縦線を表していますが，VerticalLine のインスタンスを生成する処理が見当たらず，**コンストラクタで n 本分のインスタンスを生成する必要がある**ことが分かります。クラス VerticalLine のインスタンスを生成する書式は「new VerticalLine()」となります。したがって，（ウ）が正解です。

- 空欄 c：クラス GhostLeg のメソッド trace の処理です。空欄は while ループの継続条件です。まず，メソッド trace の処理内容を確認します。〔プログラムの説明〕(5)②に「左から x 番目の縦線を選択し，あみだくじをたどった結果を返す」とあります。また，〔プログラムの説明〕のくじをたどる手順の(2)〜(5)内容から，あみだくじをたどって結果が確定するまでの手順が分かります。繰返し処理は，この手順の(2)，(3)なので，プログラムで実装している仕組みに従って，縦線に横線があるかどうかを確認する処理を繰り返すことが，空欄 c を含む while 文の繰返し処理であることが分かります。手順の(4)「下端に到達するまで」は，どのように判断するか見ていきます。クラス VerticalLine の横線を格納するフィールド horizontalLines は，コンストラクタで，キーが 0.0 で，値が null のデータが 1 件格納されており，必要に応じてメソッド putHorizontalLine メソッドを呼び出すと，横線のデータが追加されるようになっています。メソッド getNextY は，プログラムのコメントにあるように動作するので，メソッド getNextY を呼び出す縦線（VerticalLine のインスタンス，変数 v）に，次の横線がない場合，コンストラクタで格納したデータの 0.0 を返します。以上のことから，クラス VerticalLine のメソッド **getNextY の戻り値が，0.0 となることで，手順の(4)「下端に到達するまで」を判断できる**ことが分かります。空欄の左辺では，変数 y にメソッド getNextY の戻り値を代入しています。左辺の代入式は括弧で括られているので比較演算子「>」より先に処理され，比較演算子「>」は，変数 y の値に対して処理されます。以上まとめると「**(y = v.getNextY(y)) > 0.0**」が繰返し条件となればよいことが分

32

かります。したがって，（イ）が正解です。

- 空欄 d：クラス GhostLeg のメソッド trace の処理です。空欄は while ループの継続条件が true の場合の処理です。空欄 c の解答で確認した内容を基に考えると，繰返し条件が true になるのは，縦線にまだ横線があった場合です。〔プログラムの説明〕のくじをたどる手順の(2)に「途中に，接続する横線があるときは必ず曲がり，もう一方の縦線までたどる」とあります。設問 1 で確認したように，**このプログラムでの横線は，縦軸座標と，もう一方の縦線で表されています**。もう一方の縦線を取得するためには，クラス VerticalLine のフィールド horizontalLines に対し，変数 y の値を引数で渡し，インタフェース SortedMap のメソッド get を呼び出します。この処理をしているのは，**クラス VerticalLine のメソッド getOpposite** です。メソッド trace では縦線を表すクラス VerticalLine のインスタンスは変数 v に格納されているので，「v.getOpposite(y)」となります。したがって，（ウ）が正解です。

［設問 3］

- 空欄 e：メソッド addHorizontalLine の呼出しにおいて，**縦軸座標の値が異常値だった場合の例外**を throw するコードを追加する位置が問われています。Java では，例外発生又は例外を throw した場合，それ以降の処理は実行されません。設問 3 の設問文中に「これを，引数 x1 及び x2 の値によらず」とあり，引数 x1，x2 を引数として渡している「VerticalLines.get(x1)」「VerticalLines.get(x2)」の処理を行っている行よりも先に，引数 y の値の確認処理をしなければならないことが分かります。したがって，（ア）が正解です。

- 空欄 f：メソッド addHorizontalLine の呼出しにおいて，**縦軸座標である引数 y の値が異常値かどうか判断するための if 文の条件式**です。設問 3 の設問文中に引数 y の正常値について「その値は 0.0 よりも大きく 1.0 未満でなければならない」とあります。例外を throw するのは，引数 y の値が，この条件以外の場合です。**「0.0 よりも大きく 1.0 未満」以外となる条件**を考えます。まず「0.0 よりも大きく」以外の条件は「0.0 以下」であり，条件式では「y <= 0.0」となります。また「1.0 未満」以外となるのは，「1.0 以上」であり，条件式では「y >= 1.0」となります。まとめると「y <= 0.0」又は「y >= 1.0」である場合，異常値です。したがって，（イ）が正解です。

【解答】
［設問1］　a－ア，b－オ，c－キ，d－オ，e－ア
［設問2］　イ，オ（順不同）

【解説】
　住所録のエントリを追加・削除・検索する住所録管理プログラムの問題です。プログラムには，public static 修飾子の付いた入れ子クラスや後述するマーカインタフェース（Marker Interface）などが使用されており，普段実務で Java の実装をしていてもあまり馴染みがない設計だと感じる方も多かったかと思われます。ただし，この問題には入れ子クラスが使われており，プログラムを読み解く上で，スコープやインスタンスの生成の書式についての前提知識も必要とされているため，ここで学習しておきましょう。
　住所録管理プログラムを構成するプログラムについて見てみます。クラス Name, Address は，それぞれ住所録のエントリとなる名前，住所を表します。両クラスともインタフェース Searchable を実装しています。更に，それぞれのクラスで，検索条件を表す入れ子クラスとして，クラス Criteria が定義されています。これらの入れ子クラスは，**名前空間上，Name. Criteria と，Address.Criteria となります**。クラス Name.Criteria 及び Address. Criteria は，検索条件となるインタフェース SearchCriteria を実装しています。このことは〔プログラム2〕の中で，Address.Criteria が SearchCriteria を implements しているコードからも確認できます。
　次に構文の注意点を挙げます。**public static 修飾子付きの入れ子クラスは，他のクラスで利用する場合，外側のクラスのインスタンスが生成されていなくても「new Name.Criteria (引数)」のように記述して，インスタンスを生成することができます**。クラス Name, Address ともインタフェース Searchable で定義されたメソッド meets をオーバライドしていますが，引数の型がどちらとも Criteria となっています。外側のクラス内で，自クラスの入れ子クラスの型を記述する場合，外側のクラス名を省略して入れ子クラス名だけで記述できます。このため，実際にはクラス Name のメソッド meets の引数が Name.Criteria 型であり，クラス Address では引数の型が Address.Criteria 型となります。
　インタフェース Searchable は，検索条件を与えて検索可能であることを表します。型パラメタ T 型の引数をもつメソッド meets が定義されています。インタフェースの宣言部で型パラメタとして SearchCriteria が指定されています。**この指定があるので，メソッド meets の仮引数の T 型は，SearchCriteria 型か，インタフェース SearchCriteria の実装クラス型でなければなりません**。なお，型パラメタの書式では，インタフェースの指定をする場合でも，<T extends インタフェース名>のように，extends キーワードを利用するので，注意が必要です。
　インタフェース SearchCriteria は，検索条件であることを表します。定数やメソッドは定義されていません。つまり，あるインタフェース型に分類されるという意味しかもちません。このように空のインタフェースのことをマーカインタフェースと呼びます。Java の API で提供されているインタフェース Serializable が代表例です。この問題では，検索条件であることの目印にするために SearchCriteria 型を利用しています。
　クラス AddressBook は，住所録を表します。住所録のエントリを操作するメソッドとして，追加する add，削除する remove，検索条件のどれかに合致したエントリの集合を返す meetsAnyOf，検索条件の全てに合致するエントリを返す meetsAllOf が定義されています。検索メソッドについて別の表現をすれば，**meetsAnyOf は OR 検索，meetsAllOf は AND 検**

索を行うメソッドだといえます。**住所録のエントリは，Java の API で提供されているインタフェース Set 型の変数 book で保持し，クラス HashSet のインスタンスを参照します。**

更に，クラス AddressBook には，住所録のエントリを表す入れ子クラス Entry が定義されています。住所録のエントリは，クラス Name, Address のインスタンスを保持します。また，インタフェース Searchable を実装しています。

クラス Test は，住所録プログラムのテストプログラムで，メソッド main で，四つの住所録エントリを追加しています。更に，姓名の名が"太郎"，又は，住所に"青葉区"が含まれるエントリと，姓名の名が"太郎"，かつ，住所に"青葉区"が含まれるエントリの検索結果を標準出力に表示しています。

[設問1]

・空欄 a：クラス Name の入れ子クラス Criteria の宣言です。空欄 a の左側を見ると，キーワード implements が記述されており，文法的に考えて，**空欄 a にはインタフェース名が記述されることが分かります。**更に〔プログラムの説明〕の，クラス Name, Address, 及び AddressBook.Entry の(1)に「インタフェース SearchCriteria は，検索条件を示すデータ型」とあります。また，クラス Name, Address の説明に「入れ子クラス Criteria を定義し，その Criteria を検索条件とする」とあります。以上のことから，クラス Name の入れ子クラス Criteria は，検索条件であるから，**インタフェース SearchCriteria を実装すればよい**ことが分かります。したがって，（ア）が正解となります。

・空欄 b：クラス AddressBook の，メソッド meetsAnyOf の中の処理です。〔プログラムの説明〕(4)の次の段落にあるクラス AddressBook の部分に，「引数で与えられたインタフェース SearchCriteria のどれかに合致するエントリの集合を返す」とあります。〔プログラム3〕を見ると，メソッドの宣言の引数の型 SearchCriteria の後に「...」とあり，可変長引数の書式になっています。**可変長引数として定義された仮引数 criteria は，配列として扱われます。**「引数で与えられたインタフェース SearchCriteria のどれかに合致する」なので，仮引数 criteria の一つの要素に付き，全てのエントリを検索します。この処理を criteria の全要素数分繰り返すことになります。また「合致するエントリの集合を返す」なので，**criteria の検索条件に合致したエントリがあった場合，エントリを集合に追加する処理**となることが分かります。空欄 b は，3行上の検索条件の全要素に順次アクセスするための拡張 for 文と，2行上の全てのエントリに順次アクセスするための拡張 for 文の二重ループ内にあり，かつ，1行上の，検索メソッドの呼出しで，条件に合致するエントリであった場合の処理です。また，3行下の return 文で，変数 result を返していることから，**変数 result が，検索結果のエントリの集合である**ことが分かります。変数 result は，メソッド宣言の1行下で Set 型として宣言され，空の状態でクラス HashSet のインスタンスを生成しています。インタフェース Set は Java の API で提供されており，問題冊子の「Java プログラムで使用する API の説明」に要素を追加するメソッド add の説明があります。**検索条件に合致したエントリを集合 result に追加すればよいので，**メソッド add の引数には，内側の拡張 for 文で検索対象になるエントリを参照する変数として宣言した entry を渡し result.add(entry) となります。したがって，（オ）が正解となります。

・空欄 c：クラス AddressBook のメソッド meetsAllOf の中の処理です。〔プログラムの説明〕のクラス AddressBook の部分に，「引数で与えられた SearchCriteria の全てに合致するエントリの集合を返す」とあります。プログラムを見ると，**仮引数 criteria は可変長引数です。**「引数で与えられた SearchCriteria の全てに合致する」なので，エント

リの集合 book の一つの要素につき，仮引数 criteria の全要素の検索条件で検索します。この処理を book の全要素分繰り返すことになります。空欄 c は，3 行上の全てのエントリに順次アクセスする拡張 for 文と，2 行上の全ての検索条件に順次アクセスする拡張 for 文の二重ループ内にあり，かつ，1 行上の検索メソッドの呼出しで，検索条件に合致しないエントリであった場合の処理です。メソッド宣言の 1 行下で，戻り値となる変数 result のインスタンスを生成する際に，全てのエントリを含む book を実引数として渡しています。問題冊子の「Java プログラムで使用する API の説明」にあるクラス HashSet の引数付きコンストラクタの説明から，変数 result が参照するインスタンスは，現在住所録に追加されているエントリが全て含まれた状態で生成されることが分かります。**検索条件に一つでも合致しなかったエントリがあった場合，そのエントリを削除していけば，最終的に全ての条件に合致するエントリだけが残った状態になります。**問題冊子の「Java プログラムで使用する API の説明」に，インタフェース Set の削除メソッド remove の説明があります。remove の引数には，外側の拡張 for 文で検索対象になるエントリを参照する変数として宣言した entry を渡し result.remove(entry) となります。したがって，（キ）が正解となります。

- 空欄 d：クラス AddressBook.Entry の，メソッド meets の宣言における仮引数の型です。〔プログラムの説明〕(4)の次の段落にあるクラス AddressBook.Entry のメソッド meets の説明に「引数で与えられた SearchCriteria の具体的な型によって，name 又は addr のメソッド meets を呼び出し」とあり，**仮引数の型は，どちらのインスタンスも受け取れる SearchCriteria 型である**ことが分かります。したがって，（オ）が正解となります。

- 空欄 e：クラス AddressBook.Entry の，メソッド meets の中の処理です。〔プログラムの説明〕のクラス AddressBook.Entry のメソッド meets の説明に「引数で与えられた SearchCriteria の具体的な型によって name 又は addr のメソッド meets を呼び出し」とあります。空欄 e までの処理で，既に name のメソッド meets を呼び出しているので，addr のメソッド meets の呼出しであることが分かります。メソッド meets は，クラス Address.Criteria で定義されているため，メソッドを呼び出すためには，**SearchCriteria 型の引数 criteria を Address.Criteria 型にキャストする必要があります。**このキャストを行っているのが二つある空欄 e の下の部分です。型のキャストを実行する際，例外 ClassCastException を発生させず，確実に実行するためには，**キャスト可能な型であるかの判別を instanceof 演算子で判別し，true であった場合に実行する**必要があります。この型の判別を行っているのが上の空欄 e を含む処理です。なお，public static 修飾子付きの入れ子クラスを他のクラスから参照する場合，「外側のクラス名．入れ子クラス名」と記述します。空欄 e には，型の判別とキャストを行う型として Address.Criteria を記述します。したがって，（ア）が正解となります。

[設問 2]
　クラス Test のメソッド main で登録されている住所録のエントリの内容で，全件を返す検索条件を問う設問です。解答群を見ると，（ウ）と（カ）は引数に直接 null を渡しています。この場合，**検索メソッドの内の引数を用いた拡張 for 文で，例外 NullPointerException が発生するので間違い**であり，除外されます。（ウ）と（カ）以外をみると，全てクラス Name.Criteria のインスタンスを生成して検索条件としています。〔プログラムの説明〕の，クラス Name 及び Adress の説明の(1)に入れ子クラス Name.Criteria の説明があり，検索条件の familyName 及び givenName は「検索条件に含めないときは，null を指定する」とあり

ます。検索メソッドの呼出し処理をたどっていくと，AddressBook の検索メソッド（meetsAnyOf 又は meetsAllOf）→Entry のメソッド meets と呼び出され，名前についての検索処理では，最終的にクラス Name.Criteria のメソッド areMetBy が呼び出されます。〔プログラム 1〕のメソッド areMetBy をみると，**検索条件 familyName 及び givenName が null の場合（検索条件に含めない場合），true を返しています**。これは，検索条件に合致した場合の処理と同じです。つまり **familyName（姓），givenName（名）ともに null の場合，検索条件なし＝全件検索となるように実装されています**。解答群の検索条件のコンストラクタの引数が二つ（姓と名）とも null である選択肢を解答すればよいので，（イ）と（オ）が正解となります。

【解答】

［設問 1］　　a－ア，b－エ，c－ア，d－エ

［設問 2］　　e－ア，f－ウ，g－ウ

【解説】

　電気料金プランを比較するためのプログラムの問題です。この問題に登場するプログラムでは，**2 次元配列**，**抽象クラス**と**サブクラス**が使われています。

　段階的に変化する値のペアをテーブルとして表すクラスとして，抽象クラス TierTable が定義されています。また，料金単価のテーブルを表す，クラス TieredRateTable が定義されています。なお，**クラス TieredRateTable は，抽象クラス TierTable のサブクラス**です。スーパクラス TierTable のメソッド map をオーバーライドし，「引数で与えられた電力量から電力量料金を計算し，その値を返す」と書かれています。ここで，**スーパクラス TierTable でいう「段階的に変化する値のペア」が，クラス TieredRateTable では，「電力量によって段階的に変化する電力料金」という「電力量と電力量料金のペア」になります**。さらに，プランを表すクラス RatePlan が定義されています。コンストラクタの引数で，「プラン名，基本料金，料金単価のテーブル」を受け取り，それぞれをフィールドに保持します。メソッド getPrice では，引数で与えられた電力量から，フィールドに保持している料金単価のテーブルである TierTable 型のインスタンスのメソッド map を利用して電力量料金を計算し，その値と基本料金との合計を返します。ここまでを整理すると，**クラス TierTable のサブクラス TieredRateTable が，電力量によって変化する電力量料金（使用量に応じた従量課金の部分）を計算する**ことが分かります。そして，クラス RatePlan は，クラス TierTable のサブクラスのインスタンスを使用して電力量料金（使用量に応じた従量課金の部分）を計算し，さらに基本料金（固定料金の部分）との合計を計算する仕組みになっています。クラス Main は，メソッド main を含む電気料金を比較するクラスです。

　設問 1 は，複数の料金プランを前提として，ある電力量に対し，最適な料金プランを判定するプログラムがテーマになっています。

　設問 2 は割引をテーマとした問題で，特に DiscountPlan とそのスーパクラスである RatePlan の関係が設問の焦点になっています。

［設問 1］

空欄 a，b は，プログラムの説明から容易に解答できます。

空欄 c，d は，問題文とプログラムの内容をよく読み，2 次元配列で表された料金表を利用して電気料金を計算する仕組みを理解する必要があります。

・空欄 a：クラス TierTable のクラス宣言の構文です。〔プログラムの説明〕(1)に「抽象クラス TierTable」とあります。**抽象クラスを定義する場合，クラス宣言時に「abstract」を指定する必要があります**。したがって，（ア）が正解となります。

・空欄 b：クラス TierTable のコンストラクタの処理です。空欄 b は double 型の 2 次元配列である配列変数 a の添字です。〔プログラムの説明〕(1)①に「可変長の引数で与えられた double の数値 2 個ずつをペアとして配列にし，さらにその配列を要素とする配列を生成し，フィールド pairs に保持する」とあります。**配列変数 a は，コンストラクタの末尾で，フィールド pairs に代入されており，前述の内容を満たす 2 次元配列で**

あればよいことが分かります。プログラムのコンストラクタの宣言を見ると，「TierTable(double... tiers)」となっており，引数 tiers が可変長引数になっています。Java では，可変長の引数は，1 次元の配列として扱われます。また，このクラス TierTable のコンストラクタは，サブクラス TieredRatetable のコンストラクタから，super キーワードで呼び出されています。さらに，〔プログラムの説明〕(2)①の内容から，**フィールド pairs は，料金単価のテーブルである**ことが分かります。

〔プログラムの説明〕(1)の内容は，図 A のように，1 次元配列として扱われる引数 tiers のデータを 2 個ずつの組にして，2 次元配列 pairs に格納するということです。なお，tiers の要素内の数値は〔プログラム 4〕の planA のものです。

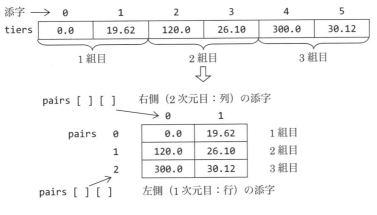

図A　tiers から pairs の生成

空欄 b を含む for 文を見てみると，引数 tiers の添字として利用している変数 i を**初期値 0，増分 2 で，tiers の全要素分繰り返しています**。仮に tiers の要素数が 6 個の場合，変数 i は繰返しの回数ごとに，1 回目：0，2 回目：2，3 回目：4 の値になります。一方，配列変数 a の 1 次元目の添字は，1 回目：0，2 回目：1，3 回目：2 と「i / 2」の値になればよいでしょう。したがって，（エ）が正解となります。

・空欄 c, d：クラス TieredRateTable のメソッド map の処理です。空欄 c, d は，変数 charge への += 演算子の右辺にある，配列変数 pairs の添字の部分です。メソッド map については〔プログラムの説明〕(2)②に「引数で与えられた電力量から電力料金を計算し，その値を返す」とあります。また，プログラムを見ると，変数 charge はメソッド map の戻り値として利用されています。以上のことから，**空欄 c, d を含む式は，電力料金の計算である**ことが分かります。

料金の計算の手順は，問題文にプラン A の例で説明があります。なお，料金単価は，「1kWh 当たりの料金」であり，使用した電力量が〔プログラム 4〕に記述されている 543.0kWh の場合で考えます。

　　　　0.0～120.0kWh（120.0kWh）……19.62 円
　　　　120.0～300.0kWh（180.0kWh）……26.1 円
　　　　300.0～543.0kWh（243.0kWh）……30.12 円
　　　　（120.0kWh×19.62）＋（180.0kWh×26.10）＋（243.0kWh×30.12）
　　＝14371.56 円

ここで，図 A「tiers から pairs の生成」の pairs のように値が格納されている場

合，次のようになります。

120.0kWh と 180.0kWh という電力量は，次のように求めることができます。

料金を適用する行の次の行の閾値 － 料金を適用する行の閾値

243.0kWh という電力量は，次のように求めることができます。

使用した電力量 － 料金を適用する行の閾値

空欄 c，d の行を含む for 文では，フィールド pairs の 1 次元目の全要素（図 A の pairs の行方向，以降 1 次元目を行，2 次元目を列という）を走査しています。また，空欄 c，d の行は，1 行上の if 文が true の場合に実行されます。条件式を見てみると，「i + 1 < pairs.length && amount > pairs[i + 1][0]」となっています。

まず，「i + 1 < pairs.length」について考えます。変数 i の値は，0 から pairs の行の添字の最大値までの値をとるので，添字の最大値の一つ前までの場合に true となり，添字の最大値の場合だけ false となります。図 A で示した例で考えると，変数 i が 0，1 の場合に true となり，2 の場合に false となります。**この条件式を文章で表現すると「現在走査対象になっている添字 i で指す行の，次にも行がある場合（true）」ということになります。**

次に「amount > pairs[i + 1][0]」について考えます。引数 amount は〔プログラムの説明〕(2)②から，使用した電力量であることが分かります。「pairs[i + 1][0]」は，現在走査している行の，次の行の添字 0 で指す列に格納されている値です。この値は，表 1 にある，使用電力量が超過した場合に，料金単価が適用となる閾値です。**この条件式を文章で表現すると「現在走査対象になっている行の，次の行の添字 0 で指す列に格納されている閾値より，使用した電力量が大きい場合（true）」ということになります。**

これら二つの条件式は，論理積の演算子&&で演算されるので，両方の条件式が true の場合に，条件式全体が true となります。条件式全体が true になるのは，現在走査対象の pairs の行の料金が，閾値までの全量分加算される場合です。

空欄 c，d を含む式では，現在走査対象の行の料金「 * pairs[i][1]」が掛ける数として記述されているので，掛けられる数となる（ ）内の式は，現在走査対象の行の閾値となればよいことになります。**これは前述の，使用した電力量が 543.0kWh の場合の，120.0kWh と 180.0kWh を求める式「料金を適用する行の次の行の閾値 － 料金を適用する行の閾値」であります。**これをプログラムで表すと「pairs[i + 1][0] - pairs[i][0]」となります。したがって，空欄 c は（ア）の「[i + 1][0]」，空欄 d は（エ）の「[i][0]」が正解となります。

［設問 2］

割引プランを表すクラス DiscountPlan のプログラムの穴埋め問題です。設問文では，この他に割引率を表現するためのクラス DiscountTable が定義されています。ここで，**クラス DiscountTable が表現するのは，「電気料金によって段階的に変化する割引率」という「電気料金と割引率のペア」になります。**なお，クラス DiscountTable は，クラス TierTable のサブクラスです。

・空欄 e：クラス DiscountPlan のクラス宣言の構文です。設問文に「DiscountPlan は，クラス RatePlan を拡張し」とあり，**クラス RatePlan のサブクラスであることが分かります。**スーパクラスを拡張（継承）したサブクラスを定義する場合，クラス宣言時に，キーワード「extends」を利用します。したがって，空欄 e は（ア）が正解となります。

・空欄 f, g：クラス DiscountPlan のメソッド getPrice の処理です。

　　空欄 f は，変数 price の代入文の右辺です。空欄 g は，戻り値である割引後の料金を求める乗算の掛ける数です。

　　設問文に「上位クラスである RatePlan のメソッド getPrice で求めた電気料金から割引率を求め，割引を適用した金額を電気料金として計算する」とあります。空欄 f の右側がメソッド getPrice を呼び出す構文になっており，**変数 price に割引前の電気料金が代入される**ことが分かります。使用した電力量から電気料金を計算する処理は，スーパクラスである RatePlan で実装済みなので，**「super.getPrice(amount);」とすれば，電気料金を取得することができます**。なお，this キーワードを利用すると，クラス DiscountPlan で定義したメソッド getPrice の再帰呼出しを無限に繰り返すことになり，間違いとなります。

　　次に空欄 g について見ていきます。表 2 と設問文の「メソッド map は，引数で与えられた電気料金から割引率を求め，その値を返します。ここで，割引率は小数で与えるものとします。例えば，1%は 0.01 である」という内容から，**空欄 g は，1.0（100％）からメソッド map の戻り値である割引率を引いた数値であればよい**でしょう。割引率のテーブルは，クラス DiscountPlan のフィールド discountTiers で保持しているので 1.0 - discountTiers.map(price) となります。ここで，注意が必要なのは，**メソッド map の引数は電力量ではなく，電気料金**なので，変数 price であるということです。したがって，空欄 f は (ウ) の「super」，空欄 g は (ウ) の「(1.0 - discountTiers.map(price))」が正解となります。

【解答】

[設問1]　a-イ，b-ウ，c-ア，d-エ，e-オ

[設問2]　f-イ，g-ケ

【解説】

　電卓プログラムを題材にした問題です。〔プログラム 1〕～〔プログラム 5〕の一連のプログラムでは，`java.util` パッケージのクラス Stack，およびインタフェース Map，クラス HashMap といったジェネリクス（総称型）が使われています。これらに関する詳細な仕様は，「Java プログラムで使用する API の説明」で確認できます。

　この問題では，列挙型（enum）におけるコンストラクタやインタフェースの実装方法などの知識が問われています。

　プログラムでは，インタフェース Key が定義されています。**インタフェース Key では，電卓のキーが押されたときの処理を実行するメソッド operateOn が定義されています**。また，数字キーを表す列挙型として，列挙 DigitKey が定義されています。さらに，加減乗除の各演算キー，イコールキー，およびクリアキーを表す列挙型として，列挙 OperationKey が定義されています。クラス Calculator は，電卓本体を表します。クラス CalculatorTest はメソッド main を含む，テスト用のクラスです。

　設問 1 は，プログラムの穴埋め問題です。空欄 a～e は，プログラムの説明とプログラムの内容をよく読み，クラス Stack の機能を利用して，入力された数字をスタックに push する仕組みや，演算を行う仕組みを理解する必要があります。

　設問 2 は，メソッド main が定義された，クラス CalculatorTest を実行した結果の最後の出力を問う問題です。問題で与えられた式でトレースして解答します。

[設問1]

・空欄 a：列挙 DigitKey，および列挙 OperateKey の宣言構文の一部です。空欄の右側を見ると，インタフェース名である Key が記述されています。**列挙の宣言構文では，インタフェースを実装する場合，クラスの宣言と同様に，キーワード implements をインタフェース名の左側に記述します**。したがって，空欄 a には（イ）の「implements」が入ります。

・空欄 b，c：列挙 DigitKey のメソッド operateOn の処理です。**空欄 b，c はクラス Stack のメソッド push の引数の値となる式の一部**です。メソッド operateOn については〔プログラムの説明〕(2)に「キーを 10 進数の入力として処理する」，「引数で与えられたスタックの先頭に格納されている値は 0（初期値）又は入力中の数値であり，その値を更新する」とあります。メソッド operateOn がどのように利用されるのかプログラムを確認していきます。

　　クラス CalculatorTest では，メソッド main の引数で与えられた式の 1 文字ごとに，クラス Calculator のメソッド onKeyPressed を呼び出しています。メソッド operateOn は，メソッド onKeyPressed の中で呼び出されています。つまり，**1 文字（一つのキー）の入力ごとにメソッド operateOn が呼び出される**ことになります。

　　列挙 DigitKey のメソッド operateOn では，入力されたキーを 10 進数の入力とみなす必要があるので，2 桁の数値の簡単な例で考えてみます。1→2 とキー入力された場合，最初にメソッド operateOn が呼び出されるときの引数 stack は，初期値の 0 が格納されています。これを入力されたキーの値である 1 が，スタックの先頭に来るように更新

します。スタックの先頭には 0 が入っているので，先頭の値を pop した後で，入力された 1 を push すると，スタックの先頭が 1 に更新されます。次のキー 2 が入力されたときにメソッド operateOn が呼び出されると，引数 stack の先頭は，先ほど更新した 1 が格納された状態になっています。**数字のキーが連続して入力された場合，10 進数とするために，スタックの先頭の 1 を pop して，10 倍した値に 2 を加算した値でスタックに push すると**，スタックの先頭を 12 に更新できます。ここまでのスタックの様子を表 A に示します。

表 A　スタックの様子

	キー 1 での operateOn 呼出し		
	呼出し直後	0 を pop	1 を push
スタックの先頭	0（初期値）	（空）	1

	キー 2 での operateOn 呼出し		
	呼出し直後	1 を pop	12 を push
スタックの先頭	1	（空）	12

　ここで，クラス CalculatorTest のメソッド main の最後の for 文内で，メソッド onKeyPressed を呼び出す際の引数が，入力された文字に対応したキーを表す列挙定数のインスタンスになることに着目します。メソッド operateOn が呼び出されるのは，列挙 DigitKey の各数字キーを表す定数のインスタンスです。**入力した数値は，列挙型 enum のメソッド ordinal を呼び出すことで取得できます。**

　メソッド ordinal は，列挙の定数の宣言された順番を返します。順番の先頭は 0 です。列挙 DigitKey では，数字キー 0〜9 の順序で宣言されているので，メソッド ordinal の戻り値が各キーに対応する数値となります。これらの内容を踏まえて，stack.push を呼び出す際の引数部分をコードで記述すると「stack.pop() * 10 + ordinal()」となります。なお，この式であれば，前述の例で，キー 1 で呼び出された場合，pop されるのは，0（初期値）なので「0 * 10 + 1 = 1」となり，問題なくスタックの先頭を 1 で更新できます。したがって，空欄 b には（ウ）の「stack.pop()」，空欄 c には（ア）の「ordinal()」が入ります。

　なお，この enum クラスのメソッド ordinal については，「Java プログラムで使用する API の説明」には記述されていないため，前提知識として覚えておく必要があります。

・空欄 d：列挙 OperationKey のメソッド calculate の処理です。空欄 d は switch 文の式です。メソッド calculate については〔プログラムの説明〕に直接的な記述がないので，プログラムから仕様を読み取っていきます。

　列挙 OperationKey のメソッド operateOn を見ると，**スタックに push する際の引数の部分で，メソッド calculate を呼び出しています。**列挙 OperationKey のメソッド operateOn については，〔プログラムの説明〕(3)に「加減乗除の各演算キーに対応する演算を，スタックの内容に対して実行する」とあります。空欄 d を含む switch 文の case で，各演算キーに対応した演算結果を戻り値としており，前述の説明に対応した処理であることが分かります。また，case の右側に記述される値は，列挙 OperationKey の

列挙定数です。case の値が列挙定数である場合，switch 文の式は，列挙のインスタンスを参照している必要があります。ここで，メソッド calculate が呼び出されるのは，列挙 OperationKey の各演算キーなどを表す列挙定数のインスタンスであることに着目します。空欄 d を含む switch 文は，メソッド calculate を実行するインスタンスが，列挙定数のどれに該当するか判断できれば，演算キーに対応した演算処理ができます。実行時，**実際に処理を行うインスタンスとして自分自身を参照する場合，キーワード this を記述します。** したがって，（エ）の「this」が入ります。

・空欄 e：空欄 e は，クラス CalculatorTest のメソッド main の処理です。空欄 e は，Map 型の参照変数 map の宣言文における，インタフェース Map，およびクラス HashMap のダイヤモンド演算子の型パラメタです。インタフェース Map に関しては「Java プログラムで使用する API の説明」で確認できます。「型 K のキーに型 V の値を対応付けて保存する」とあり，空欄 e は型 V を指定していることになります。〔プログラムの説明〕(5)に「まず，文字と電卓の各キーとの対応を作成し」とあり，**変数 map には，文字と電卓の各キーの対応が格納されればよい** ことが分かります。

　メソッド main の内容を見ると，変数 map を利用して，メソッド put を呼び出しているコードでは，第 1 引数に文字（Character），第 2 引数に，列挙 OperationKey，および列挙 DigitKey の列挙定数のインスタンスを渡しています。「Java プログラムで使用する API の説明」の説明の型 V は，**メソッド put においては，第 2 引数の型となります。列挙 OperationKey と列挙 DigitKey に共通する型を指定しなくてはなりません。** 両列挙は，インタフェース Key を実装しているので，共通する型は Key となります。したがって，（オ）の「Key」が入ります。

［設問 2］

　メソッド main をもつクラス CalculatorTest の実行結果を問う問題です。問題文の表 1 で与えられた式でプログラムをトレースします。

・空欄 f：引数として与えられる式は 2*4C2=です。この式では，C（クリア）があるので，C より左側の処理はクリアされます。つまり，2=部分に着目すればよいことになります。**=を表す OperationKey.EQUAL で，メソッド onKeyPressed が呼び出されたとき，スタックの先頭は，先に入力された 2 になっています。** メソッド onKeyPressed 内の try ブロック内の if 文の直後の System.out.println(stack.peek())で，スタックの先頭の 2 が表示されます。したがって，（イ）の「2」が正解となります。

・空欄 g：空欄 g に対応する式は 8/2/=です。メソッド main から，2 の直後の/に対応する OperationKey.DIVIDE でメソッド onKeyPressed が呼び出された場合，スタックの先頭は 2，次に 8 が格納されています。

　フィールド pendingKey は，8/2 の/に対応する OperationKey.DIVIDE を参照しているので，try ブロック内の if (pendingKey != null)の条件式が true となり，pendingKey.operateOn(stack);が実行され 8/2 の演算が行われます。この結果，スタックから 2 と 8 が pop され，一度，空になり，演算結果 4 が push されるので，スタックの先頭は 4 になります。次に，pendingKey = key;が実行され，フィールド pendingKey は，2 の直後の/を表す OperationKey.DIVIDE を参照します。さらに if (key != OperationKey.EQUAL)が true になるので，stack.push(0);が実行され，ス

タックの先頭は 0，次に 4 が格納された状態になります。メソッド main から，次の=を表す OperationKey.EQUAL で，メソッド onKeyPressed が呼び出されると，try ブロック内の if (pendingKey != null) の条件式が true となり，pendingKey.operateOn(stack)が実行されます。

　列挙 OperationKey のメソッド operateOn で，スタックのメソッド pop を呼び出し，変数 val2 の値は 0，変数 val1 の値は 2 となります。この値で calculate(val1, val2) を実行すると，メソッド calculate で return val1 / val2;が実行されます。**変数 val1，val2 に値を当てはめて考えると，2／0 となり，0 での除算になります。**0 除算を実行した場合，例外 ArithmeticException が発生します。例外が発生するので，クラス Calculator のメソッド onKeyPressed の catch 節に処理が移行し，System.out.println("Error");と reset();を実行した後，プログラムの実行は終了します。したがって，(ケ) の「Error」が正解となります。

【解答】
　［設問1］　a−イ，b−カ，c−オ，d−イ，e−イ
　［設問2］　ウ

【解説】
　電子会議システムのプログラムです。プログラムには，コレクション，ジェネリクス，スレッド，抽象クラス，入れ子クラス（メンバクラス），static 初期化子，private 修飾子付きコンストラクタ，super キーワードと，多岐にわたる Java の言語要素が使用されており，プログラムの読解の難易度は高いといえます。
　電子会議システムを構成するクラスについて見てみます。**クラス MessageQueue は，LinkedList 型メンバ変数の queue でキュー構造を管理し，各クライアントからのメッセージをキューに書込み（メソッド put），読出し（メソッド take）をします。**
　クラス ConfServer はサーバを定義し，単一のスレッドとして動作するため，Runnable インタフェースを実装しています。**static 初期化子はクラスのロード時に一度だけ処理され，単一のスレッドが生成されます。**クラス MessageQueue 型のメンバ変数 queue と，Map インタフェース型のメンバ変数 sessionsTable を所有しています。queue でクライアントからのメッセージの受信，配信の処理を行い，sessionsTable でクライアントのログイン状態の管理を行います。更に，入れ子クラス（メンバクラス）Session があり，クライアントのログイン管理テーブル（sessionsTable）のキーとして利用されています。**両クラスとも，コンストラクタに private 修飾子が付いており，クラス外でインスタンスを生成することができないようにしています。**
　抽象クラス ConfClient は，クライアント機能を定義し，クライアント名を保持する String 型のメンバ変数 name があります。サーバがクライアントにメッセージを配信するときに呼ばれるメソッド displayMessage は，abstract 修飾子付きの抽象メソッドであり，クラス ConfClient を継承したサブクラスで実装を定義する必要があります。
　クラス TestClient は，サーバテスト用に，クラス ConfClient を継承したクラスです。メソッド displayMessage では，標準出力にメッセージと配信先クライアント名を表示するように実装しています。メソッド main では，山田と佐藤という名前をもつ二つのクライアントが，メッセージの送受信を行っています。

［設問1］
・空欄a：クラス MessageQueue のメソッド take の処理です。空欄は，while 文の繰返し条件となっています。まず〔プログラムの説明〕(1)からクラス MessageQueue のメソッド take の処理内容を確認します。(1)の最後の文に「メッセージキューが空のときは，メッセージが追加されるまで待つ」とあります。これ以外にメソッド take で条件判断が必要な処理の説明はありません。
　　　次に，プログラムのメソッド take の処理内容を見ると，条件判断をするのは while 文の繰返し条件だけであることが分かります。以上のことから，**while 文の繰返し条件が「メッセージキューが空」であるかどうかの条件判断になる**ことが分かります。while 文では，繰返し条件が true の場合，ブロック内（{ }で囲まれた中の処理）を繰り返し実行します。ブロック内にはメソッド wait があるので，「メッセージが追加されるまで待つ」，つまりメッセージキューが空であることが真（true）の処理であることが分かります。プログラムの処理内容や，問題冊子の末尾（本書の巻末付録）にある「Java

プログラムで使用する API の説明」を見ると，LinkedList がキューを扱うクラスであることが分かります。**クラス LinkedList のメソッド isEmpty()の説明から，このメソッドを呼び出して，戻り値が true であれば，キューが空であると確認できる**ことが分かります。

　以上のことから，空欄 a は，クラス LinkedList<String 型>の変数 queue のメソッド isEmpty を呼び出す処理であることが分かります。したがって，（イ）が正解となります。

・空欄 b：クラス ConfServer のメソッド deliverMessage の処理です。空欄 b の 1 行上には拡張 for 文があります。繰返し処理を記述する際，繰り返す処理が 1 行の場合，{ } で囲む記述を省略できます。つまり空欄 b の行は，拡張 for 文の繰返し条件が真の場合の処理であり，**拡張 for 文で宣言された Session 型の変数 session が利用できる**ことが分かります。空欄 b の直後では，ドット演算子に続いてメソッド displayMessage を呼び出しています。メソッド displayMessage が呼び出せるのは，ConfClient 型の参照に対してです。以上を踏まえて，空欄 b の解答群を見てみます。

　まず，クラス Session には，メソッド get は定義されていないので，Session 型の変数 session を利用している選択肢，（ア），（イ），（ウ）は間違いです。次に，Map 型の変数 sessionsTable を利用している選択肢を見ていきます。Map 型の変数 sessionsTable は，宣言するときにジェネリクスを利用し，キーには Session 型，値には ConfClient 型を対応させています。問題冊子の末尾（本書の巻末付録）「Java プログラムで使用する API の説明」の Map インタフェースのメソッド get の説明を見ると，**引数はキーの型で，戻り値は，値の型になる**ことが分かります。引数に Session 型を指定しているのは，（カ）です。このとき，戻り値は ConfClient 型の値が戻されます。したがって，（カ）が正解となります。

・空欄 c：クラス ConfServer.Session のメソッド logout の処理です。〔プログラムの説明〕(3)を見ると，クライアントのログアウト処理であることが分かります。入れ子クラス（メンバクラス）では，入れ子クラスを包含するクラスのメンバに直接アクセスすることができます。

　問題のプログラムの場合では，入れ子クラスである Session に，server というメンバは定義されていません。しかし，**クラス Session を包含するクラス ConfServer で，ConfServer 型の server というメンバ変数を定義しており，空欄 c の左側の server は，クラス ConfServer のメンバ変数となります。**空欄 c は，この server のメソッド logoutImpl を呼び出す際の引数です。server は ConfServer 型なので，クラス ConfServer のメソッド logoutImpl の定義を見ます。すると，メソッドの引数は Session 型になっています。解答群のうち Session 型のインスタンスを表すのは（オ）です。**this キーワードは，this キーワードが記述されたクラスがインスタンスとして生成されたとき，個々のインスタンスを参照します。**このとき this の型は，this キーワードが記述されているクラス型となります。空欄 c の this キーワードは，クラス Session の中に記述されるので，Session 型となります。ちなみに（ウ）の session は，変数名から Session 型の変数であるように考えられますが，メソッド logout からアクセスできるスコープ内に宣言がないので，コンパイルエラーとなります。したがって，（オ）が正解となります。

・空欄 d：クラス TestClient の宣言です。まず，〔プログラムの説明〕(4)を見ると，「ConfClient で定義されたメソッドをテスト用に実装する」とあります。次に，クラス ConfClient のプログラムを見ると，ConfClient は，クラスの宣言に abstract 修飾子があり，抽

象クラスであることが分かります。**抽象クラスを継承したサブクラスでは，スーパクラスの abstract 修飾子が付いているメソッドの実装を定義しなければなりません。**「ConfClient で定義されたメソッドをテスト用に実装する」とはこのことを指します。ちなみに **abstract 修飾子が付いていないメソッドは，普通のクラスと同様に継承されます。**

　あるクラスから別のクラスを派生させる場合，クラスの宣言で，extends キーワードを使用し，extends キーワードに続けてスーパクラスのクラス名を記述します。**空欄 d の右側に抽象クラスである ConfClient とあるので，空欄 d は extends キーワードである**ことが分かります。ちなみに「実装」という言葉から，インタフェースを実装する場合に使用する implements キーワードを選択しそうになりますが，implements キーワードは，右側に来るものがインタフェースの場合だけに使用するので，間違いです。したがって，（イ）が正解となります。

・空欄 e：空欄 e の左側を見るとクラス名と同じ TestClient と記述されており，コンストラクタの処理であることが分かります。コンストラクタでは，主にインスタンス生成の初期化処理を行います。初期化処理ではメンバ変数の初期値を設定します。コンストラクタに引数があれば，その引数の値を初期値として使用します。引数の変数名と，クラス TestClient のメソッド main 内の 2 行目，4 行目で "山田"，"佐藤" と，実引数として名前を渡していることから，**引数 name はクライアントの名前である**ことが分かります。

　ここまでで，引数 name の値をメンバ変数に初期値として代入する処理であればよいことが分かります。しかし，クラス TestClient には，メンバ変数がありません。そこで，スーパクラスのクラス ConfClient を見てみると，private 修飾子付き String 型の name というメンバ変数があることが分かります。private 修飾子が付いた場合，サブクラスからでも直接アクセスすることはできません。更に ConfClient を見ていくと，引数付きのコンストラクタでメンバ変数 name が初期化できることが分かります。

　ここまでで，サブクラスのコンストラクタで，**メンバ変数 name を初期化する場合，スーパクラスのコンストラクタを利用すればよい**ことが分かります。**サブクラスのコンストラクタ内で，スーパクラスの引数付きのコンストラクタを呼び出す場合 super(引数)のように，super キーワードを使用します。**したがって，（イ）が正解となります。

［設問2］
　クラス MessageQueue のメソッド put，take に synchronized 修飾子が付けられている理由を問う問題です。synchronized 修飾子は，修飾されたメソッドやブロック（{ }で囲まれた処理）が，単一のスレッドだけが処理するように制限するために使用します。**単一のスレッドだけが処理するように制限することを，同期処理，又は排他制御といいます。**同期処理は，複数のスレッドから同時アクセスされると，データの内容によっては，プログラムが目的とする処理内容に矛盾が生じる可能性がある場合に必要となります。（ウ）を見ると，「一時点で queue にアクセスできるスレッドを一つにして，データの内部状態に矛盾が起きないようにする」とあり，synchronized 修飾子の利用目的にかなっています。したがって，（ウ）が正解です。その他の選択肢についても見てみます。

ア：文章の最後に「システムに負荷がかかりすぎるのを防ぐ」とあります。synchronized 修飾子を利用すると，**JVM では，同期化処理のためのスレッド管理を行います。この処理の分だけ負荷は増大します。**したがって，（ア）は間違いであることが分かります。

イ：最初の文章の終わりに「セキュリティ上問題となる」とあります。〔プログラムの説明〕

の，「サーバは受信したメッセージを，発信元クライアントを含む全クライアントに配信する」という内容と矛盾しています。また，（イ）の文章の最後に「一時点で queue にアクセスできるスレッドを一つにして，queue に既に書き込まれているメッセージを読み出せないようにする」という点ですが，**メッセージの取出しを行うのはサーバ側のスレッド一つだけ**です。したがって，（イ）は間違いであることが分ります。

エ：文章の最後に，「ConfClient のインスタンスの個数を制限して」とあります。メソッド**put 及び take の中で ConfClient のインスタンスの個数を取り扱う処理はありません**。したがって，（エ）は間違いであることが分かります。

【解答】
［設問 1］　a－ウ，b－ウ，c－オ，d－ウ，e－エ
［設問 2］　f－オ

【解説】

　文書の書式を表すひな形に置換表を適用して，出力文書を得るプログラムの問題です。問題文ではフラグメント（Fragment）が登場します。〔プログラムの説明〕(3)の後には「ひな形を，0個以上の置換指示と0個以上の置換指示以外の部分が連なる文字ストリームとして扱う。個々の置換指示及び個々の置換指示以外の部分をフラグメントと呼ぶ」と記述されているように，**このフラグメントはひな形となる文字データの中の，いわば句に当たります**。本問ではこれを扱うためのインタフェース Fragment が定義されています。ちなみに，この問題のフラグメントは，Android で頻繁に利用されるクラス Fragment とは関係がありません。

この問題におけるフラグメントとしては，前述のように置換指示と置換指示以外が定義されています。具体的には，図 1 のひな形の<名前>，<明細>，<合計>が置換指示のフラグメントです。また，「様」，「様のお買い上げ明細は次のとおりです。」，「------ (以下略)」，「合計；」，「円」が置換指示以外のフラグメントとなります。なお，置換指示以外のフラグメントは，ひな形の文字ストリームに置換指示が現れるところまでで一つのフラグメントとなります。

　問題文の要点を次に示します。

・フラグメントを表すインタフェース Fragment が定義されています。

・インタフェース Fragment の実装クラスとして，置換指示を表すクラス Replacer，および置換指示以外を表すクラス PassThrough が定義されています。

・問題で定義されている機能を実装するために，クラス TemplateParser, クラス Template, クラス ReplacementTableParser が定義されています。

・クラス TemplateParser には，ひな形の文字ストリームからフラグメントのリストを構築し，クラス Template のインスタンスを生成して返す機能を提供するメソッド parse が定義されています。クラス Template は，ひな形をフラグメントのリストとして保持します。

・ひな形に置換表を適用して出力文書を文字列で返すメソッド apply が定義されています。

・クラス ReplacementTableParser には，置換表を表す文字ストリームから，キー名称とそれに対応する文字列のマップを構築して返す機能を提供するメソッド parse が定義されています。なお，クラス ReplacementTableParser は仕様の定義だけで，プログラムは記載されていません。

・クラス TemplateTester はテスト用のプログラムです。

　なお，設問 2 では，エスケープシーケンス文字がテーマになっており，知識がないと混乱したかもしれません。それ以外は問題で示されているアルゴリズムも空欄の構文も理解できたと思われます。

　この問題では，ファイルを扱うクラス FileReader が利用されていますが，使われている機能は簡単なものです。また，基本情報技術者試験の午後問題の冊子には「Java プログラムで使用される API の説明」が収録されているので，仕様を確認できます。

［設問 1］

　プログラムの穴埋め問題です。空欄 a は，**インタフェースを実装するクラスの宣言構文を知っていれば解答できます**。空欄 b, c は問題文とプログラムをよく読み，フラグメントのリ

ストに追加する適切なクラスのインスタンスは何型であるか考えて解答します。空欄d, eは，コンストラクタやメソッドを呼び出す際の，仮引数と実引数の型に関する知識があれば解答できます。

・空欄a：〔プログラム2〕のクラスReplacer，および〔プログラム3〕のクラスPassThroughのクラス宣言構文に空欄aがあります。空欄の右側に記述されているのは，インタフェースFragmentです。**クラス宣言構文でインタフェース名の直前に記述されるのは，Java言語のキーワードである「implements」です。**したがって，（ウ）の「implements」が正解になります。

・空欄b：クラスTemplateParserのメソッドparse内のswitch文で，reder.read()で読み込んだ文字が '<' だった場合に，fragmentListにインスタンスを追加するメソッドaddの引数に記述されたnew演算子に続く構文です。まず，〔プログラムの説明〕には「メソッドparseは，ひな形を表す文字ストリームからフラグメントのリストを構築し」とあります。reder.read()がストリームから文字を読み込む処理です。読み込んだ値は変数cに格納しています。空欄bを含むswitch文の式には，この変数cが記述されており，読み込んだ文字ごとに処理を振り分けています。

　次に変数fragmentListに着目します。変数fragmentListは，List<Fragment>型として宣言されており，Fragment型のインスタンスを格納するリストです。空欄aで見たように，**Fragment型のインスタンスとして生成できるのは，インタフェースFragmentを実装したクラスReplacer，またはクラスPassThroughのいずれかです。**空欄bが含まれるcaseではどちらのクラスのインスタンスを生成するべきか考えます。空欄bが実行されるのは，変数cの値が '<' の場合です。文字 '<' は，ひな形でキー名称の範囲の開始を示す文字です。見方を変えると，置換指示以外の部分の終了です。このことから，**fragmentListに追加するのはクラスPassThroughのインスタンスであればよい**ことが分かります。

　クラスPassThroughのコンストラクタの引数について考えていきます。まず，コンストラクタの宣言構文を見ると，引数はStringBuilder型であることが分かります。メソッドparse内で，StringBuilder型の変数はbufだけなので，この時点で**コンストラクタの実引数は変数bufであればよい**と見当がつきます。確認のため，変数bufに格納される値について見ていきます。変数cの値がキー名称の範囲の開始と終了を示す '<' と '>' 以外の場合，defaultに処理が振り分けられています。この場合，変数bufを利用してメソッドappendを呼び出し，読み込んだ文字を順次追加しています。この処理で，変数bufに一括りの置換指示以外のテキストが格納されていることになります。これらのことから，**変数bufを実引数とするクラスPassThroughのコンストラクタの呼出しの構文になればよく，**（ウ）の「PassThrough(buf)」が正解になります。

・空欄c：空欄bと同様にクラスTemplateParserのメソッドparse内の処理ですが，空欄cではreader.read()で読み込んだ文字が '>' だった場合に追加するインスタンスを生成するnew演算子に続く構文です。文字 '>' は，キー名称の範囲の終了を示す文字です。変数cの値が '>' の場合，変数bufにはキー名称のテキストが格納されていることになります。このことから，**変数fragmentListに追加されるのはクラスReplacerのインスタンスであればよい**ことが分かります。したがって，（オ）の「Replacer(buf)」が

正解になります。

・空欄 d：クラス TemplateParser のメソッド parse の戻り値です。メソッド parse の宣言構文を見ると，戻り値は Template 型です。メソッド parse 内の空欄 d 以外の場所で Template 型のインスタンスを生成している箇所はありません。このことから，空欄 d は Template 型のインスタンスを生成する構文であればよいことが分かります。クラス Template のコンストラクタの宣言文を見ると，引数の型は List<Fragment>型となっています。メソッド parse 内で，List<Fragment>型であるのは，変数 fragmentList だけであり，実引数として変数 fragmentList を渡してコンストラクタを呼び出す構文であればよいことが分かります。したがって，(ウ)の「new Template(fragmentList)」が正解になります。

・空欄 e：クラス Template のメソッド apply 内の処理の一部です。空欄 e は，**インタフェース Fragment で定義されているメソッド replace を呼び出す際の実引数**です。インタフェース Fragment のメソッド replace の宣言文を見ると，引数の型は Map<String, List<String>> と宣言されています。メソッド apply 内で，Map<String, List<String>>型で宣言されているのは，仮引数の table だけです。これらのことから**変数 table を実引数とすればよい**ことが分かります。したがって，(エ)の「table」が正解になります。

［設問2］
　クラス TemplateParser の **α** の位置に挿入するコードの空欄の穴埋め問題です。挿入するコードは switch 文の case で変数 c の値が '\\' の場合の処理です。
　まず，char 型のリテラルは原則として，シングルクォーテーション内に1文字しか記述できないはずであるのに，'\\' と2文字記述されていることに注意が必要です。\（バックスラッシュ）は，\ と次に続く1文字の組で**エスケープシーケンス文字と呼ばれる，特殊な文字を表現する場合に用いられる**文字です。代表的な例は '\n' で，\ と n で1文字と見なし，改行を表す文字になります。このように，\ は通常，次に続く文字と組み合わされて解釈されてしまいます。このため，\ **を単なる文字として扱いたい場合，'\\' とバックスラッシュを2文字続けて表現します**。これらのことを踏まえて挿入されるコードを見ると，変数 c の値が \（バックスラッシュ1文字）だった場合の処理であることが分かります。なお，Windows の日本語版など環境によっては￥で表示されます。
　設問文から追加するコードの仕様を確認すると，「 \ に続く文字（ \ が複数個連続するときは奇数個目に続く 1 文字）は，置換指示以外の部分やキー名称の一部として扱われる」とあります。空欄 f は変数 c の値が '\\' の場合に実行されるので，\ に続く1文字を読み込み，変数 buf に対しメソッド append を呼び出して追加します。これをコードで記述すると「buf.append((char) reader.read());」となります。なお，インタフェース Reader のメソッド read の戻り値の型は int 型ですが，クラス StringBuilder のメソッド append の引数は char 型であるため(char)で明示的にキャストしています。
　次に，挿入されるコードの位置に着目します。挿入位置 **α** は switch 文の case の default の前です。このため，前述のコードに加えて**「break;」を記述しないと，default に記述している処理も実行されてしまう**ことになります。つまり「buf.append((char) reader.

read()); break;」であればよいことになります。なお，;で区切られた複数のステートメントを1行に記述しても構文上問題はありません。

　したがって，(オ) の「buf.append((char) reader.read()); break」が正解になります。

(memo)

(memo)

基本情報技術者 Java 言語対策 第 2 版　解答・解説

発行日　2020 年 7 月 20 日　第 2 版　第 1 刷

発行人　土元　克則
発行所　株式会社アイテック
　　　　〒108-0074
　　　　東京都港区高輪 2-18-10 高輪泉岳寺駅前ビル
　　　　電話　03-6824-9010
　　　　https://www.itec.co.jp/
印　刷　株式会社ワコープラネット

703113-10

基本情報技術者
Java言語対策
解答・解説

Programming Language-Java

iTEC
人間力を、企業力に